국어과 교수학습 연구 총서 2

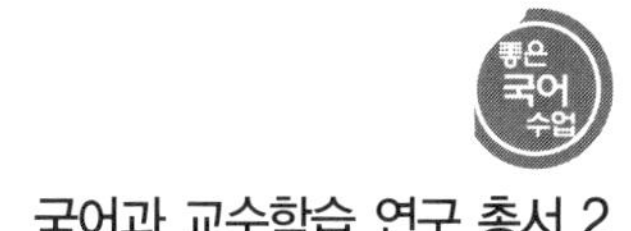

좋은 국어 어휘 교육 어떻게 할 것인가?

이 충 우 지음

(주)교학사

국어 어휘 교육에 관한 연구가 저서로 나온 것은 아직까지는 다른 분야에 비해 많지 않다. 몇몇 연구서가 나왔으나 아직은 어휘 교육에 대한 여러 연구자의 학문적 갈증을 식히기에 턱없이 부족한 상황이다. 어휘 교육 연구자가 필자의 논문을 구하는 데 도움이 될 수 있을 것이란 생각에서 부끄러움을 무릅쓰고 부족한 논문들을 정리하여 출간하기로 결정하였다.

본 **좋은 국어 어휘 교육 어떻게 할 것인가?**는 이제까지 저자가 발표했던 논문들 중에서 어휘 교육 연구에 조금이라도 도움이 될 가능성이 보이는 것으로 한정하여 선정하였다. 그러나 발표 논문의 성격상 중복되는 부분도 많고 시대적으로 뒤떨어진 논문도 있으며, 필자의 주관적인 기술도 많다. 다만 이러한 부족함 많은 글이라도 어휘 교육에 관심이 있는 연구자나 교사들에게 조금이라도 도움이 된다면 다행이다.

본서의 내용은 다음과 같다.

|1장1| 국어 어휘 교육의 위상은 어휘 교육의 위상을 국어의 표현·이해 교육을 돕는 면과, 지식 교육의 도구로서 사용됨을 기술한 것이다. 이 부분은 새로운 이론이라기보다는, 왜 어휘 교육이 필요한가를 보다 구체적으로 기술했다는 의미가 있다. 학습자의 어휘를 풍부하게 하는 것이 바로 어휘력을 높이는 것이며 이것이 어휘 교육의 목표인 것이다. 어휘 교육은 국어 교육의 기본 목표인 의사 소통 능력 신장을 위한 기초 능력이며 국어 교과의 사고력을 신장하거나 지식을 얻기 위한 도구이면

서 동시에 다른 교과의 학습을 위한 도구로서도 필요한 어휘력을 신장하는 것이기에 그 중요성이 크다.

| 2장 1 | 국어 어휘 교육과 국어 어휘의 특성은 어휘 교육은 국어 어휘의 특성을 반영하여야 함을 강조한 것이다. 본고는 어휘의 특성을 어휘 교육에 반영하기 위한 연구의 기초로서 국어 어휘의 특성을 밝히고 그 특성에 따른 어휘 교육과의 관련을 고찰하는데 목적을 두었다. 또한 특성에 따른 어휘 지도 방법을 개발할 필요성을 살폈다.

| 2장 2 | 국어 순화 대상 어휘의 양면성은 앞의 "국어 어휘 교육과 국어 어휘의 특성"과 관련된다. 국어 순화 대상이 되는 한자어, 외래어 등의 어휘가 갖는 긍정적 면도 고려하여 국어 순화 운동이 이루어져야 하고 나아가 어휘 교육에 반영되어야 한다는 의견을 정리한 것이다.

| 3장 1 | 국어 교육용 어휘 선정은 국어 교육의 핵심인 어휘 교육을 위한 기초 연구로서 어휘 교육에 관련된 연구들을 개관하고 어휘 능력을 신장시키기 위한 교과 전문 어휘, 대표 어근과 접사, 대표 한자어 형성소(어두나 어미에 결합하여 복합어를 생성하는 어형성소) 선정에 주안점을 두었다. 교육용 어휘로서 교과 전문 어휘와 일반 어휘로 나누어 이들의 선정을 위하여 전체적으로 교육용 어휘의 선정 방법과 기준을 세웠다. 상세한 선정 기준을 설정하고 각종 자료를 분석하여 그 기준 설정의 타당성을 제시하였다.

원 논문은 교육용 어휘를 선정하기 위한 기본 작업으로 교과서 어휘인 국어연구소(1986, 1987, 1988)의 어휘를 분석하여 교과 전문 어휘, 고유어, 한자어, 외래어로 나누고 어종별로 그 구조를 분석하여 목록을 제시하였다. 국민 학교는 교과 전문 어휘 40 어, 고유어 5,380 어, 한자어 8,755 어, 외래어 400 어, 기타 25 어로 계 14,600 어이고, 중학교는 교과 전문 어휘 160 어, 고유어 1,390 어, 한자어 3,880 어, 외래어 70 어, 계 5,500 어이다. 이들은 모두 20,100 어가 된다. 그러나 이 어휘 목록은 그 양이 많을 뿐만 아니라 하나의 시도이기 때문에 본서에서는 수록하지 않는다.

이 연구에 대해 검토한 이삼형 외(2002)의 글을 본 연구의 참고 문헌 다음에 부록으로 제시하였다.

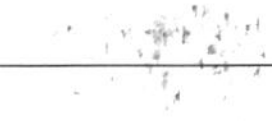

|4장1| 국어 어휘 교육론 교재의 이론과 실제는 대학의 국어 어휘 교육론 교재를 만들기 위한 기본적인 이론을 정리한 것이다. 본 연구는 국어 교육에서의 어휘 교육 현실, 특히 어휘 교육 담당자의 인식을 고찰함으로써 어휘 교육의 이론과 실제의 차이를 살필 수 있었다.

|4장2| 국어 어휘 교육론 교재의 내용은 대학의 국어 어휘 교육론 교재를 만들기 위한 기본적인 내용을 구성한 것이다. 한 학기 15주라는 한정된 시간에 가르쳐야 할 내용이기에 깊이 있는 내용이거나 방대한 내용을 다룰 수 없다는 한계 때문에 중요한 내용이라 하더라도 다 포함할 수 없었다. 대학의 한 학기 강좌용으로 구성한 '어휘 교육론'의 내용을 제시하였다.

|5장1| 국어 교육과 한국어 교육용 사전은 "국어 교육과 한국어 교육의 상관성"에 관한 연구의 하나로서 언어 교육에서의 차이를 주로 교육용 사전 편찬의 경우에 적용하는 경우로 기술하고 있다. 이는 어휘 교육에서 어떻게 사전을 이용하고 사전을 이용한 어휘 교육, 언어 교육에 대한 연구의 필요성을 제기한 것이기도 하다.

|5장2| 중국인 한국어 학습자를 위한 한국어 교육용 사전은 중국어 어휘와 한국어 한자 어휘가 같은 한자 형성소로 이루어지고, 같은 의미를 가진 것이 많다는 점에서 이를 이용한 중국인용 한국어 교육용 사전의 편찬에서 고려해야 할 문제를 제시하였다. 중국인 한국어 학습자가 한국어를 학습할 때 이용하게 되는 한국어 교육용 사전의 뜻매김 방법은 사전을 이용한 어휘 교육 방법에서 매우 중요하다.

|6장1| 어휘 교육의 개선 방안은 어휘 교육을 위한 선결 과제인 교육용 어휘의 선정, 제도권 어휘 교육인 초중고의 어휘 교육, 어휘 교육 기반이 되는 어휘 교육에 대한 연구의 문제를 고찰한 후 이의 개선 방안을 제시하였다. 특히 어휘량 조사, 교육용 어휘의 선정, 어휘 교육 사이트의 개발과 운영 등은 국가 규모의 지원과 연구가 이루어져야 가능하기 때문에 어휘 교육의 발전을 위한 국가 차원의 지원이 필요함을 기술하고 있다.

　　요즈음은 출판계가 모두 어렵다고 한다. 이러한 시기에 경영에 전혀 도움이 되지 못하는 본 연구서를 출간해 주신 교학사 양철우 사장님, 이승구 부사장님과 편집부 여러분께 감사를 드린다. 특히, 본서를 국어과 교수학습 연구 총서로 출판할 것을 추천한 교학사 부설 국어과 교수학습 연구소 한철우 소장님께 깊은 감사를 드린다.

　　어휘 교육에 관심을 갖고 연구하게끔 이끌어 주신 고 이용주 선생님께 지은 큰 빚을 이 책의 출간을 통하여 조금은 갚을 수 있기를 바라며, 앞으로 더욱 연구에 힘쓸 것을 독자 여러분께 약속한다. 또한 이 책의 모든 부족한 점은 모두 저자의 잘못임도 밝혀 둔다.

청송의 숲이 보이는 연구실에서
2006년 9월,
이충우 씀

| 차 례 |

1
국어 어휘 교육의 필요성

1. 국어 어휘 교육의 위상

1 | 국어 어휘 교육의 위상[1]

Ⅰ. 도입

인간은 언어를 통하여 경험과 지식 등을 전달할 수 있었기 때문에 오늘날의 문화와 문명을 이루었다. 대부분의 학습은 언어를 통하여 이루어지며, 교사와 학생 모두가 언어를 통하여 필요한 것을 가르치고 배우는 것이다.

언어 교육은 언어 사용 능력 즉, 의사 소통 기능을 신장하는 것을 주요 목표로 하며, 언어 사용 능력의 주요 요소인 어휘력을 기르는 어휘 교육은 언어 교육에서 매우 중요하다.

초등 학생이 고등 학생 수준의 언어를 표현하거나 이해하지 못하는 것은 언어 지식과 관련지어 볼 때 음운 지식이나 문법 지식이 부족해서라기보다 어휘 지식(어휘력)이 부족해서일 경우가 많다.

다음의 경우를 보자.

(ㄱ) 천연 고무는 흡수성이 있어 지방에 의해 침범되기 쉽고, 노화가 빠르며, 변형 팽윤이 빠르다.
(ㄴ) 생고무는 빨아들이는 성질이 있어 기름에 약하고, 쉽사리 상하며, 쉽게 모양이 달라지거나 굳어지게 된다.

---

1) '국어 어휘 교육의 위상', 「국어교육학연구 13」(국어교육학회, 2001)

(1) (ㄱ)보다 (ㄴ)이 쉬운 이유는 무엇인가?

(2) 이해하기 쉬운 글은 어떤 글인지 말해 보자(5차 교육 과정 중학교 국
     어 1-1 : 31, 32.

　(ㄱ)은 고등 학생이 표현하거나 이해할 수 있는 수준의 어휘가 사용되었으며 (ㄴ)은 초등 학생이 표현하거나 이해할 수 있는 수준의 어휘가 사용되었다. 따라서 초등 학생이 고난도 문장인 (ㄱ)을 읽고 이해하지 못하는 이유는 음운론적 지식이나 문법론적 지식이 부족하여서라기보다 고등 학교 교과서에나 쓰일 고난도 어휘의 의미를 모르기 때문이다. 또한 (ㄱ)을 이해하지 못하는 어휘력을 가진 학생은 당연히 (ㄱ)과 같은 표현을 할 수 없다.

　언어 교과가 모든 교과의 도구 교과가 될 수 있는 이유는 모든 교과가 바로 언어를 통하여 학습이 이루어지기 때문이다. 그런데 언어를 통한 학습은 언어로 표현하고 언어로 이해하는 과정이다. 그렇다면 언어로 표현하고 이해하는 과정에 대한 이해는 모든 학습을 보다 효율적으로 이루어지게 할 수 있는 기반이 될 것이다. 따라서 우리는 여러 교과의 학습을 잘 하기 위해서도 도구 교과로서의 국어 교과를 교육한다고 말할 수 있다. 물론 국어 교과의 첫째 기능은 의사 소통 기능이고 도구 교과로서의 기능은 부차적인 것이다. 학습 자료에 쓰인 어휘를 모르고는 그 자료의 이해가 불가능하므로 지식 습득이 불가능하기 때문에 어휘력은 모든 학습의 기본 능력으로 기능한다. 따라서 읽기나 듣기를 통하여 모든 교과의 지식을 얻기 위해서는 관련되는 어휘의 이해력이 필요하고, 관련 교과의 이해를 위한 어휘력은 바로 관련 교과의 기초 능력으로 작용하는 것이다.

　이미 많은 어휘 교육의 중요성을 다룬 논문이 나왔지만 이들은 대부분 어휘 교육의 중요성을 논문의 일부분으로만 다루었을 뿐이다. 또한 어휘 교육에 관한 연구들은 언어 능력 신장 즉 의사 소통 기능 신장의 중요성은 주장하였지만 지식 학습을 위한 도구 교과로서의 국어 교과에서 차지하는 어휘 교육의 중요성은 별로 다루지 않았다.

　본고는 어휘 교육의 위상을 고찰하기 위하여 어휘·어휘소·어휘력의 관계를 규명하고, 언어 사용 기능과 어휘 교육의 관계를 '표현과 어휘력', '이해와 어휘력'으로 나누어 규명한다. 그리고 지식의 학습—모는 교과의 교육

과 어휘 교육에 대하여 고찰한다. 어휘 교육이 언어 사용 능력 신장—의사 소통 기능 신장에 아주 중요한 것이고 그렇기 때문에 어휘 교육은 국어 교육에서 중요하다. 그리고 의사 소통 기능은 국어 교과가 타 교과의 도구 교과가 될 수 있도록 하는 근거가 된다. 모든 교과 교육에 도움을 줄 수 있는 것이 어휘 교육이라면 이는 이제까지의 의사 소통 기능을 신장하는 중요성과는 다른 어휘 교육의 중요성을 가지는 것이다. 물론 도구 교과로서의 기능은 크게 보아 의사 소통 기능에 속한다고 할 수 있지만 이러한 지식 학습을 위한 어휘 교육의 필요성은 도구 교과로서의 국어 교과 교육의 관점에서 따로 다룬다.

II. 어휘 · 어휘소 · 어휘력

어휘 교육은 학습자의 어휘력을 신장하는 교육으로서, 교육의 내용 · 목표가 되는 어휘를 학습자에게 가르치는 것이다. 어휘는 어휘소가 모여서 이루어지며 어휘는 어휘소로 나뉘어진다. 따라서 어휘 교육의 위상을 논하기 위해서는 어휘 · 어휘소 · 어휘력의 관련을 고찰할 필요가 있다.

'어휘'는 어휘소들의 집합체를 말한다. 국어 어휘는 국어의 모든 어휘소들의 집합체이며, 친족 어휘는 친족을 나타내는 어휘소들의 집합체이다. 따라서 어휘는 집합체로서 사용된다. 이에 비해 '어휘소'는 개별체로서 어휘를 구성하는 요소가 된다. 곧 어휘소는 단위이고, 어휘는 어휘소 총체로서 집합적인 성격을 띤다. 음식을 만드는 여러 어휘소들이 모여서 '조리 어휘'가 되고, 동작을 나타내는 많은 어휘소들이 모여서 '동작 어휘'가 된다. 그리고 이러한 어휘들이 모여서 국어 어휘를 이룬다. 국어 어휘는 수많은 하위 어휘로 나뉘어질 수 있고 이들은 최후에 어휘소들로 나뉠 수 있다.

'어휘소'는 '언어를 구성하는 작은 의미 단위인 '의미소'에 해당하는 것으로서 접사, 조사, 어근, 단일어, 합성어, 파생어, 관용어 등이 모두 어휘소에 해당한다. 보통 '단어'로 이야기되기도 하는 어휘소는 경우에 따라 '어휘'와 구분하지 않고 사용하기도 한다. 그러나 어휘를 이루는 것이 어휘소이고 어휘소가 모여서 어휘를 이루는 것이기에 어휘소는 어휘와 구분되어야 한다. 또한 '개밥에 도토리', '누운 소 타기'와 같은 관용어 등은 '단어'라 할 수 없기 때문에 '단어'와도 구분되어야 한다. 따라서 어휘소는 어휘를 이루는 요소이며 언어의 하위 의미 단위이다. 어휘소가 모여서 문장을 이루고 이야기를 이루는 것이다. 그리고 어휘소를 교육하는 것은 궁극적으로 어휘를 교육하는 것이 된다.

'어휘력語彙力'은 어휘에 대한 총체적인 지식으로서 형태와 의미, 용법에 관한 지식, 정확하고 적절하게 사용하는 능력 등을 이른다. 어휘력은 음성 언어 및 문자 언어를 이해하는 열쇠이며, 어휘력이 없으면 음성 언어이든 문자 언어이든 이해할 수가 없다. 우리가 언어로 표현하고 이해하기 위해서는 여러 요소들이 관여해야 하지만 어휘 관련 요소가 배제된다면 다른 요소들만으로는 언어 생활을 영위할 수 없다. 설령 어휘 요소가 차지하는 비중이 얼마 안 되는 경우라도 어휘는 필수적으로 요구되는 중요 요소이기 때문에 어휘력은 그 무엇보다도 우선적으로 필요한 언어 활동의 요소가 된다. 어휘력은 의사 소통 능력의 중요한 기반이 되며, 어휘 지도의 결과로 얻은 어휘력의 정도는 국어 사용 능력의 질적인 차이를 결정하는 중요한 요인이 되며, 어휘 교육의 결과는 말하기, 듣기, 읽기, 쓰기 등의 교육에 활용된다. 결국 어휘 교육은 일차적으로 어휘력을 신장하는 것을 목적으로 하지만, 궁극적으로는 국어 사용 능력을 신장하는 것이다.

의사 소통이 기호화와 기호 해독에 의하여 이루어지고, 그 기호로서의 어휘는 어휘소의 집합체이기 때문에 어휘소는 기호를 이루는 주요 요소가 된다. 따라서 어휘소를 알면 이들과 관련된 언어의 기호화와 기호 해독을 잘할 수 있고 이들에 대한 능력인 어휘력은 의사 소통에 필수적이다. 어휘 교육이 어휘력을 신장하는 것이라면 어휘력을 신장하기 위해서는 어휘에 대한 이해가 필요하고 어휘의 이해는 어휘소의 이해를 전제로 한다. 결국 어휘소의 이해는 어휘의 이해와 어휘력의 신장을 가져와 어휘 교육의 목적을 달성할 수 있는 것이다. 언어를 통한 의사 소통은 기본적으로 어휘소의 이해를 전제로 하기 때문에 이를 교육하는 어휘 교육은 궁극적으로 언어 교육의 목표 달성을 돕는다. 그리고 이러한 어휘 교육은 의사 소통 능력을 신장하는 것을 주요 목표로 하는 국어 교육에서 아주 중요한 위치를 차지하는 것이다. 그런데 언어를 사용한 의사 소통 기능은 나른 교과의 학습에 도움을 주는 도구로서의 기능도 하기 때문에 모든 교과 교육에서도 어휘 교육의 중요성은 아주 크다고 하겠다.

이에 대하여는 'Ⅲ. 국어 교육과 어휘 교육'에서 상술한다.

Ⅲ. 국어 교육과 어휘 교육

국어 교육은 언어 교육이다. 따라서 국어 교육을 논하려면 언어 교육의 문제부터 논하여야 한다.

언어 교육은 굿맨 외Goodman et al.(1987 : 171)에 의하면, ㄱ) 언어 학습learning language : 아동으로 하여금 더 효과적인 언어 사용자가 되게끔 도와 주는 학습, ㄴ) 언어를 통한 학습learning through language : 아동들이 사회적으로 바람직한 방향에서 의사 소통할 수 있도록 해 주기 위한 학습, ㄷ) 언어에 관한 학습learning about language : 아동들에게 언어에 관한 지식과 술어를 제공함으로써 언어가 어떻게 작용하는지를 이해하고 논의하게 하는 학습으로 나눌 수 있다. 이는 국어 교육에서도 마찬가지이다. 따라서 이런 언어 교육, 국어 교육에 대한 견해는 언어 교육, 국어 교육의 본연의 목적이 언어(국어) 사용 능력의 신장이라는 것을 전제로 할 때에만 가능하다. 언어 사용 능력이 전제되지 않은 '언어를 통한 교육'은 불가능하기 때문이다. 그렇기 때문에 국어 교육은 언어 교육이고 국어 사용 능력 신장을 최우선의 교육 목표로 하고 있는 것이다.

위와 같이 언어 교육의 목표가 언어 능력 또는 언어 사용 능력을 신장하는 것이라 할 때 이의 주요 구성 요소인 어휘력은 어휘 교육을 통하여 기를 수 있는 것이므로 국어 교육에서 어휘 교육은 중요하다고 말할 수 있다. 어휘 교육이 왜 국어 교육에서 중요한 것인가에 대하여는 어휘력이 어떻게 언어 사용과 관련을 갖는가와 언어 능력에 관련을 갖는가를 밝힘으로써 가능해진다.

언어 능력이나 언어 사용 능력은 의사 소통과 관련을 갖는다. 개인 자체의 의사 소통이랄 수 있는 언어로 사고하기도 언어 능력이면서 의사 소통 능력인 것이며, 언어 사용 능력도 의사 소통 능력인 것이다. 따라서 의사 소통에 대하여 어휘와 관련한 것을 살펴보면 다음과 같다. 의사 소통은 정보가 출처

(발신인)에서 목적지(수신인)로 전해지는 과정이다. 이 과정은 1) 정보를 상징적인 체계로 기호화하는 것, 2) 의사 소통의 한 방법을 선택하는 것, 3) 매개물을 통해서 상징을 전하는 것, 4) 수신인에 의한 상징의 지각적 분석 과정(의사 소통이 일어나려면 수신인은 그 상징을 지각해야만 한다), 5) 정보를 얻기 위해서 상징을 해독하는 것으로 이루어진다(신현숙·이기동 역, 1983 : 4). 이 때, 1)과 5)는 기호로서의 어휘소의 기호화encoding, 기호 해독decoding에 해당하는 것이다. 언어 내용 또는 의미를 표현 전달하기 위하여 우리는 어휘를 사용해야 하며 언어 내용 또는 의미를 이해 수용하기 위해서는 어휘가 나타내는 의미를 알아야 하는 것이다.

국어 교육의 목표 중 '언어 사용 능력의 신장'은 누구도 부정하지 않는 국어 교육의 목적이다. 그렇다면 언어 사용 능력과 어휘의 관계는 어떠한가를 살핌으로써 국어 교육에서의 어휘 교육의 위상을 정립할 수 있을 것이다. 언어 사용 기능의 주된 것으로 우리는 말하기·쓰기와 같은 표현 기능과 듣기·읽기와 같은 이해 기능을 들 수 있다.

1. 언어 사용 기능 교육으로서의 국어 교육과 어휘 교육

언어 사용의 주된 목적은 의사 소통에 있다. 언어의 기능 중 첫 째번 기능이 의사 소통 기능인 것이다. 바로 의사 소통을 통하여 교육이 이루어진다면 의사 소통이 이루어지는 언어의 의사 소통 조건을 고찰할 필요가 있다. 언어를 통한 의사 소통은 화자의 표현하고자 하는 의미가 어떻게 언어 기호로 작성되어 청자에게 전달되느냐를 생각해야 한다. 화자의 전달하고자 하는 의미는 청자와 공유하는 사회적 산물인 언어 기호로 발화되고 이는 청자에게 의미로 해석되는 과정을 겪는 것이다. 그렇다면 의미의 전달은 기초적으로 무엇을 통하여 이루어지는 것일까? 여러 이론이 있지만 우리는 의미를 나타내는 어휘소를 그 첫 째번 의사 전달 도구로 이야기할 수 있다.

언어는 의사 소통을 위하여 사용하는 것이다. 의사 소통을 하기 위해서 화자는 전달하려는 의미를 언어를 통해서 청자에게 전달한다. 의미를 전달하기 위한 언어는 의미를 담아야 하는데 바로 이러한 말하기와 쓰기와 같은 표현 행위와 읽기와 듣기와 같은 이해 행위, 그리고 언어를 통한 생각하기 등이 모두 어휘에 의지하지 않고는 이루어질 수 없는 것이다. 이용주(1993)의 "의미는 최소 단위인 의미소에 해당하는 어휘소에서부터 문장, 담화·텍스트까지에 실려 있다. 그러나 이 모든 경우에서도 최우선의 의미 전달체는 어휘소이다. 따라서 언어에 대한 교육은 국어 교육의 목표를 의사 소통 기능 신장이든, 언어를 통한 사고력 신장이든, 어휘와 관련된 내용을 제외할 수 없다."라는 주장을 우리가 받아들일 때 모든 언어를 통한 교육은 어휘와 관련되지 않을 수 없다. 따라서 사람은 어휘소의 의미를 정확하게 알수록 자신의 경험을 더욱 정확하게 이해하고 표현할 수 있고, 어휘소를 더 많이 알수록 자신의 경험을 더 풍부하게 더 효과적으로 표현할 수 있다. 마찬가지로 다른 사람에 의해서 표현된 정확하고 풍부한 경험을 효과적으로 이해할 수 있다. 그러므로 어휘 교육은 지식, 예술, 문화를 전달하는 모든 교육에서 가장 중요한 수단이 된다.

어휘를 모르기 때문에 이해하기 어려운 글의 경우를 다음 글에서 볼 수 있다.

吾等은 玆에 我 朝鮮의 獨立國임과 朝鮮人의 自主民임을 宣言하노라. 此로써 世界萬邦에 告하야 人類平等의 大義를 克明하며, 此로써 子孫萬代에 誥하야 民族自存의 正權을 永有케 하노라.

—〈己未獨立宣言書〉

우리가 기미독립선언서己未獨立宣言書를 이해하기 위하여는 (현재 잘 사용하지 않아) 어려운 어휘의 의미를 알아야 한다. 어휘를 모르고는 위 글의 의미를 전혀 이해할 수 없는 것이다. 또한 이러한 글을 제대로 표현할 수 있는 사람은 바로 이 글에 나타난 어휘의 의미를 잘 알고 있는 사람이다. 위와 같은 글은 당시의 수많은 사람들이 위 글에 나타나는 어휘의 정확한 뜻을 알기 어렵다는 면에서 선언서가 갖는 여러 사람에게 알리는 목적으로는 부적절한 글이라는 생각을 갖게 한다. 그러나 위의 글은 다른 글로 바꾸어 썼을 때 표현이나 이해의 측면에서 차이가 날 수 있다. 위와 같은 글을 쓸 수 있으려면 위의 글에 쓰인 어휘를 사용할 수 있는 어휘력을 갖추어야만 한다. 비록 많은 사람이 알 수는 없는 글이지만 그 당시의 언어 생활에서 무게 있는 글로 취급되는 '선언서'의 힘이 나타나 있는 것이다. 따라서 위의 글은 여러 사람에게 '독립 선언'의 의미를 알리는 데는 문제가 있었을지는 몰라도 글의 무게를 늘이는 데는 성공했다고 보아야 한다. 이런 것은 장중한 표현을 나타낼 수 있는 어휘력이 없이는 불가능한 것이다.

어휘 선택에서 청자의 심리적 문제를 고려하여야 하는 경우가 있다. 표현의 문제는 화자가 청자에게 어떤 효과를 얻을 목적으로 언어를 사용하느냐와 관련된다. 상대방의 호감을 사기 위해서라면 우리는 보다 적절한 어휘소를 사용해야 하는 것이다. 간호사nurse는 그 호칭이 看護婦 〉 看護員 〉 看護師로 변해 왔다. '-婦'는 '가정부, 파출부'의 '-부'와 같은 의미를 줄 수 있고 '-員은'은 '직원, 교원'의 '-원'과 같은 의미를 띠고 있다. 그러나 '간호원'보다는 '간호사'가 '의사, 약사'와 같이 전문인으로서의 호칭에 적절하다고 여겨져 관련 법령을 개정하여 지금은 '간호사'로 명칭이 바뀌어 쓰이고 있는 것이다. '-師'는 '선생님'으로 불리게 되고 '선생님'은 '교사'의 일반적 호칭과 동시에 일반 성인들에게 경칭으로도 사용되고 있다. 간호사에게 간호원이나 간호부라는 호칭을 사용했다면 간호사의 기분이 좋아지기 어렵다. 이 경우 우리는 어휘소를 적절하게 가려 정확하고 기분 좋은 어휘소를 사용하는 것과 그렇지 않은 경우의 언어 사용의 효과에 대한 차이를 실감할 수 있는 것이다. 이 경우처럼 용어의 개정은 바로 청자의 심리적 문제를 고려하여 이루어지고 이는 어휘력과 연결되어 적절한 어휘를 사용하는 능력의 문제에까지 이르게 되는 것이다.

1) 표현과 어휘력

잘 표현된 말과 글은 어휘의 적절한 사용 없이는 불가능하다. 표현이 잘된 것과 그렇지 않은 것의 차이는 여러 가지 요인이 있지만 이 중에는 어휘의 적절한 사용과 부적절한 사용 때문인 경우도 있다.

국어 교육에서 표현 교육은 언어 사용에서 표현력을 길러주기 위함이며, 이는 주로 '말하기, 쓰기'의 교육으로 나타난다. 표현력을 높이기 위해서는 표현 어휘가 풍부해야 하는데 이를 위하여 이해 어휘와 표현 어휘의 격차를 좁힐 수 있는 방법이 필요하다.[2] 초보적인 표현의 경우 우리는 말 배우는 아

---

2) 표현 어휘는 발신자가 말하거나 글을 지을 적에 사용이 가능한 어휘로서 능동적 어휘, 발표 어휘, 사용 어

이처럼 단순히 어휘소의 나열로 의사를 표현할 수 있다. 그리고 이러한 어휘소의 나열로 이루어진 표현은 비록 초보적인 의사 소통 수단으로만 가능하다고 하더라도 의사 소통의 기초적인 도구가 어휘소라는 것을 깨닫게 한다.

다음은 한국어를 배우는 폴란드의 대학생(4학년)이 쓴 요리 설명서이다.[3]

가능한 한 표기는 원문대로 처리했으며 한글이 아닌 것은 폴란드어와 영어로 쓴 것이다. (   ) 속의 글은 필자의 글이다.

소고기 국 / 돼지고기 국 / 국 네사람분

ZUPA GULASZOWA(폴란드어로 '국 끓이기'임.)

· 양파 – 2개　　　　　　　　· 기름 – 5큰술
· 고추(고춧가루) – 2작은 술　· 소고기/돼지고기 – 1/2 키로그람
· 감자 – 2/3개　　　　　　　· 당근 – 2개
· 미나리 – 2개(포기)　　　　· 소금

양파 2개 자르고 기름 5큰 술에 약간 붉게 합니다. 고추 2작은 술을 보태다.

소고기 / 돼지고기 1/2 키로그람을 수프에 (넣고) 소금을 치다.

물 주다. 10분 요리합니다.

물 2리터 부어서 봬다(의미 미상). 감자과('와'의 오용) 당근과 미나리를 자르다, 그리고 국에 주다. 요리합니다.

어서 잡수십시오!

휘라고도 한다. 표현 어휘는 발신자의 회화나 문장에 나타나며 이해 어휘의 20~30%에 해당한다고 본다. 표현 어휘가 다양하다는 것은 언어 표현을 다양하게 할 수 있다는 것을 의미하며 어휘의 풍부성이 높다고 말할 수 있다. 표현 어휘가 풍부하면 보다 적절한 어휘 표현을 잘 할 수 있으며, 어휘력을 확대하기 위해서는 이해 어휘와 표현 어휘의 차이를 줄여서 표현 어휘를 확대해야 한다.

3) 이 글을 쓴 학생은 폴란드의 아담미츠키예비츠 대학교 민족언어학과(Adammickiewicz University, depart of ethnolinguistics) 학생이며, 이곳 학생들은 보통 3개 국어를 전공하며, 각 전공어를 1주일에 8시간(1, 2, 3학년)이나 4시간(4, 5학년)을 배운다. 그리고 5개년의 학업을 마치고 한 전공어에 대한 졸업 논문이 통과되면 석사 학위를 받는다. 물론 이 학생의 경우 한국어 성적은 저조하다.

‘고추’는 ‘고춧가루’를 잘못 쓴 것이며, ‘물을 붓다’를 ‘물 주다’로, ‘국에 넣다’를 ‘국에 주다’와 같이 일부 어휘소를 부적절하게 사용하고 있으나 독자가 이 글을 읽을 때 의미상으로 큰 어려움이 없이 이해가 가능하다. 우리는 위의 글에서 어휘력이 있기 때문에 어휘소의 단순 나열에 불과한 글로 의사를 표현하는데 큰 문제가 없음을 알 수 있다. 이 학생은 복잡한 문장을 구성하여 자신의 글을 쓰기보다는 어휘소의 단순 나열로 위의 글을 작성하여 제출한 것이다.

이와 같이 어휘소만의 나열로도 충분히 의사를 전달하고 있음은 어휘 교육이 언어 교육에서 차지하는 중요성을 보여주는 것이다. 다음의 경우는 어휘소 의미를 잘못 알아서 의사 소통에 부적절한 경우이다. 이 예는 한국어 통사와 음운의 기본적인 지식을 갖고 있는 한국어를 전공하는 외국인 학생들의 음성 언어 표현이다.

> 학생 1 : 당신은 언제 폴란드에 도착했습니까?
> 학생 2 : 한국의 여름은 너무 휴미디티humidity해서 아주 힘들었습니다.

‘학생 1’은 ‘당신’의 사용 의미가 영어 ‘you’와 같다고 알고 있기 때문에 교수에게 ‘당신’이라고 한 것이다. 이 학생은 한국어 공부를 할 때 담당 강사가 항상 ‘당신’으로 표현했다고 말하였다. 그러나 ‘영어의 ‘you’는 청자를 지칭하는 말로 국어에서는 청자의 지칭어를 말해야 한다. 즉, 청자가 교수이면 ‘선생님, 교수님’, 청자가 어머니이면 ‘어머니’로 불러야 하는 것이며, 부부간이거나 아주 허물없는 친구 사이가 아니면 ‘당신’은 사용하기 부담스러운 말이다. 따라서 ‘학생 1’은 ‘당신’이라는 어휘소를 정확히 몰라 부적절한 표현을 한 것이다. ‘학생 2’는 한국에서 한국 문화 연수 과정을 이수한 후 폴란드로 돌아온 학생으로서 한국에서의 생활을 한국인에게 말한 것이다. ‘학생 2’의 말은 ‘무덥다, 후텁지근하다, 습도가 높다 등’ 기후를 나타내는 어휘를 모르기 때문에 영어를 사용한 것인데 이때 그 학생이 영어 ‘humidity’도 몰랐다면 폴란드어를 모르는 한국인에게 알아듣게 설명하지 못했을 것이다. 이런 경우는 외국어를 알면서 국어 어휘력이 부족한 일부 지식층의 언어 표현에서도 나타난다. 그들은 세분화된 국어 어휘소를 모를 때 자기가 아는 외국어를 사용하여 표현한다. 그러나 청자가 그 외국어를 모르면 의사 소통은 불완전해진다. 표현을 정확하고 적절하게 할 수 있으려면 정확하고 적절한 어휘를 사용할 수 있는 어휘력이 필요한 것이기 때문에 '표현력'을 기르는 국어 교육에서 어휘 교육의 중요성은 매우 크다.

끝으로 필자가 어려서 어른들께 들은 '부적절한 어휘 사용의 이야기'를 소개한다.

> 옛날에 한 어리석은 처녀가 시집을 가게 되었다. 이 처녀는 친정에서 '비속어'만 사용하였기 때문에 처녀의 부모는 시집가는 딸에게 '시댁 어른에게는 항상 경어를 써야 하고 경어는 '-님'을 붙이면 된다'라고 알려 주었다. 처녀는 시집가서 며느리가 되었다. 하루는 이 며느리가 나뭇짐을 지고 온 시아버지를 보니 머리에 검불이 붙어 있었다. 며느리는 경어를 쓰기 위해 다음과 같이 시아버지에게 말하였다.
> "아버님 대갈님에 검불님이 올라 앉으셨습니다"

2) 이해와 어휘력

말이나 글을 이해하기 위해서는 말이나 글에 쓰인 어휘를 이해할 수 있어야 한다. 다시 말해 이해 대상 어휘에 대한 지식이 있어야 하는 것이다. 어휘 지식은 음성 언어 및 문자 언어를 표현하고 이해하는 열쇠이다. 어휘 지식이 없으면 음성 언어이든 문자 언어이든 제대로 표현하고 이해할 수가 없다. 어릴 때부터 듣기 장애를 가진 농아들은 어휘 지식이 없기 때문에 이 세상에 대한 기초 개념이 형성되어 있지 않으며, 따라서 언어를 이해하지 못한다. 많은 어휘 지식을 알고 있는 언어 사용자는 그만큼 성공적인 독자가 될 수 있다. 책을 펼쳤을 때 아는 단어가 많으면 그만큼 그 글을 이해하기가 수월해진다(박영목·한철우·윤희원, 1996 : 270).[4]

다음을 보자.

---

4) 이해 어휘는 수신자가 그 의미나 용법을 알고 있는 어휘로서 수동적 어휘, 획득 어휘라고도 한다. 표현 어휘(사용 어휘)는 물론 이해 어휘에 속하나 이해 어휘 중에는 수신자가 사용하지 않는 어휘가 포함된다. 인간의 이해 어휘의 양은 대략 표현 어휘의 3~5 배에 달한다고 본다. 다른 나라의 경우 이해 어휘의 양을 4~5만 어 내외(고유명사 제외하면 약 3만 어)로 보는데 이는 한 언어 집단 내에서 통용되는 어휘의 수를 말한다. 이해 어휘량이 많을 수록 어휘 이해를 잘 할 수 있으며, 특히 독해력이나 청해력은 이해 어휘량에 영향을 받는다. 어휘력을 확대시키기 위해서는 표현하지 않는 이해 어휘를 표현 어휘로 바꿀 수 있도록 해야 한다.

우리 사람이란 — 세속에 얽매여, 머리 위에 푸른 하늘이 있는 것을 알지 못하고, 주머니의 돈을 세고, 지위를 생각하고, 명예를 생각하는 데 여념이 없거나, 또는 오욕 칠정에 사로 잡혀, 서로 미워하고 시기하고 질투하고 싸우는 데 마음에 영일寧日을 가지지 못하는 우리 사람들이란, 어떻게 비소하고 어떻게 저속한 것인지, 결국은 이 대자연의 거룩하고 아름답고 영광스러운 조화를 깨뜨리는 한 오점汚點 또는 잡음밖에 되어 보이지 아니하여. 될 수 있으면 이러한 때를 타서 잠깐 동안이나마 사람을 떠나, 사람의 일을 잊고, 풀과 나무와 하늘과 바람과 한가지로 숨쉬고 느끼고 노래하고 싶은 마음을 억제할 수가 없다.

— 이양하, 〈신록 예찬〉

이양하의 '신록 예찬'은 중등 교육을 받은 사람이면 이해할 수 있는 글이지만 초등 학생에게는 그 글에 사용된 어휘가 어렵기 때문에 이해하기 어려운 글이 된다.

어느 회사의 신입 사원이 과장과 한가롭게 이야기를 나눌 기회가 생겼다. 과장은 신입 사원이 자기와 동성임을 알고 신입 사원에게 호감을 갖고 이야기 도중 본관을 물었다.

과장 : 집안이 좋더구먼. 본관이 어디요?
신입 사원 : 저보다 잘 아시면서요. 이 건물 뒤에 있잖아요.

과장은 동본同本인가를 알려고 본관本貫을 물었고, 신입 사원은 본관本貫의 의미를 모르고 본관本館만 알기에 과장이 장난하는 줄 안 것이다.

위의 경우는 동음 이의어의 문제일 수 있으나 신입 사원이 본관本貫의 뜻을 몰랐기 때문에 무지가 드러나게 된 것이다. 어휘력이 약하면 모르는 어휘에 대하여 이해할 수 없을 뿐 아니라 의사 소통, 나아가 사회 생활에서 실패하는 것이다.

다음은 어느 인터넷 사이트에 올라 온 글을 정리한 것이다.

뜨거운 게 시원한 거다. 한국인은 참으로 말을 이상하게 해댄다. 나는 근처에도 못 가는 엽기적이고도 살벌하게 뜨거운, 그리고 매운 그 찌개를 떠먹으면서도 연실 "아, 시원하다"를 연발하는 것이다. 도대체가 알 수가 없다. 언제 뜨겁고 언제 시원하다고 말을 해야 할지 나는 아직도 모른다.

−〈외국인의 한국 생활, 한국어에 관한 관찰 기록, 김재원(ID : pastel)〉

위의 글은 '시원하다'의 일차적 의미만 아는 외국인이 뜨거운 찌개를 먹는 한국인이 '시원하다'고 말하는 것을 이해하지 못하는 것을 나타낸 것인데 이런 경우는 어휘력이 부족한 어린이들이 어른들이 뜨거운 욕조에 들어가서 '아, 시원하다'고 말할 때 이해하지 못하는 것과 같다. 어휘력이 약한 사람들은 다의어와 세분화된 어휘의 사용에서 어려움을 느낀다. 다의어의 일차적 의미는 알지만 이차적 의미는 알지 못하기 때문이며 세분화된 어휘는 유의어와의 차이를 알지 못하기 때문이다.

소아과 의사는 환자를 진찰할 때 환자의 자각 증상을 이해하는 데 어려움을 느낀다. 어린이는 다양한 어휘를 이해하지 못하기 때문에 그의 증상을 의사에게 표현하지 못할 뿐 아니라 의사가 묻는 말을 이해하지 못하는 것이다. '배가 아프다'고 우는 어린이에게 배가 어떻게 이상한지를 알기 위해서 의사는 '뒤틀리듯이 아프다, 더부룩하다, 메스껍다. 울렁거리다, 따끔거리다, 살살 아프다 등등'의 말로 물어보지만 어린이는 이 세분화된 어휘를 이해하지 못하기 때문에 그냥 아프다고만 말한다. 따라서 소아과 의사는 문진問診을 제대로 할 수 없다. 만일 어린이 환자가 증상을 묻는 의사의 어휘를 이해할 수 있는 어휘력이 있다면 보다 정확한 진찰을 받을 수 있을 것이다. 이런 경우는 국어 어휘력이 약한 의사가 환자의 어휘를 이해하지 못할 경우에도 같은 결과를 가져온다.

표현에서는 세분화되고 구체적인 어휘를 모르더라도 그 의미에 적절하게 일반 기초 어휘로 풀어서 표현할 수 있다. 그러나 이해에서는 다르다. 기초 어휘만을 가지고 상대방이 표현하지 않기 때문에 모르는 어휘를 상대방이 사용하면 앞뒤 문맥으로 추론하거나 사전을 사용하거나 해야 한다. 또한 언어 생활의 대부분은 표현보다는 이해하는 활동이 훨씬 많다. 따라서 이해에서의 어휘력은 아주 중요하다.

이와 같이 말이나 글을 이해하는데는 어휘력이 필수적이기 때문에 어휘에 대한 능력이 언어 능력, 언어 사용 능력의 주요 요소가 될 수밖에 없는 것이다. 우리는 세분화되고 전문화된 어휘를 많이 알면 알수록 보다 정확하고 상세하게 관련 언어를 이해할 수 있다.

2. 도구 교과 교육으로서의 국어 교육과 어휘 교육

1) 도구 교과

우리는 국어 교과를 도구 교과라고 부른다. 도구 교과란 초등 학교 저학년 국어 교과가 학생들에게 문자를 읽고 쓸 수 있도록 지도하는 교과이며, 문자를 읽고 쓸 수 있는 능력은 곧 다른 교과서를 읽고 쓸 수 있는 도구가 되기 때문에, 국어 교과는 학생들에게 다른 교과 학습에 필요한 도구(능력)를 갖추게 하는 교과라고 이해되고 있다. 그러나, 이와 같이 국어 교과의 도구 교과로서의 성격을 문자 읽기나 문자 쓰기 정도로 한정하여 규정함은 초보적인 것이고 더 나아가서는 국어 교과에서 목표로 삼고 있는 언어 사용 기능은 말하고, 듣고, 읽고, 쓰는 언어 활동을 통해서 모든 언어를 의미로, 또는 의미를 언어로 재구성하는 복합적인 사고 기능을 뜻하는 것이다. 국어 교육의 궁극적인 목표는 문자를 읽고 쓸 수 있는 기초 기능을 넘어서서 학생들에게 사고를 언어로 표현하고, 또 언어를 통해서 사고를 이해하는 고등 정신 기능을 신장하는 것이다. 이러한 기능은 순차적으로 주어지는 말이나 글을 듣거나 읽고 그 의미를 입체적으로 구성하는 이해 과정과, 우리의 기억 속에 있는 입체적 형태의 의미를 순차적인 말이나 글로 엮어내는 표현 과정 속에서 구현된다. 국어 교과가 도구 교과로서의 성격을 갖고 있다고 함은 곧 국어 교육에서 기르고자 하는 언어 기능이 지식 자체가 아닌 지식의 활용 기능을 뜻하며, 지식을 활용하는 기능은 범교과적으로 모든 학습 활동에서 도구적인 지적 기능이기 때문이다(노명완 · 박영목 · 권경안, 1988 : 17~20 참조).

위와 같은 국어 교과가 다른 교과의 도구 교과가 된다는 주장은 기본적으로는 국어 교육이 다른 교과의 학습에 도움이 된다는 관점에서 비롯한 것이다. 국어 교과는 도구 교과와 내용 교과 양면을 공유하는 교과이지만 이곳에서는 다른 교과 교육에 도움이 되는 도구 교과로서의 국어 교육의 기능을 수행하는 데 특히 어휘력이 중요한 부분을 차지한다는 것을 강조하려 한다. 무엇보다도 국어 교과의 도구 교과로서의 기능이 가장 분명하게 인식되는 영역 중의 하나가 어휘 부분이며 학교 교육을 통해 학생들에게 전달되는 지식의 결정체는 결국 주요한 개념이나 원리들로서 이는 바로 그 개념이나 원리를 담고 있는 용어(낱말)로 전달되는 것이다(손영애, 1992 : 139).

어휘력이 국어 교육에서 도구로 기능한다는 생각은 독해 이론의 도구 가설이다. 도구 가설은 개별 어휘 의미에 대한 지식이 독해에 일차적으로 관여하는 요소라고 가정하기 때문에, 더 많은 어휘 의미를 알수록 학습자의 독해 능력은 증진되리라고 본다. 따라서 어휘를 많이 지도하는 것이 읽기 지도에서 중요하다는 교육적 시사점을 제공하였다. 그런데 이 도구 가설은 결국 대다수의 학습이 교재(글)를 읽고 이 글의 의미를 이해하여야 가능하다는 면에서 다른 교과 학습의 도구가 된다고도 할 수 있는 것이다. 이 도구 가설이 지식 가설보다 강하다고 할 수는 없지만[5] 모든 지식의 학습에 의사 소통의 기본 도구인 어휘가 빠질 수 없고 어휘력이 전제되지 않는 지식 가설이 존재할 수 없다고 보면 기초적인 국어 교육은 어휘 교육으로 어휘력을 기를 경우에 더욱더 도구 교과로서의 기능을 잘 할 수 있게 되는 것이다.

2) 지식의 학습과 어휘

지식 학습의 대부분은 책 읽기를 통해서 이루어진다. 책을 읽는다는 것은 책 속의 글을 읽어 글의 내용을 이해한다는 것이고 글을 읽고 이해하기 위해서는 글 속의 어휘 의미를 알아야 하는 것이다. 글 속의 어휘는 일반 어휘와 전문 어휘로 나눌 수 있는데 일반 어휘는 일반적으로 언어 생활에서 사용하는 어휘를 말하며 전문 어휘는 전문적으로 사용되는 어휘로 전문적인 의미를 나타내는 어휘를 말한다. 그런데 전문 지식을 학습하기 위한 글의 일반 어휘가 학습자의 어휘 발달 수준보다 어려운 어휘라면 학습자는 글을 이해하기 어렵다. 또한 학습자의 어휘 수준에 맞는 일반 어휘로 글이 이루어져 있다 하더라도 함께 쓰인 전문 어휘의 의미를 모른다면 학습자는 글을 이해하기 어려울 것이다. 이때 일반 어휘는 설명하기 위한 어휘로 학습자가 이해할 수 있으면서도 정확한 이해를 할 수 있는 어휘여야 하며 전문 어휘는 전문 분야의 세분화된 의미를 정확하게 전달할 수 있는 어휘여야 할 것이다.

따라서 우리는 특정 전문 지식을 학습하는 데는 특정 전문 어휘가 필요하며 우리는 바로 이런 전문 어휘의 학습을 통하여 해당 전문 지식을 학습할

---

5) 도구 가설은 개개의 단어의 의미를 강조하지만, 지식 가설은 개념의 뼈대, 즉, 스키마를 강조한다. 지식 가설에 의하면, 개개 단어의 의미는 개념이란 빙산의 한 부분일 따름이다(박영목 · 한철우 · 윤희원, 1996).

수 있다.[6] 모든 지식의 학습에 관련되는 전문 어휘는 전문 학습의 도구가 되기 때문에 기본적으로 각 전문 학습에서 전문 어휘력이 중요하고 이들 해당 전문 어휘력을 길러주는 것은 전문 지식을 학습하는 데 도움이 된다. 그래서 많은 분야에서 전문 어휘를 별도로 배우게 되는 것이다.[7]

우리가 간호학을 배운다면 우리는 간호학에 관련되는 전문 어휘인 간호학 용어를 배움으로써 간호학에 대한 기초 지식을 얻을 수 있다는 말이다. 또한 간호학 서적을 읽고 이해하지 못하는 경우는 간호학 관련 글의 문법이나 음운, 관련 경험의 부족 때문이 아니라 간호학 전문 용어를 모르기 때문일 경우가 많을 것이다. 따라서 일반인이 아닌 전문가가 되기 위해서는 관련 분야의 잘 분화된 어휘를 제대로 아는 것이 큰 도움이 될 것이다.

그러나 각 전문 분야의 지식을 얻기 위한 전문 어휘를 직접 국어 교육에서 어휘 교육으로 다루는 것은 아니다. 전문 분야의 전문 어휘는 전문 교과 내에서 다루는 것이 원칙이다. 그렇다면 어떻게 국어 교육에서 어휘 교육으로 이를 도울 수 있을 것인가가 문제가 된다. 국어 어휘 교육에서 기초 어휘력을 습득한 학습자는 이 어휘력을 전문 어휘 이해에 사용한다. 대부분의 국어 전문 어휘는 국어 일반 어휘를 바탕으로 만들어지기 때문에 국어 어휘력은 각 전문 분야의 어휘를 만드는데 이용되며 또한 이렇게 해서 만들어진 전문 어휘는 국어 일반 어휘력을 이용해서 이해가 용이해진다. 전문 어휘는 대부분이 한자어이다. 전문어는 세분되고 구체적인 의미 전달을 필요로 하기 때문에 의미가 세분되고 또한 구체적인 한자어로 만드는 것이 유리하기 때문이다. 따라서 전문 어휘를 이해하는데는 한자 어휘력이 필요하고 한자 어휘

---

6) 브로스Bross(1973 : 217)의 말을 인용하면 외과 의사는 신체 구조에 대한 지식을, 일부는 그의 수련 과정을 통한 직접 경험으로부터 얻지만 나머지 대부분은 의학 용어를 통해 얻는다는 것이다. 외과 의사의 초기 수련 과정이 유익할 수 있는 것은, 해부학 시간을 통해 과거 여러 세대의 경험의 축적을 수용할 수 있기 때문이며, 외과 의사가 어디에 메스를 대야 하는 지를 알게 해주는 인체 구조에 대한 세세하고 정확한 지식은 수백 년 동안 수백만 번의 해부를 통해 축적된 것으로 이 신체 구조를 묘사하는 목적만을 위해서 고도로 전문화된 전문 어휘가 발달됐기 때문이라는 것이다. 외과 의사는 신체 구조에 대한 해부학적 사실들을 익히기 전에, 해부학의 전문 용어를 배워야만 되며, 외과 의사의 '효율적인 수술'은 바로 "효율적인 언어"에서 비롯된다는 것이다(이기동 · 신현숙 역, 1983 : 99). 이 때, '효율적인 언어'로서의 '의학 용어' 나 '고도로 전문화된 언어'로서의 '의학 용어'가 '전문 어휘'이다.

7) 각종 공공 양식의 경우에도 대부분 단순 어휘소의 나열인 경우가 많은데 이들은 그 분야의 전문 어휘이다. 따라서 이들을 모르면 서류를 제대로 완성할 수 없는 것이다.

력은 국어 어휘 교육을 통하여 높일 수 있다.

일반 학습자가 의학 지식을 이해하기 위해서는 의학 전문 어휘를 이해해야만 가능하다. 그런데 '의학 용어 사전'을 이용하지 않아도 '後天性免疫缺乏症AIDS, 鐵缺乏性貧血iron deficiency anemia' 등과 같이 한자어 의학 용어는 일반 한자어 지식이 있는 학습자에게는 그렇지 않은 학습자보다 쉽게 이해된다. 따라서 일반 어휘를 교육하는 국어 어휘 교육은 여러 전문 분야의 전문 어휘를 이해하는 데 도움이 되며 나아가 전문 지식 학습에 도움을 주게되는 것이다.

국어로 이루어진 교과 전문 어휘들은 국어 일반 어휘를 바탕으로 만들어진 것이다. 따라서 국어 교육에서 어휘의 교육이 제대로 이루어지면 타 교과의 기술에 사용된 일반 어휘의 이해와 함께 전문 어휘의 이해가 쉽기 때문에 타 교과의 학습에 도움이 된다.

IV. 정리

언어 사용의 주된 목적은 의사 소통에 있다. 언어를 통한 의사 소통은 화자의 표현하고자 하는 의미가 언어 기호로 작성되어 청자에게 전달되는 것이다. 따라서 언어 기호에 해당하는 어휘소를 그 첫 번째 의사 전달 도구로 이야기할 수 있다. 우리는 글이나 말의 내용을 정확하게 이해하고 표현하려면 어휘력에 의존하지 않을 수 없다. 따라서 언어 사용자는 사용 언어의 어휘력이 강하면 강할수록 효율적인 언어 생활을 영위할 수 있을 것이다. 잘 표현된 말과 글은 어휘의 적절한 사용 없이는 불가능하며, 또한 어휘 지식이 없으면 음성 언어이든 문자 언어이든 제대로 이해할 수가 없는데 이는 모두 어휘력의 문제이다. 따라서 언어를 통한 의사 소통을 주요 목표로 삼고 있는 국어 교육의 경우 어휘력을 신장시키는 어휘 교육은 아주 중요하다 하겠다.

도구 교과 교육으로서의 국어 교육과 어휘 교육의 관계는, 학교 교육을 통해 학생들에게 전달되는 지식은 기초적으로는 그 개념이나 원리를 담고 있는 어휘로 전달되는 것이며, 따라서 지식 학습의 기초인 어휘력을 신장하는 어휘 교육은 도구 교과 교육으로서의 국어 교육의 기초가 된다. 전문 지식의

학습은 일반 어휘와 전문 어휘를 기초로 이루어지는데 국어 교육으로서의
어휘 교육은 일반 어휘의 교육이며, 전문 지식 교육으로서의 어휘 교육은 전
문 어휘를 배우는 것이다. 이 때, 전문 어휘를 이해하는 데 일반 어휘력이 도
움을 줄 수 있다. 전문 어휘는 일반 어휘를 기초로 하여 만들기 때문이다. 즉
전문 어휘가 한자어라면 한자 어휘력은 전문 어휘력을 기르는 데 도구가 될
수 있는 것이다.

　학습자의 어휘를 풍부하게 하는 것이 바로 어휘력을 높이는 것이며 이것
이 어휘 교육의 목표인 것이다. 어휘 교육은 국어 교육의 기본 목표인 의사
소통 능력 신장을 위한 기초 능력이며 국어 교과의 사고력을 신장하거나 지
식을 얻기 위한 도구이면서 동시에 다른 교과의 학습을 위한 도구로서도 필
요한 어휘력을 신장하는 것이기에 그 중요성이 큰 것이다.

2

국어 어휘의 특성

1 | 국어 어휘 교육과 국어 어휘의 특성[1]

Ⅰ. 도입

언어 사용자가 사용 언어에 대한 어휘력이 약하다면 음성 언어이든 문자 언어이든 제대로 이해하기가 어렵다. 우리는 글이나 말의 내용을 정확하게 이해하고 표현하려면 어휘력에 의존할 수 밖에 없다. 언어 사용자는 사용 언어의 어휘력이 강하면 강할수록 효율적인 언어 생활을 영위할 수 있을 것이다.

어휘력을 기르는 어휘 교육은 해당 어휘의 특성을 반영하는 것이 중요할 것이다. 어휘의 특성에 따라 어휘 지도 방법이 달라져야 한다는 것은 지도 대상 어휘의 차이에 따라 어휘 지도 방법이 달라야 교육 효과를 높일 수 있기 때문이다. 어휘 지도 방법은 어휘 습득의 단계와 원리를 알고 어휘 확충의 방법을 안 후에 이에 적절하게 어휘 특성에 맞는 어휘 지도 방법을 개발하여야 할 것이다. 어휘 습득 과정을 안다는 것은 어휘 지도 방법을 개발하는데 도움이 되기 때문에 어휘 습득에 관한 연구는 어휘 지도 방법의 개발에 앞서 필수적으로 이루어져야 한다. 왜 그런가 하면 어휘 교육은 어휘를 가르치는 것이고 어휘의 특성에 맞게 어휘 교육의 방법을 개발하여 지도하면 그렇지 않은 경우보다 효율적으로 어휘력을 기를 수 있을 것이기 때문이다.

---

1) '어휘 교육과 어휘의 특성', 「국어교육 95」(한국국어교육연구회, 1997)

이제까지의 어휘 교육에서 어휘의 특성을 무시해오지는 않았다 하더라도 어휘의 특성을 고려하여 어휘 지도를 하려는 연구는 별로 없었던 것으로 보인다. 따라서 본고에서는 이제까지 별로 관심을 끌지 못했던 어휘의 특성을 어휘 교육에 반영하기 위한 연구의 기초로서 국어 어휘의 특성을 밝히고 그 특성에 따라 어떻게 어휘를 지도할 것인가에 대하여 살피려 한다. 이런 연구는 교육 현장 연구를 통하여 검증이 이루어져야 함에도 불구하고 이론적인 연구에 그칠 수밖에 없음이 본 연구의 한계라 할 수 있을 것이다. 따라서 기존의 연구와 이론으로 어휘의 특성을 어휘 교육에 반영하는 데 대하여 기초를 마련하기 위하여, 국어 어휘의 일반적 특성을 밝히고 어휘 종류별 특성과 이 특성에 따라 어떠한 어휘 지도 방법이 적당할 것인가를 밝힐 것이다. 그리고 어휘 특성과 관련된 문제인 어휘 교육 과정, 어휘 교육 방법, 교과서, 어휘 특성과 대표 어휘에 대하여도 고찰한다.

II. 국어 어휘의 일반적 특성

국어는 국어만의 언어적 특성이 있다. 언어의 개별성을 고려할 때 국어만의 특성을 국어 교육에 반영하는 것이 필요할 것이다. 이 때 국어 고유의 특성만을 밝혀 국어를 교육한다면 국어가 다른 언어와 갖는 보편성의 문제들이 교육상의 고려에서 소홀해질 수 있다. 따라서 국어의 특성은 일반적인 면과 함께 적절히 조화를 이루어야만 할 것이다. 본고에서 국어 어휘의 특성을 밝히는 것은 국어 어휘 교육을 위한 기초 자료로서의 필요성과 국어 어휘 교육에서 어떻게 지도할 것인가를 조감해 볼 수 있도록 하기 위함이다. 물론 어휘의 보편적인 성격과 특별한 성격은 물과 기름처럼 조화를 이루지 못하는 것이 아니라, 보편적인 성격에 바탕을 둔 어휘 교육 위에 특별한 성격에 바탕을 둔 어휘 교육의 방법을 추가하여 조절하는 과정이 필요할 것이라는 생각을 전제로 한다.

국어 어휘의 특성에 대한 많은 연구들을 종합 분석하면 다음의 특성이 있음을 알 수 있다(이충우, 1994).

1) 유의어가 많다. 이는 비슷한 개념을 가리키는 말이 여럿인 경우로서, 한자어와 외래어가 많기 때문이다. 어느 언어이든지 외래어의 영향을 받는데, 문화가 발달한 나라의 언어가 그렇지 못한 나라의 언어에 침투하는 경향이 보편적이고 국어의 많은 외래어가 이 현상을 반영한다. 특히 삼국 시대에 우리의 표기 수단이던 한자는 많은 한자어를 생기게 하였으며, 오늘날 사전에 등재된 대부분의 어가 한자어이다.

2) 동음 이의어가 많다. 이는 한자어의 영향이 큰데 동음 이의어 전체의 82%에 해당하는 한자어끼리의 동음 이의어가 이를 나타낸다(이용주, 1974 : 45). 따라서 많은 동음 이의어를 구별하기 위해서 한자의 병기, 또는 한자 표기가 필요한 경우가 있다. 이는 한글 전용론자와 국한 혼용론자 사이의 논쟁 가운데 한자 표기의 필요성을 뒷받침하는 현상이다. 특히 어휘 교육상 고려할 특질이다.

3) 대우를 나타내는 어휘가 발달되었다. 유교적 환경과 수직적 인간 관계에서 발달되었다고 보이는 경어법은 매우 복잡하게 발달하였다. 따라서 경어법 중 어휘의 쓰임은 어휘에 대우를 나타내는 기능이 있음을 보여주고 있다. 경어 또는 품위 있는 언어로 쓰이는 어휘의 대부분은, 고유어와 한자어가 유의어일 때, 대체로 한자어에 공대의 개념과 품위의 개념이 있다고 생각하는 것이 일반적이다. 그러나 외래어(특히 영어계 외래어)들은 한자어가 갖는 이런 특성을 갖지 않는다.

4) 음운 교체로 어의語義상 어감의 차이가 발달하였다. 의성어, 의태어의 발달이 두드러져 있다. 자음과 모음이 조금씩 바뀜에 따라 근사어近似語로 이루어지는 수많은 어휘를 형성한다. 색채 어휘는 오색의 어휘가 243어(정재윤, 1988)인데 이들은 거의가 자음이나 모음이 조금씩 변함으로 조금씩 다른 의미(어감)을 나타낸다. 이는 한자어나 외래어에서 찾기 어려운 현상이다.

5) 개념어로는 한자어가 많이 쓰인다. 한자어가 고유어보다 구체적으로 지시하는 경향이 있으므로 보다 구체적인 내용을 나타내야 하는 개념에서 많이 쓰인다. 이는 한자어가 갖는 강점이며 고유어의 결함을 보완해 주고 보다 풍부한 언어 생활을 가능하게 한다.

6) 기초 어휘에서는 고유어의 체계가 발달하였고 전문 어휘에서는 한자어가

발달하였다. 한자어는 국어의 빈도순 1~100에서는 7%이나 빈도순 901~1,000에서 51%, 빈도순 2,401~2,500에서 63%를 차지한다(이용주, 1974 : 28). 빈도가 낮을 수록 전문 어휘의 비율이 높아진다. 빈도가 높은 기초 어휘에 고유어가 많은 것은 일상의 언어 생활에서 고유어를 많이 쓴 결과로 보이나 소수나마 한자어가 포함되는 것은 그만큼 한자어의 쓰임이 많았다는 것과 한자어의 고유어화라 하겠다. 한자어의 고유어화란 언중이 한자어를 한자어로 인식하지 못하는 단계를 말한다. 이런 고유어화한 한자어는 고유어와 같은 활용을 가진다.

7) 2·3·4음절어가 발달하였다. 이상억(1989)에 의하면 어항의 평균 글자 수는 3.22자로 2글자 단어가 34.6%로 가장 많고, 3글자 단어, 4글자 단어 순으로 많다. 서정국(1975, 1976, 1977, 1978)에 의하면 2·3·4 음절어가 전체의 88%를 넘고 있다. 2음절어가 많은 때문에 동음이의어가 많은 현상을 가져 왔는데, 이는 한자어 동음이의어의 93.50%가 2음절어(이용주, 1974 : 65)임을 볼 때 한자어의 영향이 크다.

8) 체언이 격에 따라 형식이 달라지지 않는다. 이 특질은 외국어로부터 외래 요소를 차용하기가 용이하게 한다. 외국어를 차용할 때 그 단어가 〈+action〉을 가졌더라도(布施, 談合, game, kick 등) 체언으로 차용될 수 있기 때문에 외국어로부터 외래 요소를 차용하기가 쉬운 것이다.

이들 일반적인 특성은 국어 어휘의 전반적인 성격을 보여주는 것으로서 이에 알맞는 국어 교육, 국어 어휘 교육을 어떻게 하느냐에 따라 어휘 교육의 성패를 가름할 것으로 보인다.

III. 국어 어휘의 종류별 특성과 어휘 교육

국어 어휘의 종류별 특성에 따라 분류하여 어휘 교육과의 관련을 살피기 위하여, 어휘를 1. 기본 어휘, 학습용 기본 어휘, 교육용 어휘, 2. 고유어, 한자어, 외래어, 혼종어, 3. 표준어, 방언, 비속어, 완곡어, 전문어, 경어, 4. 동의어, 유의어, 동음 이의어, 반의어, 다의어, 상·하의어, 5. 단일어, 파생어, 합성어, 6. 어형 변화어, 불변어, 7. 지시어, 수식어, 접속어, 8. 관용어, 속담 · 격언의 어휘, 9. 상징어, 10. 용어, 11. 기타로 분류하여 이들의 특성과 어휘 교육과의 관련을 살핀다.

1. 기본 어휘, 학습용 기본 어휘, 교육용 어휘

교육 단계에 따라 기본 어휘, 학습용 기본 어휘, 교육용 어휘로 나누어 이들의 특성과 어휘 교육 관련을 살피고자 한다.

(1) 기본 어휘 : 일상 생활에서 가장 일반적으로 사용하며 사용 빈도가 높은 어휘 가운데는 모든 사람에게 공통되는 것이 상당수 있다. 이 공통 어휘 중, 그 사회의 구성원으로서 정상적인 기본 생활을 하는 데 필요하다고 간주되는 것을 말한다. 이들 중 일부분은 핵심어[2]라 할 수 있다. 이 기본 어휘는 약 2,000~3,000 어가 해당(이용주 외, 1986 : 106)된다. 이들 기본 어휘에 속하는 단어들은 모어 화자일 경우 초등 학교에 입학하기 전에 모두 알고 있는 단어이기 때문에 따로 가르칠 필요는 없다는 것이 일반적인 의견이나, 잘못 알고 있는 경우와 보다 언어 사회에서 용인 가능한 사용을 위해서도 어휘 교육에 필요하다. 특히 전혀 목표 언어에 대하여 알지 못하는 외국어 교육의 경우에는 아주 중요한 어휘라 하겠다. 따라서 외국인을 위한 국어 교육에서는 이 기본 어휘의 교육이 필요하며 이들 어휘 중 일부는 국어 어휘 교육에서 별 효과가 없어 보이는 시각 어휘 지도법, 카드법도 어느 정도 효과가 있을 것으로 보인다. 또한 이들 기본 어휘의 함축적 의미는 모어 화자를 위한 고학년 어휘 교육에서도 지도할 필요가 있기 때문에 기본 어휘는 교육 대상 어휘로 항상 그 필요성을 인정해야 한다.

(2) 학습용 기본 어휘 : 기본 어휘를 일상 생활 기본 어휘라 볼 때, 학습에 필요한 어휘를 학습용 기본 어휘라 할 수 있으며, 이는 기본 어휘보다 폭

---

2) 핵심어는 발화 상황, 문화, 화용, 담화 양상에서 중립적이다. 그리고 비핵심어보다 우선적으로 사용되고, 일반적이며, 비핵심어를 정의할 수 있으며, 다른 단어들과 쉽게 결합하며, 새로운 의미로 확대되는 것이 수월하며, 복합어를 이루는 등의 특성을 가진다(M. Stubbs, 1986 : 110, 111).

이 넓다는 것이 특징이다. 따라서 일상 생활 기본 어휘를 가르쳐 일상 생활에 필요한 어휘력을 기르는 것이 목적인 학습에서는 학습용 기본 어휘가 일상 생활 기본 어휘가 될 것이다. 따라서 외국인에게 일상 기본 생활에서의 의사 소통을 위한 국어 교육에서의 학습용 기본 어휘의 대부분은 기본 어휘(일상 생활 기본 어휘)로 대체될 수 있다.

(3) 교육용 어휘 : 학습용 기본 어휘보다 더 폭넓게 어휘를 선정하고 이를 교육용 어휘라 한다. 외국인을 위한 기본 생활 어휘 습득이 목표인 국어 교육이 아니라 자국인을 위한 폭 넓은 언어 사용 기능의 신장이 목표인 모어 교육으로서의 국어 교육에서는 학습용 기본 어휘보다 훨씬 그 대상이 많고 수준이 높은 교육용 어휘의 교육이 필요할 것이다. 이들은 경우에 따라 국어 교육을 위한 교육용 어휘, 수학 교육을 위한 교육용 어휘로 구분할 수 있겠으나, 언어 교육 연구로서의 본 논문의 성격상 국어 교육을 위한 교육용 어휘에 한정하여 기술함을 밝힌다.

국어 교육에서 기본 어휘, 학습용 기본 어휘, 교육용 어휘의 구분은 어휘의 평정에 의해 그 중요성에 따라 구분할 필요가 있다. 이들은 초급 단계에서는 기본 어휘, 학습용 기본 어휘 등이 다루어져야 하고, 단계가 올라감에 따라 교육용 어휘 중 기본 어휘나 학습용 기본 어휘 등 이미 교육한 어휘를 제외한 나머지 어휘를 교육해야 할 것이다. 이 때, 기본 어휘의 중심적 의미는 대개의 학습자가 익히 알고 있으나 주변적 의미는 정확히 알지 못하는 경우가 많기 때문에 이런 다양한 의미와 용법을 익히기 위해서 고학년에서도 기본 어휘가 교육될 수 있다. 따라서 기존의 연구들에서 모어 화자에게는 기본 어휘의 의도적 교육이 필요하지 않다고 한 경우는 기본 어휘의 중심적 의미의 교육에 국한하여야 할 것이다.[3] 기본 어휘의 모어 화자에 대한 어휘 교육의 문제는 기본 어휘의 다의성을 고려하지 않았기 때문에 제시되었다고 볼 수 있다. 대다수가 이미 알고 있는 기본 어휘를 의도적인 어휘 교육에서 다룰 필요가 없다고 하지만, 기본 어휘일수록 다의성이 크기 때문에 이의 교

---

3) 교육 대상자에 따라 자국인을 위한 어휘 교육, 외국인을 위한 어휘 교육 등으로 구분할 수 있으며 이들에게 필요한 교육 대상 어휘도 차이가 있다.

육이 절실하다고 할 수 있다. 기본 어휘의 기본적 의미와 문맥적 의미, 어휘 의미의 일반화와 특수화 문제 등 여러 문제를 고려할 때 기본 어휘의 기본적 의미 이외의 문제는 결코 어휘 교육에서 관심 밖이어서는 안 된다. 이는 의미별 통계semantic count가 아닌 단순한 빈도나 범위에 대한 조사에서 비롯된 어휘 조사와도 관련된다. 사용 빈도수가 높고 기초적인 어휘는 다의어인 경우가 많고 이들의 주변적 의미는 여러 문맥에서 나타나기 때문에 이들 기본 어휘, 학습용 기본 어휘들은 여러 가지의 어휘 지도 방법을 적용할 수 있을 뿐만 아니라 다른 어휘를 지도하는데 설명 어휘로 사용하게 된다.

2. 고유어, 한자어, 외래어, 혼종어

어원에 따라 어휘를 분류하면 고유어, 한자어, 외래어, 혼종어로 나눌 수 있다. 이들은 국어 어휘 교육에서 가치의 문제로 많은 논란이 있어 왔으나 국어 순화가 고유어를 살려 쓰는 것이라는 고정 관념에서 벗어나 서로 같은 중요성을 지니고 어휘 교육에서 다루어져야 한다. 이들에 대하여 살펴 보면 다음과 같다.

(1) 고유어 : 고유어는 우리 민족이 옛부터 사용하여 온 순수한 국어라고 말하여진다. 따라서 고유어를 많이 쓰고, 사라진 고유어를 되살려 사용하는 것이 국어 순화의 기본인 것처럼 여겨지기도 한다. 그러나 언어의 속성은 그렇게 간단한 것만은 아니다. 질병, 죽음, 성性 등의 금기어는 고유어가 아닌 말을 사용함으로써 완곡한 표현을 얻는다. 연상은 유사에 의하거나 인접에 의해서, 의미에 관해서나 형태에 관해서, 혹은 의미나 형태의 양자에 의해서 일어나는 것이다. 어떤 문제에 흥미를 가지면 그에 대하여 말하는 일이 많아지고 다른 문제를 이야기할 때도 이것이 은유나 직유를 통하여 씌여지고 따라서 새로운 다의어나 완곡어가 생긴다. 연상에 의한 불쾌감을 느끼는 고유어는 연상이 약한 한자어를 사용함으로써 한자어의 어감이 더 좋다고 느끼게 하는 이유가 되기도 한다. 따라서 고유어라도 경우에 따라 언중에게 거부감을 주는 경우 한자어나 외래어를 사용하는 것이 원만한 언어 생활을 위해 필요하다. 고유어에 대한 어휘

교육은 의사 소통 기능의 신장과 함께 고유 문화로서의 가치에 대한 것
이 교육될 수 있다. 이 때에는 지나친 국수주의적인 입장이 아닌 고유 문
화의 참된 모습을 보이는데 주안점을 두어야 할 것이다. 또한 고유어는
한자어와 비교할 때 다의성과 모호성을 가진다.[4]

(2) 한자어 : 한자어는 삼국 시대부터 사용되어 오면서 우리 언어 생활의 중
요한 부분을 차지해 왔다. 한자는 음 · 형 · 의를 나타내는 표어表語 문자
이며, 한자어는 주로 문자로 사용될 때 분명한 의미 파악이 가능할 경우
가 많다. 그러나 오랜 세월을 두고 사용돼 온 한자어의 고유어와의 구별
은 어려운 경우가 많다. 한자어의 형태 · 의미 변화와 이의 유추에서 온
많은 어휘가 고유어와 구별하기 어렵다. 한자어의 특질은 1) 조어력이
뛰어나다, 2) 동음어가 많아 의미 파악에 장애가 된다, 3) 의미가 분화적
이고 세분되었기 때문에 구체적이며 따라서 고유어와 1 : 다多 대응을 보
여 준다(김광해, 1989), 4) 중국과 일본에서 쓰는 말과 같은 것이 많다, 5)
축약력이 강해 긴 형의 어휘가 축약된 형태로 자주 사용되며 이런 특성
으로 동음어가 증가한다 등이다. 한자어는 선인들의 언어 생활에서 필수
적이었기에 우리 생활에 깊게 스며들었다. 따라서, 한자어를 빼어 버리
면 언어 생활이 큰 혼란을 받게 되고 정상적인 문화 발전을 얻을 수 없
다. 고유어로 대치가 힘든 한자어가 많을 뿐만 아니라 경어로 쓰이는 한
자어와 언중의 심리적 문제가 있기 때문에 한자어의 중요성은 여전히 존
재한다. 따라서 한자어는 앞으로도 오래도록 경어 · 완곡어로 사용되며
그 중요성은 좀처럼 사라지지 않는다. 한자어가 다 어려운 것은 아니고
한자로 써야 의미가 파악되는 것만은 아니라는 사실을 고려한다면[5] 한자
어에 대한 평가는 보다 신중해야 한다.

(3) 외래어 : 우리말 속에는 약 30여 국의 외래어가 들어와 있고, 그 중 일본
어계와 영어계가 많은 비중을 차지한다. 외래어는 어느 언어에나 다 있

---

4) 고유어가 가지는 다의성과 모호성은 오히려 문학적 감수성을 풍요롭게 하는 중요한 요인이다. 이들은 민
족의 기본적인 생활 감정이나 정신을 반영하는 것으로서 건전한 민족 정신을 고양하기 위한 수단으로 활
용될 수가 있다(김광해, 1993 : 328).

5) 손영애(1992, 135)는 "한자를 알면 저절로 어휘력이 신장되는 것이 아니라 어휘력을 신장시키기 위한 전
략으로 국어 어휘 중 한자어를 대상으로 할 때 낱말을 이루는 낱글자의 의미를 분석하는 방법이 가능한
것이다."라고 하였다.

는 것이고 결코 국어를 잡되게 하는 것이 아니다. 다만 필요 이상 외래어
를 위세용으로 쓴다면 이는 좋다고 할 수 없을 것이다. 앞으로 외국 문물
의 유입이 확대되면서 외래어의 사용은 계속하여 늘어날 것이다. 이들의
교육에서의 필요성도 또한 커질 수밖에 없다. 따라서 이들의 교육적 고
려가 요구된다.

(4) 혼종어 : 어원이 다른 여러 말들이 언어 생활에서 오래 사용되면서 서로
합성되는 경우가 있다. 이들은 혼종어로서 자연스럽게 쓰인다. 이들의
특성은 해당 어의 어원에 다른 특성을 공유한다고 볼 수 있다. 고유어+
한자어, 한자어+외래어, 고유어+외래어, 고유어+한자어+외래어 등의
모습으로 다양하게 생겨나고 있다. 이들은 앞으로도 계속하여 생성될 것
이고 이들의 교육은 주로 국어 순화 면에서 문제가 될 것이다.

고유어, 한자어, 외래어, 혼종어의 문제는 국어 순화 교육의 측면에서 부
각되어 온 느낌이다. 국어의 순화는 국어 교육에서 보다 효율적이고 상황에
적절한 말을 사용한다는 면과 언어 생활을 순화할 수 있다는 점에서 강조되
어 온 분야이다. 특히 어휘 교육과 관련된 면에서 순화 어휘의 교육이 지나
치리만큼 강조되어 온 느낌이다. 외래어보다는 한자어, 한자어보다는 고유
어가 낫다는 생각과 어려운 말보다는 쉬운말로, 거친말보다는 부드러운 말
로 사용하는 것이 국어 순화라고 생각하는 경향이 있는데 이는 수정돼야 한
다. 어휘의 다양성과 효율성의 측면과 언어의 속성은 표현과 이해의 정확성
과 편리성을 바탕으로 한다는 생각을 간과하고 있기 때문이다.[6]

3. 표준어, 방언, 비속어, 완곡어, 전문어, 경어

어휘는 언어 사용자와 언어 사회에 따라 표준어, 방언, 비속어, 완곡어, 전

---

6) 김광해(1993 : 293)는 "어휘력의 증진 문제와 관련하여 어떤 특정한 단어들을 기피하거나 선호하는 문제
는 별개의 문제"라고 하면서 "이러한 문제는 우선 사용자의 가치관에 관한 문제일 뿐만 아니라, 나아가서
는 각 개별 어휘소가 지니고 있는 용법과 의미에 기반을 둔 개별 어휘소의 기능 및 역할에 대한 어 등에
관한 문제이기 때문에, 이들을 종합적으로 고려하여 개별적으로 결정되어야 할 문제이다. 이러한 문제들만
을 다시 묶어서 생각하는 측면, 즉 어휘 정책에 관한 측면이 과제로 제기될 수 있다."고 하였다.

문어, 경어 등으로 나눌 수 있다. 이들은 언어 사용자의 속성에 따라 다른 의미로 쓰이거나 다른 형태로 쓰일 뿐만 아니라 사용 효과마저 다르기 때문에 어휘 교육에서 중요하게 다루어져 왔다. 특히 이제까지의 교육이 표준어, 완곡어 등을 좋은 언어로 가르치면서 지나치게 방언을 폄하한 경우도 있었지만 이들 모든 어휘의 가치는 좋고 나쁘다는 이분법으로 설명될 수 있는 것은 아니다. 이들에 대하여 살펴보면 다음과 같다.

(1) 표준어 : 공식적인 언어 생활은 표준어로 해야만 보다 효율적인 언어 생활이 가능하다. 따라서 공식적인 언어 생활을 효율적으로 영위하도록 하는 것이 학교 언어 교육의 주 목적이라면 표준어 교육은 공적 언어 교육인 국어 교육의 기본이 되는 것일 수 있다. 표준어의 문제점은 규정의 경직성과 방언의 지나친 폄하다. 또한 지나친 표준어 사용의 강요는 어휘의 단순화와 축소, 의미의 미분화를 가져 온다. 방언이 나타내는 의미와 표준어가 나타내는 의미가 일치하지 않기 때문이다. 표준어의 문제점을 극복하기 위해서는 어휘 조사, 전문어, 학술어의 제정·통일 등이 필요하며, 복수 표준어를 보다 많이 제정하고 지나친 규정의 강요는 말아야 할 것이다.[7]

(2) 방언 : 방언은 같은 방언을 사용하는 사람들 사이의 유대감을 확대시키며, 표준어가 표현하지 못하는 미세한 의미를 나타내고, 표준어보다 그 의미역이 다른 경우도 있기 때문에 정확한 의사 소통을 위해서 방언을 사용해야 하는 경우도 있다. 따라서 방언은 긍정적인 면이 있을 뿐 아니라 표준어도 또한 방언의 일종(계급 방언)이라는 측면에서 볼 때 방언의 가치는 이제까지 지나치게 무시되어 왔음을 느끼게 한다(이용주, 1987 : 25~34).

(3) 비속어 : 비속어는 어떤 경우에도 사용하는 사람이 비속해진다고 생각될 정도로 교양인의 언어 생활에서는 금지되는 말이다. 즉, 비속한 사람들

---

7) 표준어 교육의 의의는 공인이 갖추어야 할 언어 사용의 공정성과 객관성을 의미하는 것이지 개인의 출신 배경과 향토적 정서와 개성적 표현까지를 위축시키는 규정이 될 수 없음을 명심할 일이다. 그러므로 언어의 이중성, 문화의 복합성, 개인의 독창성이 허용되는 범위 안에서 표준어 교육이 실시되어야 한다(최현섭, 1994 : 85).

이 쓰는 말이라고 여기는 것이다. 비속어가 허물없는 사람들 사이에서 쓰일 때 서로의 친밀감을 느끼게 하기도 한다는 사실은 비속어의 긍정적인 면이다.

(4) 완곡어 : 완곡어는 언어 사용자들이 직설적으로 말하는 것이 불쾌감을 주거나, 거부감을 느끼게 될 때 완곡하게 말함으로써 감정을 상하지 않게 한다. 완곡어는 공손하고, 교양있고, 사회 생활을 부드럽게 하는 긍정적인 면이 있다.그러나 경우에 따라서는 공손하기보다 불쾌하게 하기 위한 '모호한 말'이 될 수도 있다. 또한 사실을 왜곡하고 잘못을 정당화하기도 한다. 완곡어로는 고유어에 대한 한자어와 외래어도 해당된다. 완곡어를 사용하는 것은 생활을 부드럽게 하는 긍정적인 면을 갖는 반면 사실을 왜곡하여 진실을 전달하지 못하는 부정적인 면도 갖는다.

(5) 전문어 : 표준어나 방언과는 달리 특정 분야에서 사용하는 특정의 단어들은 나름대로 그 기능을 다하고 있다. 법원 재판에서 쓰이는 어휘, 병원에서 쓰이는 어휘 등이 이에 해당한다. 우리는 특정 분야에서 사용하는 어휘들에 대하여 배울 필요가 있으며, 따라서 이들 전문어에 대한 연구와 교육이 필요하다.

(6) 경어 : 국어는 대우를 나타내는 어휘가 발달되었다. 이는 어휘에 대우를 나타내는 기능이 있음을 보여주는 것이다. 경어 또는 품위 있는 언어로 쓰이는 어휘의 대부분은, 고유어와 한자어가 유의어일 때, 대체로 한자어에 공대의 개념과 품위의 개념이 있다고 생각하는 것이 일반적이다. 경어의 문제는 격식을 갖추어야 하는 공식어이거나 그렇지 않은 비공식어이거나를 막론하고 우리 언어 생활에서 중요하며, 이 경어를 나타내주는 어휘는 적절히 지도할 필요가 있다.

　표준어는 공식어에 속하고, 방언은 비공식어로 쓰인다. 완곡어는 좋고 비속어는 무조건 나쁘다던가, 전문어는 해당 언어 사용자에게만 필요할 뿐이고 경어는 그리 중요하지 않다는 생각은 어휘의 다양성, 언어의 다양성을 간과한 것이다. 우리는 이들의 필요성을 좀더 확실히 할 필요가 있으며, 필요성이 인정되는 만큼의 교육적 배려가 필요하다.

4. 동의어, 유의어, 동음 이의어, 반의어, 다의어, 상·하의어

　어휘의 교육은 어휘의 사용 의미를 가르친다는 것과 같다. 단어의 의미 관계에 따라 동의어, 이의어, 유의어, 동음 이의어, 반의어, 다의어, 상·하의어 등으로 나누어 이들의 특성과 어휘 교육 방법에 대하여 알아 보면 다음과 같다.

(1) 동의어 : 아주 동일한 의미를 가진 동의어는 일상 생활에서 아주 드물다. 따라서 동의어의 문제는 교육에서 큰 문제가 되지 않는다. 동의어라고 생각되는 단어들을 분석해 보면 대개의 경우 동의어라기보다 유의어일 경우가 많다.

(2) 유의어 : 유의어는 핵심적인 의미 관계는 동일하나, 감정적으로는 미묘한 차이가 있다. 유의어는 사회적 계급이나 지역적 방언, 평어에 대한 높임말과 낮춤말, 고유어와 외래어, 자음과 모음의 교체로 인해 구성된다. 유의어의 사용은 개인의 사상·감정을 풍부하게 하고 치밀하게 표현할 수 있으며, 반복적인 유의어의 사용은 표현하는 사람의 심정을 점차적으로 상승, 고조시켜 내용을 더욱 강하게 표현할 수 있다.

(3) 동음 이의어 : 우연히 음이나 철자는 같으나 의미가 다를 때 이를 우리는 동음 이의어, 또는 이의어라 한다. 동음 이의어는 시와 같이 특이한 표현에서는 의도적으로 사용하며, 일상 생활이나 예술적 표현에 풍자, 익살, 웃음거리를 자아내거나, 동음 이의어를 교묘히 이용하여 수수께끼를 만들기도 한다. 동음 이의어의 의미는 문맥에 의하여 구별되는데, 그 구별이 어려울 경우에는 다른 단어로 바꾸어 표현해야 한다. "초를 사 오너라."에서 '초'의 의미가 문맥에 의하여 구별되지 않을 때, '양초'나 '식초'로 바꾸어 사용해야 한다. 시와 같은 특이한 표현에서는 의도적으로 동음 이의어를 사용하기도 한다. 어휘 교육에서는 다의어와의 구별을 분명히 해줄 수 있어야 하며, 문맥 추정법으로 정확한 의미를 파악하게 할 수 있다. 동음 이의어는 ㄱ) 일반적으로 문맥에 의하여 구별, ㄴ) 수식어를 사용하여 구별(설명하는 말/잘 달리는 말), ㄷ) 장단, 고저, 강약 관계로 구별(눈(眼), 눈 : (雪)/밤(夜), 밤 : (栗))한다.

(4) 반의어 : 반의어는 두 단어가 한 면을 제외하고는 의미의 동질성 또는 유
사성을 지닌다. 따라서 어떤 경우에는 반의어를 분명하게 정할 수 없다.
이는 이제까지의 반의어에 대한 우리의 인식이나 설명에 문제가 있기 때
문이다. 따라서 반의어가 아닌 상대어, 대립어라는 용어를 사용하면 일
부 반의어의 모순되는 면이 해결되나 사물의 관계를 둘로 나누는 방법에
문제가 있기 때문에 이의 교육적 활용에도 문제는 남아 있다. 반의어의
사용으로 한 쪽을 생각하면 그 맞선 쪽 말을 연장하여 사용할 수 있을 뿐
아니라, 일상의 언어 생활에서 대조적인 표현으로, 표현을 분명히 할 경
우에 반의어는 사용될 수 있다. 이들 대립 관계를 적절히 이용하면 많은
단어를 학습할 수 있기 때문에 어휘 교육에서 적절히 이용해야 한다.

(5) 다의어 : 다의어는 중심 의미 이외에 여러 주변 의미를 가지고 다양한 표
현으로 사용된다. 다의어는 기존의 한정된 어휘로 미흡한 표현을 보충하
고 만족시키기 위해 생겨나며, 한 단어가 중심 의미로 쓰였는가, 주변 의
미로 쓰였는가 하는 문제는 문맥을 살펴보아야 하기 때문에 이의 교육도
또한 문맥을 통하여 이루어져야 한다. 또한, 지식, 정보를 객관적으로 전
달하는 설명문이나, 객관적인 근거를 바탕으로 의견을 밝히는 논설문에
서는 중심 의미만 가진 단어를 쓰는 것이 좋지만, 느낌이나 정서 등을 표
현하는 문예문에서는 주변 의미가 많은 단어를 쓰는 것이 바람직하기 때
문에 다의어의 다양한 사용 방법을 익히도록 해야 할 것이다.

(6) 상·하의어 : 어휘에서 상·하의 관계는 계층적 구조를 형성한다. 하의
어는 상의어에 비해 의미가 구체적이며, 개별적이고 한정적인 반면, 상
의어는 그 아래에 여러 개의 하의어를 가질 수 있으므로, 하의어에 비해
일반적이고 포괄적인 의미를 가진다. 이들의 관계와 특성을 고려하여 의
미 관계를 적절히 사용하면 어휘력의 향상에 기여할 수 있을 것이다.

이들 단어들의 의미 관계에 의한 분류는 바로 어휘 교육에서 의미 관계를
알게 함으로써 다양하고 적절한 어휘 사용을 할 수 있게 한다. 국어 어휘의
일반적 특성에 해당하는 대우를 나타내는 어휘와 상징어에서 음운 교체로
어의語義상 어감의 차이가 나는 것도 또한 유의어의 범주에서 다룰 수 있다.
단어의 이해는 단어와 단어 사이의 의미 관계로 이루어지는 경우가 많다고

할 수 있다.

5. 단일어, 파생어, 합성어

어휘는 그 구조에 따라 단일어, 파생어, 합성어로 나눌 수 있다. 단일어는 그 구조상 의미를 파악하는 데 어려움이 없지만 파생어나 합성어는 어휘 속성상 결합 이후의 의미의 변화 때문에 어휘 교육에서 그 원리를 알면 교육이 효율적으로 이루어질 수 있다. 이들을 살펴 보면 다음과 같다.

(1) 단일어 : 단일어는 파생어와 합성어와는 달리 다른 의미를 가진 어휘소와 결합한 것이 아니기 때문에 단어 그 자체의 의미를 알면 된다. 따라서 구조에 따른 특별한 지식을 필요로 하지 않기 때문에 어휘 교육에서 특별한 관심을 끌지 못한다.

(2) 파생어 : 파생어는 어근에 접사가 합하여 이루어진다. 이들은 '접두사+어근'의 경우와 '어근+접미사'의 경우가 많으나 '접두사+접미사'의 경우도 있다. 접사와 어근이 결합하는 경우 접사의 의미를 알면 파생어의 의미를 파악하는 것이 용이하기 때문에 많은 파생어를 만드는 조어력이 뛰어난 접사를 집중적으로 교육하는 것은 어휘력의 향상에 도움이 된다. 여영택(1971)은 고유어 접두사로 파생어를 만들 경우 얼마나 많은 단어를 만들 수 있는가에 대하여 조사하였다. 그 결과로 고유어 접두사로 파생어 만들기는 한자 조어와 마찬가지로 매우 생산적임을 밝혔다. 레너드 스티븐스Leonard A. Stevens, "Fourteen Words That Make All the Difference," Coronet, 40(Aug. 1956 : 80~82)의 "Key to 100,000 Words"(D. Lapp and J. Flood, 1986 : 107에서 재인용)에서 접두사 'de-, inter-, pre-, ob-, in-, mono-, epi-, ad-, com-, non-, re-, dis-, over-, mis-'와 이의 결합으로 이루어지는 어근root을 제시하고 있다.

(3) 합성어 : 합성어는 '어근+어근'의 경우로 그 의미가 'ㄱ+ㄴ=ㄱ, ㄴ'인 경우와 ㄱ+ㄴ=ㄷ'인 경우로 나눌 수 있다. 합성 이전의 의미가 그대로 남아 있는 경우 어근의 의미만 알면 합성어의 의미를 알 수 있지만 둘 이상의 어근이 결합하여 새로운 의미를 가지는 경우에는 합성어의 의미를

추론하는 것이 쉽지만은 않다. 이는 의미 변화에 대한 지식을 필요로 한다.

단일어, 파생어, 합성어의 교육에서는 다른 어휘소와 곧잘 결합하는 즉, 복합어 조어력이 높은 단어들을 선정하여 대표 어휘 형성소로 삼을 수 있다. 이는 어근이 되거나 접사가 되어 다른 복합어를 만들기 때문인데, 이 때 다른 어휘 형성소보다 훨씬 많은 복합어를 형성할 수 있는 것을 선정하여 교육용 대표 어휘 형성소로 정할 수 있다.

6. 지시어, 수식어, 접속어

어휘의 문법적 기능을 안다는 것은 어휘의 사용 능력(어휘력)을 기르는 데 도움을 준다. 문법적 기능에 따라 지시어, 수식어, 접속어 등 어휘의 문법적 기능에 대하여 가르치는 것은 적격의 문장을 사용하는 데 도움을 줄 것이다.

7. 어형 불변어와 변화어(활용어)

우리말은 체언의 경우 격의 변화에 따라 어형이 변화하지 않으나 용언의 경우에는 어형이 변화하기 때문에 학생들에게는 이의 교육이 필요하다. 즉, 변화어(활용어)와 불변어(불활용어)에 대한 교육은 어형의 변화로 그 어휘의 쓰임이 달라짐을 알게 할 뿐 아니라 활용어의 기본어를 알아야만 사전을 활용하여 단어 의미를 파악할 수 있기 때문이다.

8. 관용어, 속담 · 격언의 어휘

관용어, 속담 · 격언 등의 숙어적 표현은 단순히 단어의 의미 결합으로 파악하기는 곤란하다. 숙어적 표현의 의미는 단어 그대로의 의미를 갖는 것이 아니라 한 덩어리로 굳어진 표현과 표현 고유의 의미를 갖는 것이다. 따라서 숙어적 표현은 두 개 이상의 단어로 이루어져 있으면서 그 단어들의 의미만으로는 전체의 의미를 알 수 없는, 특수한 의미를 나타내는 표현이다. 속담은 생활에서 얻어진 교훈 · 경계警戒를 나타낸 말이 주위 사람들의 공감을 얻어 널리 퍼져서 쓰이는 그 사회의 공통된 말로서 그 구성 어휘는 의미가 비유적으로 쓰여서 평상시의 언어에서 쓰이는 의미와는 다르다. 격언은 인생에 대한 교훈이나 경계 따위를 간결하게 표현한 말로서 단어가 독립해서 의미를 나타낸다기보다 전체가 굳어진 의미를 나타낸다. 관용구는 숙어로서 관용적으로 쓰이는 어구를 말하는데, 사전적 의미로 해석되는 것이 아니라 하나의 어구로 굳어진 채 특정한 의미로 쓰인다. 이들은 특수한 의미로 쓰이는 것들이기 때문에 별도의 어휘 지식을 필요로 한다.

9. 상징어

상징어인 의성어·의태어는 특히 국어에서 많이 발달해 있다. 이들은 음운의 변화로 그 의미의 변화를 가져온다. 자음과 모음이 조금씩 바뀜에 따라 근사어近似語로 이루어지는 수많은 단어를 형성한다. 이는 어미나 접사에 따라, 어근의 음운 변화에 따라 다양한 의미의 차이를 나타낼 수 있는 국어 상징어의 특성이다. 따라서 음운 변화와 의미 변화의 규칙성을 이해하면 많은 상징어의 적절한 사용을 할 수 있다.

10. 용어

국어 교육에서 용어를 가르치는 것이 언어 교육의 본질에서 벗어난 것이라는 생각은 지금까지도 폭 넓은 지지를 받고 있다. 그러나 용어는 개념을 함축적으로 나타낼 수 있을 뿐 아니라 체계적인 지식을 습득하는 데 도움을 준다는 의견 또한 부정되지 않는다. '언어에 대하여 가르치지 말라'는 구조주의 언어학자의 언어 교육에 대한 주장은 언어 교육에서 강한 지지를 얻고 있지만, 언어 교육이 언어를 가르치는 것이고 그러기에 언어에 대한 지식을 조금은 필요로 한다는 점을 생각할 때 언어학에 대한 이해를 돕기 위해서 언어 관련 용어를 가르치는 것을 어휘 교육에서 배제할 수는 없다. 어휘 교육의 대상이 되는 용어는 주로 국어 교과 전문 용어와 어문 규정 용어이다. 어문 규정은 공적인 언어 생활에서 하나의 강제 규정이다. 따라서 이를 지키는 것이 언어 사용의 효율을 높이는 길이다. 규범적인 언어 교육이 갖는 장점이 여기에 해당되는데 이의 숙지를 위하여는 용어를 학습하는 것도 좋은 방법이다. 용어를 배우거나 내용을 배우기보다 자연스러운 언어 학습을 통해 이들을 익히는 것도 좋은 방법이며 용어를 배움으로써 규정에 익숙할 수 있는 것이다. 이들은 적어도 중학교까지는 교육하여야 하고 고등 학교에서 반복 심화 학습되어야 한다고 생각한다. 용어의 학습 필요성은 "어떤 분야의 전문 용어를 모르고는 전문 지식을 배울 수 없다. 마찬가지로 어린이가 언어를 배운다는 것은 고도로 전문화된 전문 언어를 성인을 통해 배우는 것이다. 어린이가 새 낱말을 배우면 지식의 새 영역을 정복하고, 이 지식은 또 다른 낱말을 배우는 데 도움을 준다. 그러므로, 세분화된 용어들은 어린이들이 전문인 즉, 성인이 되는 데 필수적인 것이다(이인섭, 1986 : 6~12)."에서 잘 알 수 있다.

11. 기타

위에서 언급한 어휘 종류 이외에도 구체어와 추상어, 구어와 문어, 공식어와 비공식어, 문학어와 학술어, 특수어에 속하는 사어死語와 고어, 문법 기능어 등 여러 종류의 어휘가 있으나 이들을 모두 다루지는 못하였다.

IV. 어휘 특성과 관련된 몇 문제

어휘의 특성이 어휘 교육에서 어떻게 반영되어야 할 것인가를 알기 위하여 1. 어휘 교육 과정, 2. 어휘 교육 방법, 3. 교과서의 어휘 관련 기술, 4. 어휘 발달에 관한 연구, 5. 어휘 특성과 대표 어휘에 대한 것을 고찰하면 다음과 같다.

1. 어휘 교육 과정

교육 과정에 어휘 교육을 반영하는 일은 국어 교육 전문가에 의해 어휘 교육의 내용과 전체 계획이 이루어져야 정상적이며 소기의 목적을 달성할 수 있는 어휘 교육이 이루어질 수 있는 것이다. 어휘 교육 과정은 어휘 능력의 신장에 두어야 하고 이를 위해 교육 과정과 교과서가 편찬되어야 할 것이다. 그러기 위하여는 학교 급별, 학년별 교육용 어휘가 선정되어 교육 과정에 명시되어야 한다. 또한 이들 어휘를 교육할 교과 목표 · 학습 목표 및 내용 · 지도 및 평가상의 유의점 등에 어휘 능력을 신장할 수 있는 고려가 있어야 한다. 따라서 어휘 교육을 위한 각급 학교의 교육 과정은 수준, 영역, 범위, 분량 등이 일관성 있고 계열성 있게 구성되어야 한다.

2. 어휘 교육 방법

어휘 교육 방법은 원훈의(1996, 316~332)의 1) 시각 어휘법, 2) 즉물卽物 시청각법, 3) 행동 · 극화법, 4) 문맥 추정법, 5) 유추법, 6) 개념 환기법, 7) 대치법, 8) 구조 분석법, 9) 예문법, 10) 환언법, 11) 단문短文법 외에 연구자에 따라 다양한 방법이 제시되고 있다. 이들 어휘 교육 방법은 어휘 교육이 어떤 어휘를 어떤 교재에서 어떤 학습자에게 어떤 교사가 어떻게 가르치느냐에 따라 제일 적절한 방법이 다를 것이기 때문에 이에 대한 실험 연구가 선행되어야 한다. 또한 어휘의 특성에 따라 적절한 어휘 지도 방법을 적용하여야 할 것이다. 이 때, 어휘의 특성에 따른 어휘 교육 방법은 특정 어휘에 한 가지 방법만 사용하면 되는 것이 아니라 여러 가지 방법을 종합하여야 하기 때문에 실제 어휘 교육에서는 다양한 교육 방법 즉, 여러 방법이 융합된 교육 방법이 요구된다. 따라서 어휘 교육 방법은 세분한다면 훨씬 다양하게 나누어질 것이고 이의 적절한 이용은 어휘의 특성에 맞는 교육을 가능하게 할 것이다.

3. 교과서의 어휘 관련 기술

교과서에 나타난 어휘에 관련된 기술은 교사나 학생에게 어휘에 대한 인식을 키울 수 있을 뿐만 아니라 적절한 어휘의 교육을 도와줄 수 있다. 이를 위해서는 교과서 편찬에 어휘에 관한 기술을 적절하게 반영하여야 한다. 부적절한 어휘에 관한 기술은 학생에게 부정적인 태도를 길러 준다. 다음은 어휘의 특성과 관련한 기술이다.

(가) 단어들을 비교해 보면, 소리는 같으나 의미가 다른 단어도 있고, 소리
   는 서로 다르지만 의미가 비슷한 단어도 있다. 또, 의미가 반의나 상하
   관계에 있는 단어도 있다. 이와 같은 단어 사이의 다양한 의미 관계를
   앎으로써, 단어를 정확하고 효과적으로 사용할 수 있는 능력을 기를 수
   있다.
      -중학 국어 1-1, 〈단어들의 의미 관계〉, '단원의 길잡이', 1996 : 188
(나) 어휘력을 확장하는 좋은 방법 중의 하나는, 단어의 형성에 대해 체계적
   으로 이해하는 것이다. '눈까풀, 눈동자, 눈두덩, 눈망울, 눈알, 눈초
   리' 등을 '눈'이란 말과 관련지어 쉽게 공부할 수 있음이 좋은 예이다.
   또, 국어 단어는 한자(漢字)에 의하여 이루어진 것도 많은데, 이들도 그
   형성에 대해 알면 쉽게 공부할 수 있다.
      -중학 국어 1-2, 〈단어의 형성〉, '단원의 길잡이', 1996 : 180

(가)는 단어 사이의 다양한 의미 관계를 앎으로써, 단어를 정확하고 효과
적으로 사용할 수 있는 능력을 기를 수 있다는 '의미 관련 어휘'에 대한 지
도 방법을, (나)는 단어의 구조를 이해하면 어휘력을 확장하는 데 도움이 됨
을 설명하며 '단어의 구조'의 이해로 복합어의 의미를 알 수 있는 지도 방법
을 알려주고 있다. 이처럼 교과서에서 어휘의 특성과 관련된 어휘 지도 방법
을 제시하면 교사나 학습자가 어휘 학습을 위하여 어휘 특성에 맞는 어휘 지
도 방법에 대해 고려할 수 있을 것이다. 따라서 어휘의 특성과 이의 교육을
위한 교과서 편찬의 배려가 필요하다.

이런 어휘 기술은 그 중요성이 큰 어휘 교육에 대하여 도움을 줄 수 있는
기술이다. 이외에도 어휘에 대한 독립된 단원(어휘의 이해)이 고등 학교 독서
교과서에 설정되어 있는데 이를 통하여 어휘의 특성을 더욱 잘 이해하게 된
다. 이와 함께 '어휘 학습의 방법'과 같은 어휘 관련 단원이 교과서에 수록
된다면 어휘 교육에 큰 효과를 줄 것이다.

4. 어휘 발달에 관한 연구

학습자의 어휘 발달에 관한 연구는 어휘의 교육에 도움을 준다. 예를 들어,

“단문의 나열 가능(2세 전후), 초기 복문 발화(3세 전후), 구문에서 행위의 주체 파악(4세 전후), 피사동 구문 구사(3~4세 전후), 조사와 어미의 올바른 사용(5~6세), 경어법 구사(7~8세), 문맥에 따라 어휘 의미가 달라지는 것을 안다(8~9세), 시상·존비·관용구의 일치 여부(10~12세), 국어 사전 사용법(9~12세)”라는 어휘 발달 지표(이인섭, 1986 : 267, 8)를 알면 이를 어휘의 특성에 따른 어휘의 지도에 활용할 수 있다. 이 발달 지표에 적절한 어휘 교육을 할 수 있기 위해서 어휘 발달 지표에 대한 연구가 필요하며 이런 연구가 완성되면 어휘의 특성을 어휘의 교육에 적절하게 반영할 수 있는 것이다.

5. 어휘의 특성과 대표 어휘

단어 형성에 관한 기초 지식을 알면 다음으로 조어력이 강한 어휘 형성소를 배움으로써 많은 어휘의 의미를 추측할 수 있다. 합성법에 의한 단어의 형성과 합성어의 유형, 파생법에 의한 단어의 형성과 파생법의 유형을 교육하는 것은 어휘 교육에 큰 도움이 된다. 따라서 복합어의 특성을 고려한 대표 어휘를 선정하여 교육하면 어휘력을 확장하는 데 효과적이다(이충우, 1994). 파생어의 의미를 알기 위하여는 파생어를 이루는 접사의 의미를 알면 효과적이고, 합성어의 의미를 알기 위하여는 합성어를 이루는 어근의 의미를 알면 효과적이다. 이는 고유어와 한자어 모두에 적용된다. 우리는 이미 알고 있는 어휘의 의미에서 모방과 유추로 모르는 어휘의 의미를 파악하고 새로운 어휘를 만들어 내는 것이다. 따라서 복합어를 이루는 조어력이 큰 어휘소를 대표 어휘소로 정할 수 있다. 대표 어휘로는 대표 어근, 대표 접사, 대표 한자어 형성소 등이 있을 수 있는데 이들을 선정하는 기준으로 ‘조어력이 큰 어휘 형성소’라는 공통된 기준이 우선적으로 필요하다. 물론 교육용으로 쓰이는 어휘 선정 기준이 함께 필요하다.

대표 어근의 당위성은 다음에서 잘 알 수 있다. ‘社會’의 경우 국어연(1985)에 146어, 신기철·신용철(1986)에 146어의 복합어를 이루고 있다. 국어연 1 : 해당 한자어가 나타난 어근(어두 한자별 한자어 및 출처의 모든 어근)임(例 : 經營- 1) 經營改善, 2) 企業經營 등 모두). 사전(신기철·신용철, 1986) : 대표 어근이 어누에서 결합된 경우. 따라서 ‘사회’를 알면 이와 결합한 146

어의 의미를 추측하는 데 도움이 된다. 또한 사전 표제어로 46 어 이상의 복합어를 이루는 어근 53 어를 보면 사전에 나타난 복합어는 총 3,634 어가 복합되어 1 어에 68(68.56) 어의 복합어가 나타나 있다.

　대표 접사의 필요성은 '내-'의 경우 신기철 · 신용철(1986)에 85 어의 파생어가 나타나며, 신기철 · 신용철(1986) 사전에서 84 접두사의 파생어는 2,238 어이고, 1 접두사당 약 26(26. 64) 어가 된다. 그러나 실제로 이들 접사가 파생할 수 있는 파생어의 가능성은 이보다 훨씬 많다. 접미사를 품사의 전성 기능에 따라 나누면 600여 접미사로 나눌 수 있으나 품사 전성과 관련 없이 기본적인 의미만으로 나누면 그 수가 훨씬 줄어든다. 따라서 문법적인 설명이 필요한 접사의 분류는 초등 학생이나 중학생에게는 어렵기 때문에 어휘력 확장을 목표로 하는 어휘 교육에서는 접미사의 의미를 아는 것으로 족할 것이다. 접미사를 분석하는데 있어서의 문제는 앞의 어근과 결합하면서 음의 변화가 일어나 접미사의 원 형태가 나타나지 않는 경우가 많다는 것이다. 따라서 이런 형태의 변화가 생긴 접미사를 교육하기에는 어려움이 따르기 때문에 많은 고려가 필요하다.
　대표 한자어 형성소(접사처럼 쓰이는 한자어)는 한자 어휘의 교육에 특히 필요하다. 한자의 조어력을 한자어의 교육에 이용하는 방법으로 한자어 형성소인 접사처럼 쓰이는 한자를 선정하면 이를 이용한 어휘력 확장이 가능하다. 국어연구소(1985)에 의하면 다음 한자들은 많은 한자(복합)어를 이루고 있다. '的'은 863 어, '法'은 516 어, '人'은 495 어, '性'은 490 어, '者'는 486 어, '大'는 462 어로 한자어를 이루고 있으며, 복합어의 출현수가 높은 한자 20 위까지는 그 복합어가 7,621 어로 평균 381 어가 한자 한 글자에 관계된 어휘임을 알 수 있다.

VII. 정리

　본 장에서는 이제까지 별로 관심을 끌지 못했던 어휘의 특성을 어휘 교육에 반영하기 위한 연구의 기초로서 국어 어휘의 특성을 밝히고 그 특성에 따른 어휘 교육과의 관련을 고찰하는 데 목적을 두었다. 따라서 국어 어휘의 일반적 특성을 밝히고 특성에 따른 어휘 지도 방법을 개발할 필요성을 살폈다.

국어 어휘의 일반적 특성은 "유의어와 동음이의어가 많으며, 대우를 나타내는 어휘가 발달되었고, 음운 교체로 어의語義상 어감의 차이가 발달하였으며, 의성어, 의태어의 발달이 두드러져 있다. 또한 개념어로는 한자어가 많이 쓰이며, 기초 어휘에서는 고유어의 체계가 발달하였고 전문 어휘에서는 한자어가 발달하였고, 2 · 3 · 4 음절어가 발달하였다. 그리고 체언이 격에 따라 형식이 달라지지 않는다." 등이다.

국어 어휘의 종류별 특성에 따라 분류하여 어휘 교육과의 관련을 살피기 위하여, 어휘를 1. 기본 어휘, 학습용 기본 어휘, 교육용 어휘, 2. 고유어, 한자어, 외래어, 혼종어, 3. 표준어, 방언, 비속어, 완곡어, 전문어, 경어, 4. 동의어, 유의어, 동음이의어, 반의어, 다의어, 상 · 하의어, 5. 단일어, 파생어, 합성어, 6. 어형 변화어, 불변어, 7. 지시어, 수식어, 접속어, 8. 관용어, 속담 · 격언의 어휘, 9. 상징어, 10. 용어, 11. 기타로 분류하여 이들의 특성과 어휘 교육과의 관련을 고찰하였다.

어휘의 특성이 어휘 교육에서 어떻게 반영되어야 할 것인가에 대하여 1. 어휘 교육 과정, 2. 어휘 교육 방법, 3. 교과서의 어휘 관련 기술, 4. 어휘 발달에 관한 연구, 5. 어휘 특성과 대표 어휘에 대하여 고찰하였다.

보다 효율적인 어휘 교육을 위하여는 어휘의 특성에 맞는 어휘 지도 방법과 어휘 교육 과정, 교과서 등에 대한 본격적이고 체계적인 현장 실험 연구가 있어야 할 것이다.

2 | 국어 순화 대상 어휘의 양면성[1]

Ⅰ. 도입

국어의 잡된 것을 없애서 순수한 국어로 만드는 것을 목적으로 하는 국어 순화는 오랜 기간 많은 사람들의 관심을 받아 왔지만 별다른 성과를 얻지 못하고 있는 실정이다. 그 이유는 여러 가지가 있겠지만 본고에서는 국어 순화 운동의 대상인 잡스러운 국어와 순화된 국어가 무엇인가에 대해 고찰함으로써 근본적인 문제부터 고쳐야만 국어 순화가 성공을 이룰 수 있으리라는 점을 밝히려 한다. 그러기 위하여 이제까지 순화 대상어로 인식되는 방언, 한자어, 외래어, 비속어 등에 대한 긍정적인 면과 부정적인 면을 살피려 한다.

국어 순화 운동의 좋은 예는 학교에서 실시한 국어 순화 교육이다. 이들을 보면 피동적이며 무계획적인 교육에 의해 순화가 아닌 반대 결과를 초래하는 경향도 있었다. 대부분의 학교에서 국어 순화를 위한 교육으로 '바른말 틀린말' 식의 어휘 순화 교육을 하였는데, 예를 들면 때림(○)/구타(×), 단무지(○)/다꾸앙(×), 목록(○)/리스트(×)와 같다. 이 경우 '때림'은 '구타毆打'라는 한자어의 고유어이고, '단무지'는 '다꾸앙'이라는 일본어계 외래어의, '목록'은 '리스트list'라는 영어의 한자어계 외래어이다. 한자어, 외래어를 틀린말이라 하고 순화하기 위한 '바꿈말'을 '바른말'이라 한 것부터가 잘못

---

1) '국어 순화 대상 어휘의 양면성', 「국어학연구」(879〜897), 『남천 박갑수 선생 화갑 기념 논문집』(1994)

된 것이다. 그러나 더 큰 문제는 학생들이 모르던 외래어, 한자어, 잘못된 말을 알고 사용하게 되었다는 것이다. '접시'라 부르던 말을 '사라'라고 부르고, '수수'를 '촉서蜀黍'로, '과자'를 '케익'으로 사용하는 결과를 가져오기도 한 것이다. 언어의 생리를 무시한 단순한 순화 시도는 결국 큰 효과를 얻지 못하고 만 것이다. 또한 '학급 회의'를 'H.R.'로, '특별 활동'을 'C.A.'로 사용하는 경향도 있는데 이런 것들도 순화의 취지와는 어긋난다. 물론 "국어 순화는 '외래어, 한자어'를 덜 쓰는 것"이라는 것은 순화 교육의 기초부터 잘못 되었음을 나타내 주는 것이다.

II. 국어 순화 대상 언어의 양면성

1. 표준어와 방언

언어 현실을 잘 반영한 어문 규정이 아니라면 구어와 문어의 차이가 더 많이 날 것이다. 왜 그런가 하면 문어와 구어는 서로 다른 점이 많을 수 밖에 없기 때문이다. 방언을 구어로 사용하는 사람이라도 문어에서는 표준어로 사용한다. 따라서 방언이 문제되는 경우는 주로 구어이며, 공식 대화에서는 방언의 사용이 문제가 될 수 있다.

1) 표준어

공식적인 언어 생활은 표준어로 해야만 보다 효율적인 언어 생활이 가능하다. 따라서 공식적인 언어 생활을 효율적으로 영위하도록 하는 것이 학교 언어 교육의 주 목적이라면 표준어 교육은 공적 언어 교육인 국어 교육의 기본이 되는 것일 수 있다. 순화란 '잡된 것을 없애고 순수한 것으로 만드는 것'이라 할 수 있고 따라서 국어 교육에서 표준어 아닌 것은 순수하지 않은 것으로 생각할 수 있다. 그러나 '순화醇化'의 개념 규정도, 좋은말과 나쁜말의 구분도 잘못은 없는지, 그리고 이들의 주 내용인 어휘는 제대로 계획 실천되고 있는지 등에 대한 고찰로 표준어와 순화 문제를 풀어 보면 이들은 어휘 교육의 문제와 밀접한 관련이 있음을 알 수 있다.

표준어의 문제점은 규정의 경직성과 방언의 지나친 폄하다. 또한 지나친 표준어의 사용은 어휘의 단순화와 축소, 의미의 미분화를 가져 온다. 방언이 나타내는 의미와 표준어가 나타내는 의미가 일치하지 않기 때문이다. 표준어의 문제점을 극복하기 위해서는 어휘 조사, 전문어, 학술어의 제정·통일 등이 필요하며, 복수 표준어를 보다 많이 제정하고 지나친 규정의 강요는 말아야 할 것이다.

2) 방언

방언은 같은 방언을 사용하는 사람들 사이의 유대감을 확대시키며, 표준어가 표현하지 못하는 미세한 의미를 나타내고, 표준어보다 그 의미역이 다른 경우도 있기 때문에 정확한 의사 소통을 위해서 방언을 사용해야 하는 경우도 있다. 따라서 방언은 긍정적인 면이 있을 뿐 아니라 표준어도 또한 방언의 일종(계급 방언)이라는 측면에서 볼 때 방언의 가치는 이제까지 지나치게 무시되어 왔음을 느끼게 한다(이용주, 1987 : 25~34).

메기·미유기, 꺽지·꺽저기·꺽정이, 자가사리·동자개, 노가리·북어·명태·코다리·동태·생태·노랑태가 서로 다른 의미를 나타내고 있음을 생각하면 표준어냐, 방언이냐를 따지기에 앞서 모든 언어의 사용은 정확한 대상을 지칭하는 것을 사용하는 것이 정확한 의사 소통에 도움을 준다는 면에서 볼 때, 방언이라고 해서 지나치게 사용을 통제할 때에는 언어의 제기능을 다할 수 없다는 것을 깨달아야 한다.

표준어 또는 비표준어로서의 방언들은 각각 다른 기능을 갖고 적절한 상황에 따라 하나의 변종으로부터 다른 변종으로 옮기는 기호 전환code-switching 이 중요하다고 생각되며, 언어란 본래 다양성을 특징으로 하며 방언도 표준어와 함께 가치가 있는 것으로, 편견은 배제하고 바르게 평가하는 것이 중요하다. 우리는 표준어와 방언을 논함에 있어 표준어의 미비점을 방언이 보완할 수 있음을 고려하여, 불필요한 방언의 사용을 자제하고 언어의 다양성을 고려해야 하는 것이다.

2. 고유어와 한자어 · 외래어

우리는 고유어를 사용하는 것은 국어 순화를 위한 것이며, 한자어나 외래어를 사용하는 것을 국어 순화에 역행하는 것이라고 믿는 경향이 있는데 이들 한자어 · 외래어의 경우 그들 나름대로의 가치가 있는 것이다. 이제까지의 국어 순화 운동을 살펴보면 외래어는 한자어로, 한자어는 고유어로 바꾸려는 경향이 있는데 이는 외래어보다 한자어가, 한자어보다 고유어가 더 순화어라고 여기기 때문이다.

1) 고유어

고유어는 우리 민족이 옛부터 사용하여 온 순수한 국어라고 말하여진다. 따라서 고유어를 많이 쓰고, 사라진 고유어를 되살려 사용하는 것이 국어 순화의 기본인 것처럼 여겨지기도 한다. 그러나 언어의 속성은 그렇게 간단한 것만은 아니다.

우리 민족은 예로부터 농경 생활을 해 왔다. 1930년대만 해도 우리 국민의 90% 이상이 농민이었다. 오랜 기간을 농업에 종사하면서 그들은 농작물과 가축의 생산 · 번식에 많은 생활을 보냈기 때문에 자연히 성과 관련된 이름을 여러 사물에 붙였다. 이런 고유어는 아주 노골적으로 성을 나타내기에 그대로 언어 생활에서 사용하기에는 곤란한 면이 있다. 국어의 순화가 한자어 · 외래어를 고유어로 바꿔 쓰는데 있다지만, 이러한 성과 관계된 고유어는 그대로 쓴다는 것이 오히려 순화에 역행하는 것이다. 괜찮은 어감의 고유어를 만들어 대체하는 방법도 있지만(예 : X조개＞섭, 개X맛＞긴맛), 사용되고 있는 한자 명칭을 그냥 사용하는 것이 더 효율적인 경우도 있다. ‘개불알꽃’을 ‘복주머니란’으로 명명하였으나 우리는 ‘개불알꽃’으로 더 많이 사용하고 있으며 이는 인위적인 언어 정책이 갖는 한계를 보여주는 것이다. 이 때 고유어에 대응하는 한자어가 존재한다면 우리는 그 한자어를 자연스럽게 사용할 수 있기 때문에 언어 생활을 보다 부드럽게 할 수 있는 것이다. 즉, 고유어라 해서 무조건 그 사용이 한자어나 외래어를 사용하는 것보다 국어 순화로 이어지는 것이 아니라는 것이다.

질병, 죽음, 성 등의 금기어는 고유어가 아닌 말을 사용함으로써 완곡한 표현을 얻는다. 연상은 유사에 의하거나 인접에 의해서, 의미에 관해서나 형태에 관해서, 혹은 의미나 형태의 양자에 의해서 일어나는 것이다. 어떤 문제에 흥미를 가지면 그에 대하여 말하는 일이 많아지고 다른 문제를 이야기할 때도 이것이 은유나 직유를 통하여 씌여지고 따라서 새로운 다의어나 완곡어가 생긴다. 연상에 의한 불쾌감을 느끼는 고유어는 연상이 약한 한자어를 사용함으로써 한자어의 어감이 더 좋다고 느끼게 하는 이유가 되기도 한다. 따라서 고유어라도 경우에 따라 언중에게 거부감을 주는 경우 한자어나 외래어를 사용하는 것이 원만한 언어 생활을 위해 필요하다.

2) 한자어

어려운 한자어는 쉬운 말로 바꿔 써야 한다는 것이 대다수의 의견인데 이의 수용상 어려운 한자어의 기준이 문제가 된다. "盛炎之節, 掃萬枉臨, 嚴斷爲計, 各別留念, 高水敷地, 誰何, 大豆, 大麥, 小麥, 拔本塞源 등"의 한자어가 초등 학생에게는 어렵겠지만 고등 학생에게는 이해 가능할 수 있다. 이들 한자어가 난해하다는 것보다는 지나치게 문어적이며 별로 사용되지도 않는 한자어를 남용한다는 것이 문제일 것이다. "馬鈴薯(감자), 謹啓, 同令夫人, 父主前上書, 以下餘白, 上同 등"은 문어에서나 가능한 어휘이나 이들이 구어에서 사용되면 의미 파악이 어렵고 특히 "馬鈴薯(감자), 謹啓, 同令夫人 등"은 한자어 실력이 없는 일반인에게는 의미 파악이 불가능하다. 따라서 이런 한자어는 사용하기에 고려해야 한다.

교통 용어에서 나타나는 '路肩'을 '길어깨'로 바꾸어도 어색하다. 이런 경우는 직역을 피하고 '가장자리길' 또는 '갓길'로 바꾸는 것 등이 한자어의 지나친 사용을 피할 수 있는 길이 아닐까 한다.

한자어는 조어력이 크고, 의미 세분화 기능이 있으며, 전문적 · 학술적 · 문어적이다. 또한 축약력이 강한 결과 동음 이의어가 많아 뜻을 파악하기 힘들 경우가 많다. 이 경우에는 한자로 표기하는 것이 한글로 표기하는 것보다 더 정확하게 이해되는 경향이 있다. 한자어의 위치는 고유어로 대치가 힘든 한자어가 많기 때문에 국어에서 중요하게 쓰인다. 접사처럼 쓰이는 한자에서 파생되는 한자어는 다음 〈표-1〉(이충우, 1992 : 71)과 같다.

〈표-1〉 국어연구소(1985)의 고빈도(100 이상) 한자와 문교부(1956)의 비교

빈도순	한자	한자어 출현수	문교부 빈도순	빈도순	한자	한자어 출현수	문교부 빈도순	빈도순	한자	한자어 출현수	문교부 빈도순
1	的	863	145	18	一	254	7	35	用	198	54
2	法	516	30	19	文	248	58	36	事	190	22
3	人	495	4	20	自	244	5	37	政	184	38
4	性	490	76	21	會	235	20	38	不	183	73
5	者	486	51	22	戰	234	87	39	內	180	191
6	大	462	12	23	制	230	185	40	心	180	62
7	化	443	65	24	力	221	74	41	出	180	188
8	國	419	1	25	民	215	16	42	書	178	175
9	學	406	11	26	義	210	162	43	分	177	9
10	主	355	34	27	水	204	97	44	金	176	46
11	上	315	25	28	體	204	60	45	新	175	238
12	地	292	3	29	家	202	42	46	發	173	14
13	生	282	2	30	無	202	143	47	高	172	208
14	論	269	118	31	業	201	32	48	敎	172	75
15	中	264	61	32	外	201	84	49	軍	172	47
16	權	259	254	33	理	200	37	50	理	172	89
17	行	259	24	34	物	199	9				

위 표에 의하면 빈도순 20위까지의 한자와 결합된 한자어는 7,621어로 평균 381어, 50위까지는 13,441어로 평균 269(268.82)어나 된다. 이들 어휘를 조사해 보면 한자어의 조어력이 뛰어남을 알게 해 줄 뿐만 아니라, 한자어 중에는 우리 나라에서 만들어진 한자어도 많다는 것을 알려 준다. 한자어 중에는 다음 〈표-2〉와 같이 일본어계 한자어와 우리식 한자어가 공존하고 있으며, 국어 순화에서 일본어계 한자어를 축출하려는 시도가 있었으나 언중에 깊이 뿌리박은 한자어들은 우리식 한자어를 구축하고 있다.

〈표-2〉 일본식 말과 우리식 말

일본어	한국어	일본어	한국어	일본어	한국어
菊版	5·7판	案內	인도	追書	붙임, 附記
內譯	明細	言渡	宣告	取調	審問
當字	맞댄글자, 군두목	裏書	뒷보증	取締	團束
貸家	셋집	引出	꺼냄	編上靴	목달린 洋靴
貸切	專貰	一石二鳥	一擧兩得	品切	賣盡
事務所	事務處	赤字	결손	割引	에누리
手入	손질	切取	자름		

　한자어의 지나친 사용을 배제하는 것이 국어를 순화한다고 볼 수 있는데, '통장을 인자하십시오(1991년의 국민 은행 통장 자동 정리기의 마지막 명령어).' 와 같은 지시는 지나친 한자어 사용의 예로 그 의미 파악이 어렵다. 감자를 '馬鈴薯'라 하던 일은 이미 옛일이 되고 말았는데, 이는 한자어가 지나치게 어렵기 때문이다. 언어의 속성상 같은 대상을 지시하는 말이 여럿 있을 때 지나치게 어려운 말이 있다면 어려운 말은 쉬운 말로 대체될 수 있기 때문이다. 언중은 쉬운 언어 생활을 원하는 것이다. 한자어가 다 어려운 것은 아니고 한자어로 써야 정확하게 의미가 파악되는 경우도 있다는 사실을 고려한다면, 무조건 한자어는 고유어보다 나쁜 언어라는 결론은 잘못된 것임을 알 수 있다.

3) 외래어

　우리말 속에는 약 30개국의 외래어가 들어와 있고, 그 중 일본어와 영어가 많은 비중을 차지한다. 외래어는 어느 언어에나 다 있는 것이고 결코 국어를 잡되게 하는 것이 아니다. 다만 필요 이상으로 외래어를 위세용으로 쓴다면 이는 좋다고 할 수 없을 것이다. 국어의 외래어는 영어계 외래어와 일본어계 외래어가 특히 많다고 할 수 있다. 외래어 사용의 현실을 살피기 위하여 4차 교육 과정에 의한 국민 학교 교과서에서 빈도 10 이상의 외래어 100어를 조사하면 〈표-3〉과 같다.

〈표-3〉 국민 학교 교육용 외래어

외래어	빈도	외래어	빈도	외래어	빈도
가스(gas)	62	렌즈	27	비닐-하우스	24
고울	14	리듬	146	비이커	43
그래프	140	리코오더	30	비타민	35
나프탈렌	12	매트	21	삐라	11
뉴우스	10	멜로디언	13	샤알레	12
다스	16	미(계이름)	133	서어브	10
달러	16	미터	24	센티미터	24
댐	26	바이올린	13	소켓(socket)	13
도(계이름)	127	배턴(baton)	65	스위치	81
독(dock)	10	밸브	28	스케이트	11
라(음계명)	46	버스	74	스탠드	12
라디오	46	비닐	25	스티로폼	10
레(음계명)	91			스푸운	10

외래어	빈도	외래어	빈도	외래어	빈도
시(음계)	35	칼슘	12	톤	13
시멘트	18	컴퍼스(compass)	10	트럭	17
시이소오	10	컵(cup)	86	파(음계)	59
아파트	15	코스모스	10	펜치	16
알코올	32	코오피	12	포스터(poster)	11
알코올–램프	13	크레파스	24	포오크	11
에너지	128	크리스마스	13	플라스틱	13
오르간	15	클립(clip)	20	플러그	10
올림픽	113	킬로미터	23	피스톤	21
왈츠	12	탱크	43	피아노	15
요오드	15	테이프	30	핀(pin)	28
카아드(card)	10	텔레비전	75	하아모니커	11
		토마토	16		

〈표–3〉을 제시한 것은 외래어는 우리 언어 생활에서 어쩔 수 없이 필요한 언어로서 쓰인다는 것을 나타내고자 함이다. 위의 외래어를 고유어로 바꾸어 사용하는 것이 우리 언어 생활을 깨끗하게 한다고 생각하기보다는, 의사 소통 효과를 높이기 위하여 외래어 그대로 사용하는 것이 바람직할 수도 있는 것이다. 물론 발음이 복잡하거나, 이해가 힘든 외래어를 고유어나 한자어로 바꿀 때 의사 소통에 도움이 되는 경향이 있다. 또한 같은 의미를 나타내는 고유어나 한자어가 외래어와 공존하며 그 사용에 있어 외래어보다 더 불편함이 없다면 구태여 외래어를 사용할 필요는 없을 것이다.

외래어 사용에 따른 우리 언어의 변화는 1) 국어의 어휘가 풍부하게 되고 동의어가 불어난다, 2) 외래어에 의한 조어법이 발달하여 고유어의 조어력이 줄어 든다, 3) 생략어가 많고, 동음 이의어가 불어난다, 4) 두문자頭文字 결합의 약어가 생겨난다, 5) 국어의 새로운 음운을 빚어낸다, 6) 외래어 표기로 말미암아 새로운 문자나 표기법이 생겨날 수 있다, 7) 표기법에 혼란이 빚어진다(박갑수, 1988 : 331) 등이다. 2), 5), 6), 7)은 부정적인 면이라 할 수 있는데, 이는 외래어 표기법 등의 정책을 통해 해결할 수 있을 것이다.

이제까지 고유어·한자어·외래어의 문제를 학교 교육에서 어떻게 다루고 있는가를 살핌으로써 우리의 국어 순화에 대한 인식의 단면을 알 수 있다. 고유어·한자어·외래어를 다룬 교과서 내용 중 하나를 분석히면 다음과 같다.

　다음 글을 읽고, 물음에 답해 보자.

(가) 천연 고무는 흡수성이 있어 지방에 의해 침범되기 쉽고, 노화가 빠르
　　며, 변형 팽윤이 빠르다.

(나) 생고무는 빨아들이는 성질이 있어 기름에 약하고, 쉽사리 상하며, 쉽게
　　모양이 달라지거나 굳어지게 된다.

(다) 사람이 피크닉을 가거나 바캉스를 가며 레저 생활을 엔조이하는 것은,
　　새로운 아이디어를 창출하는 데 효과적이라고 피아르하는 사람도 있다.

(라) 사람이 소풍을 가거나 여름 휴가를 가며 취미 생활을 즐기는 것은, 새
　　로운 생각을 만들어 내는 데 효과적이라고 선전하는 사람도 있다.

(1) (가)보다 (나)가 쉬운 이유는 무엇인가?

(2) (다)가 (라)보다 어려운 이유는 무엇인가?

(3) 이해하기 쉬운 글은 어떤 글인지 말해 보자.

　–중학교 국어 1–1(1989 : 31, 2)에서

위 교과서 내용을 비판하면 다음과 같다.

보통 이해하기 쉬운 글은 어려운 한자어·외래어를 사용하지 않고 쉬운 고유어나 일반적인 어휘를 사용한 글이라고 받아들여진다. 그러나 이런 생각에는 지나치게 어려운, 한자어의 사용이나 생경한 외래어의 남용일 경우와 그렇지 않은 한자어·외래어, 전문어의 사용을 동일시한 경우가 많다. 위의 경우를 보면 결코 글 (가)가 글 (나)보다 비효과적이라고 볼 수 없으며, 글 (다)와 (라) 사이도 비슷한 문제가 존재한다. 이를 비교하면 다음과 같다.

① 천연 고무 – 생고무 : 둘 다 ‘한자어＋외래어’ 구조이며 ‘생고무’가 ‘천연 고무’보다 비전문적이라 하겠으나 의미는 별 차이 없다.

② 흡수성吸收性 – 빨아들이는 성질 : ‘흡수성’이 ‘빨아들이는 성질’보다 경제적이다. 언어 생활은 경제성이 큰 비중을 차지한다. 다만 초등 학교 저학년 학생에게 이야기하는 경우라면 ‘흡수성’은 이해가 어려워 비경제적이고 이때는 ‘빨아들이는 성질’이 경제적이다. 그러나 중학생에게 ‘흡수성’이란 단어는 어려움이 없다.

③ 지방脂肪 – 기름 : ‘지방’과 ‘기름’의 관계는 동의어가 아니라 ‘기름’이 ‘지방’의 상위어에 해당한다. 또한 고유어와 한자어의 1 : 다多 의미 대응 현

상에 속하기도 한다. 따라서 ‘지방’은 의미의 정확성에서 ‘기름’보다 뛰어나다. 이런 이유로 한자어가 고유어보다 의사 소통에서 효과적인 경우가 많다. 그러므로 쉬운 말이라는 규정을 어린이나 일반인이 알 수 있는 말이라고 규정할 것이 아니라 독자 또는 청자가 어느 정도의 지식이 있느냐에 따라 ‘이해가 정확하게 전달되기가 쉬운 말’로 규정해야 할 것이다. 위의 경우 중학교 학생에게는 ‘지방’이 ‘기름’보다 정확한 의미를 전달할 수 있어 쉬운 말이 된다.

④ 침범되기 쉽고 – 약하고 : ‘약하고’가 언어 경제성으로 볼 때 ‘침범되기 쉽고’보다 뛰어나다.

⑤ 노화老化가 빠르며 – 쉽사리 상하며 : ‘노화’는 ‘상하다’보다 구체적으로 설명되는 점에서 전문어로서 타당하다. 따라서 전문가에게 쓰일 경우에는 ‘상하다’보다 효과적이나 이외의 경우에는 ‘상하다’가 일반 어휘로서 효과적이다.

⑥ 변형變形 팽윤膨潤이 빠르다 – 쉽게 모양이 달라지거나 굳어지게 된다 : ‘변형……’이 ‘쉽게……’보다 수적으로는 경제적이다. ⑤의 경우와 같다.

⑦ 피크닉 – 소풍 : 의미상으로 차이가 있으나 ‘소풍’이 일반적이고 이해가 빠르다.

⑧ 바캉스 – 여름 휴가 : ‘바캉스’가 주로 피서지나 요양지에서 여가를 보내는 것임에 비해 ‘여름 휴가’는 ‘바캉스’에 비해 피서지나 요양지와 관련이 적다.

⑨ 레저 – 취미 : ⑦과 같다.

⑩ 아이디어 – 생각 : 아이디어가 더 정확하게 의미를 전달할 수 있다. 생각은 아이디어보다 더 넓은 의미를 가진다. ③의 경우와 같다.

(가)와 (다)가 (나)와 (라)보다 어려운 이유를 묻는 (1), (2)의 질문은 전문어보다는 일반어가, 한자어 · 외래어보다는 고유어가 쉽다는 것을 전제로 하는 질문인데, 이는 지나치게 단순한 결론을 유도할 수 있다. 한자어나 외래어는 나쁜 것이라는 판단은 학생들을 흑백 논리에 빠지게 하는 것이다. 그러나 위의 분석처럼 고유어 · 한자어 · 외래어의 경우 모두가 그 쓰임의 차이를 갖고 있으며, 우열을 논할 수 없다. 고유어화한 한자어는 중국어가 아니라

우리 국어이며, 우리의 언어 생활을 풍부하게 해 준다. 위세적 동기에 의한 외래어가 아닌 필요한 동기에 의한 외래어는 우리 고유어와 같은 자격을 주어야 한다.

3. 완곡어와 비속어

완곡어가 남에게 불쾌감을 줄 수 있는 언어를 완곡하게 표현하는 반면, 비속어는 적나라한 표현으로 남에게 불쾌감을 줄 수 있다. 이러한 이유로 비속어는 순화되어야 하는 말이고 완곡어는 순화어로 여겨지지만 이들은 모두 양면성이 있는 언어이다. 모든 언어는 필요에 의해 발생하여 사용되고 필요가 없어질 때 그 사용도 없어지는 것이다. 따라서 비속어도 그 필요성이 있기 때문에 존재하는 것이다.

1) 완곡어

완곡어는 언어 사용자들이 직설적으로 말하는 것이 불쾌감을 주거나, 거부감을 느끼게 될 때 완곡하게 말함으로써 감정을 상하지 않게 한다. 완곡어는 공손하고, 교양 있고, 사회 생활을 부드럽게 하는 긍정적인 면이 있다. 그러나 경우에 따라서는 공손하기보다 불쾌하게 하기 위한 '모호한 말'이 될 수도 있다. 또한 사실을 왜곡하고 잘못을 정당화하기도 한다. '물가의 현실화'는 '가격 인상'보다 간접적이다. 완곡어로는 고유어에 대한 한자어와 외래어도 해당된다. 완곡어를 사용하는 것은 생활을 부드럽게 하는 긍정적인 면을 갖는 반면 사실을 왜곡하여 진실을 전달하지 못하는 부정적인 면도 갖는다.

2) 비속어

비속어는 어떤 경우에도 사용하는 사람이 비속해진다고 생각될 정도로 교양인의 언어 생활에서는 금지되는 말이다. 즉, 비속한 사람들이 쓰는 말이라고 여기는 것이다. 비속어가 허물없는 사람들 사이에서 쓰일 때 서로의 친밀감을 느끼게 하기도 한다는 사실은 비속어의 긍정적인 면이다. 또한 특정 단어는 그 지시 대상이 사람일 때는 비속어로 인식되지만 특정 대상을 지시할 때는 비속어가 아니다. 이런 이유로 경우에 따라서 그 사용이 정당함에도 비속어로 인식되는 경우도 있다.

아가리, 주둥이, 대가리 등이 비속어라고 처리되나 이들은 '그릇 아가리', '오리 주둥이', '못 대가리' 처럼 〈-human〉인 단어에서 쓰인다. "그릇 입, 오리 입, 못 머리"로 사용하면 '그릇 아가리, 오리 주둥이, 못 대가리' 의 경우보다 덜 적절한 말이 된다. 이들이 〈+human〉 단어와 결합할 때 비속어가 된다고 할 수 있는데, 이때의 용법은 지시 대상을 비하할 필요가 있을 때이다. 즉, 사람의 '엉덩이'를 짐승같다고 표현하기 위해서라면 '방둥이'란 표현을 쓸 수 있는 것으로 언어의 용법의 한 종류일 뿐이지 '좋다, 나쁘다'고만 할 수 있는 것이 아니다. 다만, 듣는 사람의 감정을 상할 수 있다는 면에서 상황에 맞지 않게 사용했다면 문제가 될 수 있다.

4. 바른 말과 오용어

'바른 말' 이란 표현과 이해를 정확하게 나타낼 수 있는 말이다. 즉, '틀린 말' 이 아닌, 뜻을 전달하기 위한 수단으로 언어를 사용할 때 적합한 말이 바른 말인 것이다. '오용어' 란 언중들이 사용하는 언어의 용법과 다르게 사용되는 말이다. 따라서 의미가 다른 언어를 사용하거나, 덜 적합한 언어를 사용하는 경우 등이 이에 해당한다. 지시 대상에 대한 지식 부족으로 언어를 잘못 사용하는 경우는 바른 지식을 얻게 되면 바른 말을 사용할 수 있게 된다. 이런 경우는 관련 지식의 문제일 뿐이다. 그러나 순화 어휘로서의 '바른 말, 틀린 말' 은 엄밀히 말하면 용어에 문제가 있음을 알게 한다.

1) 바른 말

'바른 말' 은 '표준어·순화어' 의 개념이 아닌 '정확한 의미를 전달할 수 있는 말' 이어야 한다. 그러나 '바른 말' 이 '규범에 맞는 말' 로 쓰이기 때문에 표준어 규정이나 맞춤법에 어긋나는 말은 틀린말로 처리된다. 규범이란 것이 언어 현실과 어긋나는 경우 우리는 '틀린 말' 에 대해 과민 반응을 보이기 쉽다. 그러나 언어의 사용을 지나치게 제한하는 것은 바람직하지 못하다.
"깡총하다(깡충하다 ×) : 껑충하다(큰말)(깡충깡충 ×), 꺽꺽푸드덕(꺽꺽푸드

득 ×)"에서 '장끼가 울며 홰치는 소리'는 "꺽꺽푸드득"으로 해야 한다는 식
의 바른 말에 대한 인식은 문제가 있다. 규범으로서의 표준어 규정이 필요한
것은 이해가 되지만 의성어의 다양성을 수용하지 못하는 경직성은 다른 어
휘에서도 그대로 나타난다. 의성어라도 규정에 정해진 대로 사용해야 하는
필요가 교과서 편찬에서는 존재할지 모른다. 이런 것이 하나의 규정을 요구
하는 규범적인 언어 교육인 것이다. 그러나 이런 식의 교육으로는 현실에 맞
는 언어 교육의 목적을 달성하기 어렵다. 따라서 지나친 바른 말의 요구는
언어의 발전을 막는다.

2) 오용어

'틀린 말'의 인식은 다음과 같다.

표준어 모음에 나타난 의성어 · 의태어는 표준어 아닌 의성어 · 의태어를
비표준어로 다루고 따라서 이를 공적인 언어 사용에서 금지하고 있다. 따라
서 '깡총-깡총'은 틀리고, '깡충-깡충'이 맞다고 하는데 이는 의성어 · 의
태어가 자음이나 모음을 바꿀 때 어감의 차이가 생긴다는 점에서 다양함을
인정했어야 하고, 다양함을 인정한다면 모두 맞는 말이다. 또한 표준어 규정
의 경직성은 다음과 같이 다른 의미를 갖는 말을 하나로 통일하는 바람에 어
휘의 단순성을 가져왔다. 얼루기(×)와 얼룩이(○), 신나무(×)와 단풍나무
(○), 머귀나무(×)와 오동나무(○)에서 '얼룩진 개나 말, 얼룩얼룩한 점', '재
래종 단풍나무와 개량종 단풍나무', '재래종 오동나무와 개량종 오동나무'
의 차이가 무시되었다. '오얏(×)과 자두(○)'도 같은 경우에 속한다.

언어가 나타내는 사물을 정확하게 알지 못해서 사용에 문제가 있는 경우
가 있는데, 이는 언중이 지시 내용을 모르기 때문에 일어나는 현상이다. 필
자는 어렸을 때 이른 봄의 땔나무 속에서 잎이 나기 전에 노란 꽃이 피는 나
무를 동백나무라 들으며 자랐는데 이것이 바로 '생강나무'요, 김유정의 '동
백나무'인 것이다. 강원도의 산에서 흔히 볼 수 있는 나무다. 김유정이 이
나무를 소재로 하여 쓴 '동백꽃'은 표준어 '동백나무'의 꽃이 아닌데 이런
경우 지시 대상을 잘못 알아 사용한 것이다. 또한 국민 학교의 교과서(국어 ·
음악)에 나타나는 '옥수수나무'도 틀린 말이라 할 것이다. 사전에 '옥수수나
무 : 포아풀과에 딸린 한해살이풀'로 등재되기도 하는데, 우리는 옥수수 이

삭이 달리는 풀을 '옥수수'라 부른다. 옥수수보다 큰 바나나도 나무가 아니고 수수, 해바라기도 나무가 아닌 것이다. 농촌에서도 '옥수수를 심는다, 옥수수를 솎는다, 옥수수를 재배한다'고 하며 농업 전공 서적에서도 '옥수수나무'라 하지 않지만 교과서와 사전만 계속 '옥수수나무'라 하고 있다. 나무가 아닌 것을 나무라 하는 것은 잘못이며, 이는 어휘 의미 파악에 장애가 된다. 학문적 분류와 명칭이 일치하는 것은 아니다. 문어와 오징어가 물고기가 아니고 대나무가 나무가 아닌 것처럼 언어는 학문을 그대로 반영하는 것은 아니다. 그러나 '쌀나무(벼)'라고 일반인이 사용하지 않는 것처럼 '옥수수나무'도 일반인들이 사용하는 말이 아니다.

왜 이런 일이 일어나는가에 대하여는 한마디로 이야기할 수 없으나 문학 작품에 나타나는 어휘가 그대로 실리기 때문인 것 같다. 따라서 이런 경우는 오용어로 보고 그 사용을 제한할 필요가 있을 것이다. 그러나 오용어를 변별하는 것은 표준어 규정으로써만 할 것이 아니라 언어 현실의 여러 면을 고려해야만 한다.

III. 정리

순화 대상어의 긍정적 면과 부정적 면을 고찰함으로써 국어 순화 운동의 문제점을 알아보았다. 지나치게 단순 논리에 사로잡혀 언어의 생리를 무시하고 '이런 언어는 나쁘고 저런 언어는 좋다.'는 흑백 논리에 의한 순화 운동의 추진 결과 달라질 것 없는 언어 생활을 유지하고 있는 것이다. 물론 가시적인 효과를 얻기 힘든 게 언어와 관련된 문제들이고, 또한 그나마의 순화 운동이 없었다면 더욱 혼란스러운 언어 생활을 맞이하였을지도 모른다. 그러나 언어와 관련된 정책은 언어의 생리를 고려하여 수립하여야 한다. 이들보다는 '언어의 부정확한 사용, 폭력적인 사용, 모순적인 사용 등을 안하는 것'이 순화의 중요 부분을 차지하는 것이다.

'왜 국어 순화 운동이 성공하지 못했는가?'에 대한 답은 다음과 같다.

첫째, 한자어의 특질을 무시하고 지나치게 고유어의 가치를 높게 여겼다. 따라서 한자어를 제거하고 고유어로 바꾼 말들이 언어 대중에게 외면당했다.

둘째, 외래어도 우리말임에는 틀림없다는 인식이 부족했다. 외래어는 그 뿌리가 외국어일 뿐인데, 이를 제거하려는 노력은 우리말에서 외래어가 차지하는 고유어에는 없는 장점을 언중에게서 빼앗으려 했기 때문에 호응을 얻지 못했다.

셋째, 속어·비어·은어·방언 등이 나쁜 언어라는 인식은 언어의 본질을 외면한 것이다. 이들은 이들 나름대로 필요성이 있는 것이다. 이를 적절히 사용할 수 있도록 지도하는 것이 필요했다.

넷째, 순화되지 않은 말은 언어 자체 때문이 아니라 사회의 영향 때문일 수도 있는 것이다. 거친 사회 생활에서 거친 마음을 표현할 때, 거친 말을 사용하는 것은 언어 생리상 당연한 것이다. 국어 순화는 사회의 순화, 마음의 순화가 전제돼야 하는 것이다. 경어 의식의 소멸, 언어의 사대주의, 사회의 속화 타락, 각박한 현실, 유행을 좇는 마음, 박약한 언어 의식 등이 단순한 언어 순화 운동으로 해결될 수는 없는 것이다.

국어 순화 운동은 다음과 같이 해야 할 것인다.

첫째, 언어의 생리를 고려하여 언어의 변화를 받아 들여야 한다. 음의 변화, 의미의 변화 등을 적절하게 수용해야 할 것이다. 이를 인정하지 않으면 현실과 괴리되는 언어의 사용을 강요하게 될 뿐이다.

둘째, 한자어와 외래어가 갖는 장점을 고려하여, 이들을 적절한 선에서 수용해야 한다. 위세적 동기의 사용은 배제하여야 하지만 필요적 동기의 사용은 수용해야 한다.

셋째, 속어·비어·은어·방언 등을 무조건 금지시킬 것이 아니라 이들의 적절한 사용법을 가르쳐 의사 소통의 효율을 기한다. 이는 무절제한 사용을 방지할 수 있어 국어 순화에 도움이 된다.

넷째, 언어의 정확한 사용법을 가르치는 것이 국어 순화의 근간이 되어야 한다. 의사 소통 수단으로서의 언어는 정확한 표현과 이해를 가져 올 수 있는 것이어야 한다.

국어 순화란 언어의 생리상 인위적으로 이루어지기 어렵다. 따라서 모든 사람들이 꾸준히 노력하는 길만이 국어 순화를 가능하게 하는 것이다. 이를 위해서는 언어의 특질을 고려한 국어 순화 운동이 필요하다.

3

국어 교육용 어휘의 선정

1. 국어 교육용 어휘 선정

1 | 국어 교육용 어휘 선정[1]

Ⅰ. 도입

1. 연구의 의의와 목적

국어 교육은 국어의 사용 능력을 신장시키는 것을 목적으로 한다. 국어 생활을 원활하게 할 수 있다는 것은 국어를 사용하는 구어나 문어 어느 쪽에서든 자기의 의사를 상대에게 전달하고 상대의 의사를 받아들임에 불편 없이 지낼 수 있는 것을 의미한다. 따라서 국어 교육을 포함하는 넓은 의미의 언어 교육에서 일차적으로 지향하는 바는 해당 언어의 자유로운 구사, 즉, 언어를 이용하여 의사 교환을 할 수 있는 능력communicative competence를 갖추는 것이다(윤희원, 1988 : 2). 바로 언어의 바람직한 의사 소통 능력은 풍부한 어휘력을 바탕으로 목표어의 규칙들을 거의 무의식적인 상태에서 구사하여 음성이나 문자로 자신의 생각과 느낌을 나타내는 능력을 갖춤으로써 가능한 것이다(윤희원, 1988 : 14, 15). 어휘 교육은 국어 사용 능력 중 어휘 능력을 신장시키기 위한 교육의 내용·목표가 되는 어휘를 교육하는 것을 이른다. 즉, 교육해야 할 어휘를 학습자에게 가르치는 것을 이름이다. 또한 국어의 지식을 배우기 위해서는 용어의 정확한 이해와 사용이 앞서야 가능한데 이의 체

---

[1] '국어 교육용 어휘 선정', 「서울 대학교 박사 학위 논문」(1992)

계적인 학습은 언어 사용 능력을 신장시키는 것이다. 따라서 국어과 교육에 필요한 교육용 어휘의 선정과 이의 체계적인 교육은 국어 사용 능력을 신장시킬 것이다.[2]

국어 교육이 제대로 이루어지고 있는가에 대한 전문가들의 공통된 의견은 회의적인데, 그 이유는 이제까지의 국어 교육이 학생들에게 국어의 사용 능력을 제대로 신장시키지 못했기 때문이다.[3]

일반적으로 언어의 사용 능력은 어휘에 대한 정확한 이해와 어휘의 양이 얼마나 되는가에 큰 영향을 받는다고 한다. 어휘를 모르면 언어 생활이 거의 불가능하다는 것이 일반적인 생각이다. 따라서 학교 교육과 사회 생활에서 많은 어휘를 습득ㆍ학습함으로써 언어 사용 능력을 기르고 많은 지식을 알게 되는 것이다.

어휘의 부적절한 사용은 국어의 오용 가운데 대표적인 것인데, 이는 어휘 교육이 제대로 이루어지지 못했음을 보여주는 것이다. 적절한 단어를 사용함으로써 언어의 사용이 효율적으로 이루어져야 하고 이를 위해서는 어휘의 교육이 보다 효율적으로 이루어져야 하며, 그러기 위해서는 어휘 교육 방법을 연구 개발하여야 한다.

본고에서는 어휘 능력lexical competence[4]을 신장시키기 위한 일환으로, 교육용

---

2) 윤희원(1988)은 "문법 교육의 강의"에서 용어의 정의를 다루고 있다. 이는 용어의 정확한 이해로부터 출발하여 목표하는 문법 내용의 이해를 도우려는 것으로 보인다.

3) 국어 교육이 학생들에게 국어의 사용 능력을 제대로 신장시키지 못한 원인은 국어 교육의 여러 부문들이 전문화되지 않았기 때문이다. 국어 교육의 전문화가 이루어지지 못한 것은 국어 교육에 대한 과학적 연구가 부족했고, 따라서 국어 교육의 과학적 기반이 마련되지 못하였으며, 결과적으로 국어 교육에 전문성을 제대로 부여하지 못하였기 때문이다(이용주, 1989 : 45).

4) 리처즈Richards(1976)는 다음과 같은 추정 아래 어휘 능력의 특성을 제시했다(Carter & McCarthy, 1991 : 44).

1. Native speakers continue to expand their vocabulary in adulthood. Little is known about the average language~user's vocabulary but anything from 20,000~100,000 words could be within a person's receptive vocabulary.

2. Knowing a word means knowing the degree of probability of encountering it and the sorts of words most likely to be found associated with it(frequency and collocability).

3. Knowing a word means knowing its limitations of use according to function and situation(temporal, social, geographical, field, mode, etc).

4. Knowing a word means knowing its syntactic behaviour(e.g. transitivity patterns, cases).

어휘에 속하는 국어과 학습에 필요한 교과 전문 어휘, 복합어를 만드는 대표적인 어근, 접사, 한자어 형성소의 선정 등에 대하여 고찰하여 어휘 교육의 효과를 높이는 데 도움을 주고자 한다.

본 연구의 의의를 알기 위하여 어휘 교육과 관련된 교육 과정·교과서 등을 보면 다음과 같다.

1) 교육 과정

교육 과정은 일정한 교육 기관에서 교육의 모든 과정을 마칠 때까지 요구되는 교육의 내용으로 그 내용을 학습하기에 필요한 연한, 그리고 그 연한 내에 있어서의 학습 시간 배당을 포함한 교육의 전체 계획이다(함종규, 1981 : 37). 국어과 교육 과정은 국어과 교육의 목표, 내용, 방법 등을 규정한 것이다. 교육 과정을 정할 때 기본이 되는 학습 내용을 결정하는 것은 해당 교과의 전문가(국어의 경우는 국어 교육 전문가)에 의해서 정선되어야 한다. 교육 과정에 어휘 교육을 반영하는 일은 국어 교육 전문가에 의해 어휘 교육의 내용과 전체 계획이 이루어져야 정상적이며 소기의 목적을 달성할 수 있는 어휘 교육이 이루어질 수 있는 것이다. 이를 위해서는 앞에서 밝힌 바와 같이 우선 피교육자인 어린이·청소년의 연령별·계층별 평균 어휘량과 그 어휘는 어떤 것들인가에 대한 조사를 토대로 이루어져야 한다(이용주, 1987 참조). 그리고 이들 어휘의 배열과 교육 방법에 대한 연구가 이루어져야 한다. 따라서 믿을 수 있는 교육용 어휘의 조사 연구에 의해 교육용 어휘의 목록이 작성되어야 하고, 또 이에 의해 교육 과정이 정해지고 교과서 편찬이 이루어져야 한다는 것은 의문의 여지가 없다.

어휘 교육 과정은 어휘 능력lexical competence의 신장에 두어야 하고 이를 위해 교육 과정과 교과서가 편찬되어야 할 것이다. 그러기 위해서는 학교 급별, 학년별 교육용 어휘가 선정되어 교육 과정에 명시되어야 한다. 또한 이들 어휘를 교육할 교과 목표·학습 목표 및 내용·지도 및 평가상의 유의점

---

5. Knowing a word means knowing its underlying forms and derivations.

6. Knowing a word means knowing its place in a network of associations with other words in the language.

7. Knowing a word means knowing its semantic value (its composition).

8. Knowing a word means knowing its different meanings(polysemy).

등에 어휘 능력lexical competence을 신장할 수 있는 고려가 있어야 한다. 따라서 어휘 교육을 위한 각급 학교의 교육 내용은 수준, 영역, 범위, 분량 등이 일관성 있고 계열성 있게 구성되어야 한다. 초·중·고의 교육 과정에는 다음 사항들이 반영되어야 한다.

(1) 어휘는 어떤 순서로 가르쳐야 하는가?

어휘를 교육하기 위해서는 가르칠 어휘의 순서가 결정되어야 한다. 그러기 위해서는 학교 급별, 학년별 교육용 어휘 목록이 제시되어야 한다. 따라서 먼저 배워야 할 어휘와 나중에 배워야 할 어휘를 정해야 하는데, 이는 언어 발달 지표에 의하여 정하는 것이 바람직하다.

(2) 언어 생활에 유용한 어휘는 어떤 것인가?

교육은 한정된 시간에 이루어지기 때문에, 한정된 양의 어휘를 교육할 수밖에 없다. 그렇다면 많은 어휘 중에서 보다 유용한 어휘부터 교육해야 하며, 그러기 위해서는 이들 유용한 어휘가 어떤 것인가를 알아야 한다. 따라서 어휘의 경우 국어 교육에 필요한 교과 전문 어휘·조어력이 높은 어휘·순화 어휘 등이 다른 어휘보다 우선적으로 선정되어 교육 과정에 제시되어야 한다.

(3) 배우기 어려운 어휘는 어떤 것인가?

한자어, 외래어는 고유어보다 배우기 어려운 것인가? 아니면 일상 생활에서 자주 접하지 않는 어휘가 더 어려운 어휘인가 등에 대한 문제가 반영돼야 한다. 이는 학습자의 언어 발달 지표와도 관련되지만, 어려워도 중요한 어휘라면 이를 배워야 하고 따라서 이를 학습하기 위한 교육 과정의 배려가 있어야 한다.

(4) 어휘 교육을 위해 활용 가능한 방법에는 어떤 것들이 있으며 이들을 교육에 활용할 수 있는 방법은 무엇인가?

활용 가능한 교수법은 가능한 한 교육 과정에 반영하는 것이 중요하다. 반영된 교수법은 어느 하나만을 이용할 것이 아니라 다양하게 이용해야 하며 이를 위해서 학교 교육 여건의 개선이 선행돼야 한다. 50여 명의 학생들이 짧은 시간에 '끝말이어가기, 단어 의미 분석하기 등'을 통하여 어휘를 학습하기 위해서는 이의 자료 개발도 중요하지만 교사가 담당해야 할 학생의 수효도 중요한 문제가 되는 것이다.

(5) 단어 단독, 상관된 단어와의 대조, 맥락을 이용한 방법 등에서 어떤 방법으로 어휘 학습이 더 잘 이루어지는가?

어휘 지도법의 연구는 교육 과정의 기초 연구로서 중요하다. 어휘가 의미의 망network에서 학습되는 것이라면 이때 먼저 가르쳐야 할 의미는 어떤 것인지가 파악돼야 한다. 따라서 어휘의 다른 어휘와의 의미 관계와 이들이 함께 쓰일 때와 그렇지 않을 때의 의미 차이에 대한 연구와 교육이 따라야 한다. 이와 관련해서 또한 중요한 것은 어휘의 의미별 통계semantic count가 있어야 하고 이를 교육에 반영할 수 있도록 의미별 어휘집의 편찬도 따라야 한다.

(6) 구어와 문어의 차이와 이것이 어휘 교육에서 고려되어야 한다면 이의 경계 구분과 어휘 교육은 어떻게 해야 하나?

이제까지의 어휘의 선정과 교육은 지나치게 문어 위주로 되어 왔다. 문어 자료에 중점을 두고 이제까지의 언어 교육이 시행되어 왔기 때문이다. 그러나 문어 못지 않게, 어쩌면 훨씬 중요한 것이 구어이고 보면 구어 어휘의 조사와 교육용 어휘로의 선정이 따라야 하고 이의 교육에 힘을 기울여야 할 것이다.

2) 교과서

어휘 교육이 보다 효과적으로 구현되려면 교과서가 잘 편찬되어야 할 것이다. 이 어휘 교육을 위한 교과서는 학생의 언어 발달 단계에 맞게 계획된 교육 과정에 의해 최대의 목표 달성을 기할 수 있게 체계적으로 편찬되어야 한다. 교과서 편찬의 성공 여부는 교육의 성패를 판가름할 수 있는 요소이다.

교과서를 제대로 만들려면 첫째, 국어 교육의 기본 개념과 기본 성격이 확립되어야 하고, 둘째, 국어 교육의 기본 개념과 부합되는 교육 목표가 설정되어야 하며, 이 때 피교육자의 발달 단계에 적합한 단계별 목표가 구체적으로 상세하게 설정되어야 하며, 셋째, 국어 교육의 일반 목표와 단계별 목표가 적정 기간 내에 달성될 수 있도록 하는 데 조금도 하자가 없는 교육 내용이 역시 구체적으로 상세하게 설정되어야 한다(이용주, 1988 : 155). 따라서 교육 과정이 잘 만들어졌어도 이의 교과서 반영이 제대로 이루어져야 하기 때문에 교과서 편찬에 많은 고려가 있어야 한다.

교과서에 어휘 교육을 위해 고려할 점으로는 다음과 같은 것을 들 수 있다.

첫째, 학습자에게 흥미를 주어야 한다. 학습은 흥미를 가질 때 효과를 높일 수 있다. '끝소리 이어가기'와 같은 단어 놀이word game, 낱말의 한 부분을 바꾸어 다른 낱말 만들기 등이 수록된 현행 교과서는 흥미를 주기 위한 것으로 보인다.

둘째, 교과서에 쓰이는 어휘는 어휘 선정 기준, 특히 학습자의 발달 수준에 알맞아야 한다. 국민 학교 입학 어린이에게 발음이 까다롭거나 뜻이 어려운 어휘를 가르치거나 어형이 긴 어휘를 가르치는 것은 피해야 할 것이다. 이를 위해서는 어려운 어휘란 무엇이냐가 문제가 된다. 일반적으로 어려운 어휘란 일상 언어 생활에서 접하기 어려운 어휘, 추상적인 어휘 등으로 설명이 어려운 어휘를 가리킨다. 이에 대하여는 많은 연구가 필요하다. 어려운 한자어라도 자주 접하면 쉬운 것이기 때문이다. 이런 어려운 어휘를 알기 위해서는 언어 발달 지표 등을 활용해야 한다.

셋째, 어휘의 양이 적절해야 한다. 저학년의 학습자에게 많은 양을 가르치려다가는 습득할 수 있는 어휘가 줄어든다. 그러나 지나치게 양이 적으면 소기의 목적을 달성할 수 없다.

윤야중(1975)의 고교 총어휘 9,469 어, 안승덕·김재윤(1975)의 국교 국어 전 12 권 어휘(숫자·조사·고유 명사 제외) 7,603 어, 서정국(1975)의 중 1-1 어휘 4,160 어, 임광규(1981)의 국교 국어 교과서 전체 어휘(고유 명사 포함) 9,636 어, 정효사(1985)의 국민 학교 국어 1·2학년(1980) 어휘 1,582 어, 정우상(1987)의 국민 학교 전 교과서(4 차) 13 과목 70 권 어휘(부호·음절 포함) 20,108 어(고유어 9,190 어, 한자어 10,382 어, 외래어 636 어), 국어연구소(1987)의 중학교 국어 전 교과서 어휘 15,765 어 등 기존 어휘 연구물을 보면 우리 교과서에 나타나는 어휘의 수는 해당 연령층의 이해 어휘 수에 비해 그리 많지 않다는 것이 일반적인 지적이다. 이는 특별히 대표 어휘를 선정해서 다루지 않는다면 학생들이 학습할 어휘의 절대량이 교과서에 부족하다는 것을 말해 준다.[5]

넷째, 중요한 어휘는 그 의미를 정확히 알 수 있도록 도표를 제시하거나 간단한 설명을 제시한다. 어휘 의미를 파악하는 데는 맥락만으로는 불가능한 경우도 있고 또 가능하다 해도 지나치게 많은 노력이 요구될 수도 있다.

이런 어휘는 간단한 도표나 설명을 통하여 쉽게 이해할 수 있다.

"사령기(옛날 관청에서 심부름하는 사람이 들고 다니던 깃발)에 꽂고〈'장끼전'에서〉"(국민 학교 읽기 6-1 : 16)와 같은 어휘 옆 ( ) 속에 설명을 하거나, '폴란드의 소녀'(중학교 국어 1-2 : 204~211)나 '토끼전'(중학교 국어 2-2 : 179~190)에서 본문 아래의 어휘 설명, '마지막 한 잎'(중학교 국어 3-2 : 157~173)에서 본문 아래의 용어 설명 등이 이를 위한 것이다. 또한 실물의 사진이나 그림을 제시하는 방법이 훨씬 효과적일 경우도 있다.

다섯째, 새로운 단어를 제시할 때에는 가능한 한 단 하나의 의미로 쓰이는 문장을 통하여 학습자가 의미를 습득하게 하고 체계적으로 재제시reintroduction 한다. 특히 학습자의 발달 수준이 낮을 때는 어휘의 다의에 대한 이해가 어렵기 때문에 한 단어에 대하여 한 의미만을 익혀야 하며 그후 완전한 어휘 의미의 학습이 있은 후에 또 다른 의미의 학습이 이루어져야 어휘의 이해가 분명해진다. 그러나 기초 어휘에 속하는 기습득 어휘에 대하여는 다의를 바로 학습에 이용할 수도 있다.

여섯째, 가능하면 교과서의 말미에 어휘의 설명을 제시한다. 경우에 따라서는 그 어휘가 들어있는 문장을 제시하여 확실한 사용법을 알게 한다. 교육 과정 준비기(1946~1954)와 1차 교육 과정기(1954~1963)의 교과서는 1학년 1·2학기 교과서의 권말에 낱말표를 쪽수 별로 제시하였다. 2차 교육 과정 기(1963~1972)에는 교과서 부록으로 1학년 1·2학기용에 '새로 나온 낱말'을 실었고, 4학년 이상의 교과서 6책의 말미에 5쪽을 할애하여 '한자말 찾기', 곧 교과서에 노출 제시한 한자의 색인으로 사용하도록 하였다. 현재 영어나 기타 외국어 교과서는 신출 어휘가 교과서 뒤에 목록으로 제시되고 있을 뿐 아니라 본문 아래에 설명이 되어 있기도 하다. 이는 외국어 교과서에만 필요한 것이 아니라 국어 교과서에도 필요한 것이다.

일곱째, 동의어, 반의어, 한정어, 접사, 복합어 등 단어의 학습 활동을 포

---

5) 교과서의 어휘가 많으냐 적으냐에 대하여는 단순한 교과서의 수록 어휘의 양이 문제가 아니라 교과서의 어휘를 배운 후에 이를 기반으로 사용 어휘와 이해 어휘를 늘일 수 있는 능력이 얼마나 향상되느냐가 더 중요하다고 생각한다. 그러나 많은 양의 어휘를 교과서에서 배우면 어휘 능력(lexical competence)이 향상될 것이다. 딜러Diller(1971 : 29)에 의하면 초등 학교 졸업의 어린이(12세)의 이해 어휘가 135,000 단어로, 이는 우리의 초등 학교 교과서 어휘 2만여 단어와 차이가 있다.

함한다. 어휘의 학습이 한 단어 자체만으로 이루어지는 것이 아니라 그 단어와 관련된 여러 어휘들과 연관되어 이루어진다는 것을 고려할 때 단어의 여러 종류들을 이용한 학습 활동이 이루어지도록 교과서에 단어 학습 활동을 포함해야 하는 것이다.

위의 고려할 점들을 교육 과정에 따라 교과서에 반영하려면 무엇보다도 체계적일 것이 요구된다. 고려할 점을 한 가지씩 교과서에 반영하기는 쉬울 수 있으나 전체적으로 고려할 수 있으려면 많은 노력이 요구된다. 학습자가 체계적으로 어휘를 습득할 수 있도록 의도적인 교과서 편찬도 필요할 것이다. 중학교 국어(1-1)에서는 '읽기' 영역으로 '단어 공부'가 한 단원으로 제시되기도 한다(17. 단어 공부). 이는 학습자에게 어휘에 대한 필요성과 중요성을 인식시킬 뿐 아니라 체계적인 어휘 학습을 위해서도 필요한 것이다.

교과서에서는 어휘 교육을 주로 '읽기'에서 다루고 있는데 읽기, 쓰기, 듣기, 말하기, 언어, 문학의 영역 가운데 어휘 교육과 무관한 영역은 없다. 따라서 어휘 교육을 위한 교과서는 모든 영역에 걸쳐 어휘 학습을 위한 세심한 배려가 필요하다. 읽기, 쓰기, 듣기, 말하기를 가르치는 가운데 필요한 어휘를 자연스럽게 습득시킬 수 있는 교과서의 편찬, 적은 수의 단어를 배우고도 많은 단어의 의미를 알 수 있도록 하는 교과서의 편찬은 잘 짜여진 교육 과정과 잘 선정된 교육용 어휘에 의한 체계적인 편찬 노력에 의해 이루어진다.

(1) 국어 교과서 어휘의 구성과 교육용 어휘와의 상관

현행 국민 학교, 중학교 교과서의 어휘 구성이 기존의 교육용 어휘와 어떤 상관을 갖는지를 살펴보면 다음과 같다.

국민 학교 1·2학년 국어(1990)의 어휘의 구성과 교육용 어휘와의 상관은 다음과 같다(이충우, 1991c).

교과서에 나타난 총 이어휘는 2,437어로 이 가운데 인명을 제외한 어휘가 2,314어이며, 이들 중 1·2학년 교육용 어휘(국어연구소, 1986)에 해당되는 어휘는 1,388어(59%)였다.[6] 1,388어 가운데 1학년 교육용 어휘는 802어, 2학년 교육용 어휘는 586어였다. 국어연구소(1986)의 교육용 어휘가 교과서

---

6) 1학년 교육용 어휘 1,449어, 2학년 교육용 어휘 1,929어가 국어연구소(1986)에 선정돼 있다.

편찬에 1, 2학년 동안에 불과 1,388어만 나타났다는 것은 교과서에 교육용 어휘를 제대로 반영하지 못한다고 할 수 있다. 1학년에 나타난 어휘는 모두 1,127어로 그 중 인명은 38어였고, 2학년에 나타난 어휘는 1,974어로, 인명은 95어였다. 따라서 1·2학년 국어 교과서를 통해서 접할 수 있는 어휘는 연간 1,000여 어에 불과하다. 연어휘延語彙는 1·2학년에서 26,650어로 이어휘異語彙 2,437어가 평균 11(10.93)회 나타난 것으로 나타났다. 또한 이들 어휘의 대부분은 국민 학교 입학 아동의 사용 어휘가 약 3,000어라고 볼 때(이상금·정세화·이은화·이정환, 1972), 거의 같은 양의 어휘를 교과서에서 접한다고 볼 수 있다.

중학교 국어 1-1(1990) 어휘의 구성과 교육용 어휘와의 상관은 다음과 같다(이충우, 1991d). 교과서에 나타난 이어휘는 4,300어로 이 가운데 인명(62어)을 제외한 어휘가 4,238어이며, 이들 중 '4차 국민 학교 교육용 어휘'에 들어 있지 않은 신출 어휘는 1,019어에 불과하며, 이 중 인명 45어를 제외하면 974어만이 중학교 국어 1-1 초출 어휘가 된다. 연어휘는 20,827어로 이어휘 4,300어가 평균 5(4.84)회 나타났다(이충우, 1991d). 초출 어휘가 974어에 불과하다는 것은 중학교 3년간의 국어 교과서를 통해 접할 수 있는 새로운 어휘가 불과 10,000어 미만이라는 추측을 갖게 한다(1학기 신출 어휘 수 1,000어×6학기=6,000어). 이는 딜러Diller(1971 : 29)의 12세 어린이 이해 어휘 135,000어에 지나치게 부족한 양이다. 10,000어를 배우고 10만 어를 이해할 수는 있다. 그러나 이제까지의 연구들을 분석해보면 10만 어를 이해하기 위해서는, 사용 어휘 수의 5배 정도의 어휘를 이해한다고 볼 때, 2만 어 이상을 배워야 하다고 보인다. 따라서 교과서 수록 어휘가 부족하다. 이 때 부족하다는 것은 대표 어휘(조어력이 높은 어휘)의 양에 따라 해석이 달라질 수 있으나 교과서가 대표 어휘를 의도적으로 수록하지 않은 현재 교과서로서는 어휘량이 부족하다고 할 수 있다.

(2) 어문 규정과 교과서와의 상관

교과서는 어문 규정에 어긋남이 없는 글로 이루어지는 것이 원칙이다. 내용 중심 국어 교육관(노명완, 1988)에 의한 교과서의 글은 모범적인 글이어야 하고 규범에 맞아야 한다. 따라서 틀린 글을 교과서에 싣고 아무런 기술이 없다면 이를 학생이 그대로 받아들인다. 따라서 틀린 글을 고치는 내용이 아닌 경우의 잘못된 글은 학습 자료로 특별한 경우(문학 작품 등), 밑에 주(註)로 규범적인 글로 밝히는 것이 관례다. 물론 틀린 예로서 명시하는 경우거나 의도적(교육적인 목적)으로 틀린 글을 쓴 경우(방법 중심 국어 교육관에 의한 편찬)는 예외다.

어문 규정은 공적인 언어 생활에서 하나의 강제 규정이다. 따라서 이를 지키는 것이 언어 사용의 효용을 높이는 길이다. 규범적인 언어 교육이 갖는 장점이 여기에 해당되는데 이의 숙지를 위해서는 용어를 학습하는 것도 좋은 방법이다. 용어를 배우거나 내용을 배우기보다 자연스러운 언어 학습을 통해 이들을 익히는 것도 좋은 방법이나 용어를 배움으로써 규정에 익숙할 수 있는 것이다. 그런데 '한글맞춤법'과 '표준어 규정'의 용어가 고등 학교를 마칠 때까지 교과서에 나타나지 않는 것이 있다(이충우, 1991b : 130, 131). 이들은 적어도 중학교까지는 교육하여야 하고 고등 학교에서 반복 심화 학습되어야 한다고 생각한다. 물론 어문 규정이 교과서 부록에 나타나 있지만 이는 참고 자료로 쓰일 뿐이지 학교에서 따로 가르친다는 보장이 없다.

어문 규정 용어가 교과서에 나타날 필요는 의무 교육(현재는 중학교까지)을 마친 국민은 어문 규정을 숙지할 필요가 있다고 할 때 중학교에서 배울 수 있어야 하고 이는 부록으로 교과서 말미에 수록되는 것도 필요하지만 교과서 본문에서 다루어지면 그 효과가 클 것이다. 이런 용어의 교육이 바람직한가에 대하여는 회의적인 주장도 있으나 용어를 이해하면 그 용어가 나타내는 개념의 이해가 어느 정도 가능하다는 사실에서도 용어의 교육은 필요하다.

이상에서 우리는 교육 과정에 교육용 어휘의 선정이 반영되어야 하고 어휘 교육에 관한 고려가 필요함과 교과서에 이의 반영이 필요함을 보았다. 이런 필요에 부응하기 위해서는 교육용 어휘의 선정이 선행되어야 하는데 교육용 어휘 중 일반 어휘는 전국적인 어휘 실태 조사가 이루어져야 한다. 그러므로 이의 선정은 국가적 규모인 국어연구원이나 한국교육개발원 수준의 기관에서 이루어져야 하지만, 우선 4차 교과서에 나타난 교육용 어휘를 분석하여 교육용 어휘의 근본 자료로서의 교육용 어휘 목록을 제시한다. 교육용 어휘의 선정을 위하여 교과 전문 어휘의 선정과 일반 어휘로서 사용 빈도

가 높고 범위가 넓은 단일어, 조어력이 높은 접사와 한자 등의 선정 기준을
세우고, 이들 교육용 어휘 자료로서, 교육용 어휘의 근본이 되는 교과서 어
휘(국어연구소 : 1986, 1987, 1988)를 분석하여 선정한다는 데 본고의 목적을
두었다.

2. 연구사

국어 어휘에 관한 연구와 이를 교육에 활용하기 위한 연구는 그리 많지 않
다. 언어 교육에서 어휘 교육의 필요성을 인식한 사람은 있으나 이의 체계적
인 연구와 교육 현장에 실현하는 구체적인 시도는 아직까지도 만족할만한
상태에 오지 못했다.

1) 국외 연구

어휘 선정과 교육에 관한 외국 연구는 주로 읽기를 통하여 어휘 능력을 향
상시키거나 읽기 능력을 기르기 위한 어휘 교육에 관심이 많았고, 이를 위해
많은 논저들이 있다. 특히 영어를 외국어로 하는 사람들을 위한 영어 교육으
로서 어휘의 집중적인 학습을 위한 교재들이 많이 출판되고 있다. 또한 어휘
자료집이 여러 가지 개발되어 활용되고 있다. 이들은 다음과 같다.

(1) 어휘 선정

손다이크E. L. Thorndike의 'Teacher's Word Book 10,000 words(1921)' 와
'Teacher's Word Book 20,000 words(1931)' 는 객관적 방법에 의해 많은 자료
(1921년 41 종, 1931년 200여 종)를 분석하여 빈도와 분포를 통계적으로 처리하
여 어휘의 순위를 발표한 것이다. 빈도에만 편중되던 어휘 선정을 분포도까
지 합하여 사용도를 정한 것이 가치를 더해주고 있다. 또한 그는 1944년에
'Teacher's Word Book 30,000 words' 를 발표하였다.

파머H. E. Palmer(1931)의 'Second Interim Report on Vocabulary Selection' 은
경험적 방법(절충적 방법)에 의해 3,000 어를 선정하고 있다.

웨스트Michael West(1936)의 'A General Service List' 는 경험적 방법에 의해
기존의 선정된 어휘들을 토대로 2,060 어를 선정하였다.

오그든C. K. Ogden(1943)의 'Basic English' 는 주관적 방법에 의해 일상 생활

에서 주로 쓰이는 20,000어 가량을 850어로써 대치하여 인간의 모든 정신 활동을 표현할 수 있다고 믿고 대표적인 기본 어휘 850어를 주관적으로 선정하고 있다. 외국어를 배우는 사람이 이 850어만 알고도 자신의 의사를 표현할 수 있다는 생각은 이해해야 할 어가 선정된 어휘가 아닐 때 이해를 할 수 없다는 문제에 부딪히게 된다.

(2) 어휘 교육

구앵F. Gouin(1880)은 어휘의 학습에 대하여 어휘의 습득은 일련의 여러 상황에 연결되어 이루어진다고 주장하였다. 이는 오늘날의 스키마 이론schema theory과 비슷한 것이다. 이를 해석하면 어휘 교육은 독립된 어휘를 교육한다는 것은 효과가 없으며, 어휘의 장場과 이를 연관시킨 어휘 교육만이 어휘 능력을 길러준다고 볼 수 있으며, 따라서 상황이 배제된 어휘의 교육은 배제되어야 한다고 할 수 있다.

해리스A. J. Harris(1956)는 독해력 신장을 위한 방법으로서 어휘 교육에 대해 논하였다.

대일과 로크, 밤만E. Dale, J. O. Rourke & H. A. Bamman(1971)은 접사의 교육이 필요함을 실감하고 접사에 등급을 표시하였다.

윌킨스Wilkins(1972)는 어휘에 대한 지식이 없이는 의사 전달이 전혀 불가능하다면서 번역의 과정을 이해하는 데는 어휘 의미론이 도움이 되며 어휘의 의미를 알 필요에 대해 말하고 있다.

앤서니Anthony(1975)는 어휘의 음군音群, cluster에 관한 논문에서 언어 교육을 위해서는 어휘 이론이 중요하다고 하였다.

닐센Nilsen(1976)은 어휘 교육에서 의미론의 역할에 대해 강한 견해를 가졌으며, 교육해야 할 순서 어휘ordering vocabulary에 대한 조직화된 원칙을 제안하였다. 예를 들면, 계층hierachies, 행렬行列, matrics, 계열series, 순환cycles 등에 관한 것이다.

리처드Richard(1976)는 어휘가 어떻게 학습되느냐에 대한 질문에 대하여 어휘 능력lexical competence에 의해 어휘 학습이 이루어진다고 가정하였다. 또한 어휘 교수의 목표를 공식화할 기초 문제에 대한 검증의 필요를 주장하였다. 그의 논문은 학습자의 어휘 능력 자질들에 대한 어휘의 여러 면을 교수·실제이 다른 방법으로 관련시키려는 노력과 어휘의 교수·학습의 복합적인 현상에 대하여 알고 있었다는 점이다(Carter & McCarthy, 1991 : 45).

마틴Martin(1976)은 대학생들에 필요한 일반 핵심 학술 어휘common-core academic vocabulary를 선정하고 '조사 연구 과정', '분석 어휘', '평가 어휘' 등의 표제로 '담화적 접근'에 대한 암시를 하였다(Carter & McCarthy, 1991 : 45).

존슨Dale D. Johnson(1978 : 9)은 유창한 읽기와 어휘력은 상관 관계에 있으며 따라서 단어 의미에 대한 지식은 독해력에 큰 공헌을 한다고 주장하였다. 또한 어휘 지도의 방법으로 발음 분석법Phonic Analysis, 문맥적 분석법contextual analysis, 구조적 분석법structural analysis을 들고 있다.

브라운Dorothy Brown(1980 : 1~17)은 어휘 교육의 '8C 1G'를 세웠는데 (1) 연어連語, collocation, (2) 연속 변이clines, (3) 음군音群, clusters, (4) 빈칸 채우기cloze procedure, (5) 맥락context, (6) 참고consultation, (7) 카드cards, (8) 창조성creativity, (9) 추측guessing이다.

게린즈와 레드맨Gairins and Redman(1986)은 학습자의 자발적 동기화(self-motivation : 학생들이 그들의 어휘 목록에서 무작위로 모은 목록을 범주별로 분류하는 것 등의 일)의 성취를[7] 위한 새 어휘의 필요에 대한 참여를 강조하였다.

코우와 퀴글리Cow and Quigley(1985)는 어휘 교육에 의미장적 접근법semantic-field approach은 학습자에게 효과적일 뿐만 아니라 인기 있는 방법이라 하였다(Carter & McCarthy, 1991 : 50).

존스Johns(1986)는 마이크로 컴퓨터가 어휘 항목의 의미와 용법이 관련된 문제 해결 행위에 참여 학습자가 능동적으로 적합한 어휘를 생산할 수 있도록 사용되는 것에 대하여 제시하였다(Carter & McCarthy, 1991 : 51).

카터와 매카시Carter & McCarthy(1991)는 1945년부터 현재까지의 어휘 교육에 대한 발달을 분석하고 어휘 교육의 최신 연구들에 대한 논문들을 소개하고 있다.

1940년대에서 1960년대까지의 어휘 교육에 관한 이론은 구조적 접근 structual approach으로 이 당시의 어휘 교육에 관해서는 등급 분류grading와 선정 selection에 대해 연구되었고 학습자를 위한 대조 분석과 오류 예측의 문제가

---

7) 자발적 동기화(self-motivation)는 학생들이 그들의 어휘 목록에서 무작위로 모은 목록을 범주별로 분류하는 것 등의 일을 말한다.

주로 다루어졌다(Carter & McCarthy, 1991 : 40). 프라이즈Fries(1945)는 기능 어휘·대체 어휘·긍정 어휘와 부정 어휘를 반드시 숙지해야만 한다고 하면서 인지를 위한 어휘 확장은 궁극적으로 경험의 특정 분야에 대한 어휘를 아는 것이라 하였다.

어휘 교육에 대한 최근의 경향은 학습자가 배우는 것을 돕고, 어휘들의 불분명한 의미의 혼란을 의미있게 정리하는 일에 참여하고, 필요, 목적, 목표에 맞는 개인 어휘personal vocabulary의 확장에 치중되고 있다(Carter & McCarthy, 1991 : 49). 따라서 구앵F. Gouin이 독일어 단어를 배우기 위해 고심하면서 어휘의 학습에 대해 연구하던 때부터 오래도록 잊혀졌던 어휘 교육의 방법이 어휘의 언어학적 방법에서 이론적으로 발전하여, 심리적 어휘의 심리언어학적 연구, 학습자 중심의 의사 소통 교육 경향으로 발전되었다. 나아가 컴퓨터를 이용한 어휘의 적절한 이용에 대한 연구가 시도되고 있다.

2) 국내 연구

(1) 어휘 교육 일반

이용주(1960, 1964, 1966, 1969, 1970, 1974, 1977, 1978, 1980, 1982, 1985, 1986a, 1986b, 1987a, 1987b, 1988a, 1988b, 1989, 1990a, 1990b)는 언어 교육으로서의 국어 교육에 관한 문제점들에 대한 분석과 이의 해결 방안 등을 발표한 것과 어휘에 관한 논문들이다. 이용주(1987b)에서는 어휘 교육의 필요성을 주장하면서 국어의 교육은 학습자의 어휘 실태를 파악한 후 이에 적절한 어휘를 선정하여 교육 과정과 교과서에 반영해야 한다고 주장하였다. 따라서 국어 교육을 위해서는 학습자의 어휘에 대한 본격적인 조사가 선행되어야 함을 강조한다.

이응백(1959)은 국어과 학습에 있어서의 단어 지도에 관한 문제들을 논하였다. 이응백(1959, 1967, 1969, 1972, 1975, 1976a, 1976b, 1977, 1978a, 1978b, 1979, 1980, 1984a, 1984b, 1985, 1987)은 주로 한자어의 교육에 관한 주장들과 학습 기본 어휘의 선정에 관한 것들이다. 한자어에 관한 주장은 한자어의 의미 파악을 위해서는 모든 학교의 교과서에서 한자의 노출 표기 또는 병기를 해야 한다고 주장하고 있다. 이에 의하면 한자어의 국어에서의 중요성과 뜻글자로서의 한자의 중요성이 강조되고 있다. 또한 학습용 기본 어휘의 선정에서는 교과서와 학습자의 언어 생활(문어와 구어 생활)에서 어휘 사용 실태를 조사 분석하고 있다. 따라서 한자어의 교육에 대한 연구들이 이응백(1988)에, 학습용 기본 어휘에 대한 것들이 이응백(1989)에 재수록되어 있다.

박갑수(1979, 1983, 1984, 1987, 1989)는 국어 순화에 관한 논저로서 특히 국어의 오용과 이의 정확한 사용에 대하여 언어 현실을 분석하고 문제점과 해결책에 대하여 논하고 있다.

여영택(1971)은 고유어 접두사로 파생어를 만들 경우 얼마나 많은 단어를 만들 수 있는가에 대하여 조사하였다. 그 결과로 고유어 접두사로 파생어 만들기는 한자 조어와 마찬가지로 매우 생산적임을 밝혔다.

이대규(1973)는 일반어와 특수어 · 추상어와 구체어, 고유어 · 한자어 · 외래어, 상투어와 무의미어로 나누어 많은 필자들이 특정한 낱말의 의미를 무시하거나 알지 못한 채 사용하고 있으며, 낱말에 대한 감수성과 학문적인 지식을 가지고 있지 않다고 말하면서 어휘의 올바른 선택이 창작에서 중요함을 역설하였다.

임만영(1988)은 국민 학교에서의 어휘 교육을 살피면서 그간의 국민 학교 국어과 교육 과정과 교과서에 대한 분석 등을 통하여 어휘 교육이 제대로 이루어지지 못하고 있다 하였다.

이충우(1990)는 어휘 교육의 기본 과제로 교육 과정, 교과서, 지도법, 교육용 어휘에 대하여 그 문제들과 해결 방안을 제시하였다.

(2) 어휘 교육의 필요성

홍웅선(1953 : 26)은 '국어 교육에 있어서 일상 생활에 필요한 국어가 무엇이냐 하는 문제에 대하여 상식적으로 아무런 연구도 없이 운위되고 있는 것을 볼 때 한심하게 생각하지 않을 수 없다.'라면서 아동에게 주어질 어휘에 대한 연구의 필요성을 역설하였고, 각 학년에는 어떠한 낱말을 얼마만큼 주어야 하며, 교과서를 통해서 얼마만큼의 어휘를 주어야 할지에 관하여 과학적인 연구를 해야 한다고 지적하고, 일본과 미국의 국민 학교 학생들이 사용하는 어휘의 수를 예로 보여 주었다.

김사엽(1958. 12. 5. 서울 신문 4면)은 '기본 낱말의 제정과 이의 학년별의 안배가 요청된다. 영어 교과서처럼 매면 하단 또는 부록으로 초출抄出하는 등의 낱말 습득상의 과학적인 편찬이 요망된다(엄진웅, 1976 : 111).'라고 하였다.

이주호(1971)는 문법 교육의 독자성을 인정하듯이 '어휘 교육'의 독자성을 인정해야 함을 주장하고, 어휘 지도의 방법에 대하여도 기술하였다.

송기중(1986)은 교육 학년이 높아가며 보다 높은 수준의 지식을 습득함에 따라 보다 복잡하고 고차원적인 사고의 내용을 이해하고 표현하기 위해 어휘력이 필연적으로 요구된다는 것과 이의 대책으로 어휘 교육이 필요하다고 말하고 어휘의 수효뿐 아니라, 의미 교육도 중시할 것을 주장하였다.

이용주(1987)는 어휘 발달 단계에 따른 조사 연구로 교육 과정에 교육용 어휘를 선정하여 반영하고 이의 교과서 반영과 교육의 필요성에 대하여 강조하였으며, 일련의 논문들에서 국어 교육은 어휘의 기본적인 조사가 필요함을 역설하고 있다.

(3) 어휘 조사와 기본 어휘의 선정

이호성(1934-7)은 "보통 학교 조선어 독본"의 어휘를 조사하여 '한글'(16~45 호)에 연재하였다. 이는 교과서 어휘에 대한 조사를 발표한 최초의 자료로 중요성을 가진다.

문교부(1955)는 국어에 쓰이는 글자의 빈도 조사이며, 문교부(1956)는 우리말 말수 사용의 잦기 조사다. 이는 이제까지의 연구 조사 중 가장 방대한 것으로 초 · 중등 교과서가 50%를 차지한 표본의 문제 등이 문제점으로 지적되지만(정찬섭 외, 1990 : 23~25) 아직까지는 그에 대치될 만한 어휘 조사가 없다는 데서 그 의의를 찾을 수 있다. 그러나 많은 시일이 지나면서 우리의 언어 현실이 변한 것을 생각하면 하루 빨리 이런 전국적인 규모의 연구가 있어야 하겠다.

서정국(1968)은 최초로 국민 학교 국어 교과서를 분석하여 빈도수를 기준으로 기본 어휘 2,210 어를 선정하였다. 그리고 학습용 기본 어휘 2,365 어를 선정하였다.

이응백(1969)은 국민 학교 국어 교과서 편찬을 위한 학습 기본 어휘 설정에 관한 연구에서 이어휘異語彙 17,104 어, 연어휘延語彙 251,485 어를 분석하여 빈도 10 이상의 어휘를 선정하였다. 일련의 연구로 이응백(1972)이 있다.

박붕배(1975)는 교과서를 분석하여 각 교과에 나타난 어휘와 국어 교과에 나타난 어휘를 비교, 분석하고 이들 각 교과 어휘들이 국어 교과에 먼저 나타나야 한다고 수상하였다. 그러나 이의 주장에 대해 각 교과에 사용되는 전문적인 어휘들은 국어 교과에 나타날 필요도 없을 뿐 아니라 국어 학습 어휘로 선정되지도 말아야 한다는 것이 필자의 생각이다.

이응백(1978)은 국민 학교 1학년의 어휘를 조사하여 입문기 기본 어휘 1,480어를 선정하였다.

이응백·이인섭·김승렬(1982)은 이응백(1972)의 자료와 1982년 개편된 교과서 1·2·3학년 1학기 교과서의 어휘로 저·중·고 학년별 표준 어휘 목록을 작성했다. 이 논문은 빈도 중심의 기본 어휘보다 어휘 발달의 관점에서 학년별로 학습용 기본 어휘를 선정한 것이 특색이다.

국어연구소(1986, 1987)는 국민 학교 전 교과서 어휘를 조사하고 이를 바탕으로 기존 어휘 조사인 이응백(1972, 1978), 이응백·이인섭·김승렬(1982), 서정국(1968), 박붕배(1975) 등과 어린이 이해 어휘(어린이 신문, 잡지 등)와 사용 어휘를 더하여 이를 교육용 어휘로 선정하고 있다. 국어연구소(1988)는 중학교 국어 교과서의 어휘를 조사한 것이다.

김희진(1990)은 국어연구소(1986, 1987, 1988, 1989)와 이응백(1972)을 비교하여 중학교 교육용 어휘 2,795단어를 제시하고 있다.

서덕현(1990)은 학교에서의 어휘 교육에 기초 어휘가 많이 포함되었음을 말하고 이는 이미 아는 어휘를 교육하느라 불필요한 노력을 들이는 것이므로 교육용 어휘에서 기초 어휘와 기습득 어휘는 제외해야 한다고 하였다.

이외에 교과서 어휘 조사로는 안승덕·김재윤(1975), 임광규(1981), 정우상(1987), 이충우(1991c, 1991d) 등이 있다.

(4) 어린이 어휘 발달[8]

김승렬(1968)은 언어 학습 이론의 양대 산맥(사유 이론과 연합 이론)을 개관하고, 아동 언어 발달을 지배하는 주된 동기는 언어 요구와 언어 능력간의 평형을 유지 및 회복하려는 욕구에서 찾을 수 있다고 보았다. 그리고 언어 발달은 양적 변화가 아니라 질적 변화임을 강조하였다.

이인섭(1969, 1976, 1981, 1983, 1985, 1986, 1986)은 어린이의 언어 발달에 관련된 일련의 연구이며 국민 학생의 연상 어휘와 그 파지력 등에 대한 연구

---

8) 어휘 발달에 대한 연구사는 이인섭(1986 : 45~48)에 어휘에 관한 전반적인 선행 연구에 대한 소개와 함께 잘 정리되어 있다.

에서는 저학년에는 기능이, 고학년에서는 내포나 비유가 우세함을 밝혔다.

이인섭(1979)은 이응백(1972, 1978), 박붕배(1975), 한국교육개발원의 낱말 검사(1976)에서 임의의 어휘를 선정하여 그 의미를 문맥에서 파지하고 있는지를 검사하였다. 그 결과 학년의 증가와 더불어 의미 파지가 확실해지며 4학년에서 가장 높은 발달을 보인다고 하였다. 이인섭(1986)에서는 언어의 발달에 대한 종합적인 연구와 함께 권말에서는 언어 발달 지표도 제시하고 있다. 이에 의하면 어휘의 습득은 1어 발화부터 시작하여 5세 정도면 3,000여 어를 사용하게 되며, 어휘 습득의 순서는 단순한 것에서 복잡한 것으로, 구체적인 것에서 추상적인 것으로, 비변별적인 것에서 변별적인 것으로, 분산적인 것에서 조직적인 것으로, 자아 중심적인 것에서 사회 중심적인 것으로 발달한다고 하였다(1986 : 265). 또한 어휘가 문맥에 따라 의미가 달라짐을 아는 시기를 8세에서 9세 사이로, 사전의 사용법은 9세에서 12세 사이로 보았다.

이상금 · 정세화 · 이은화 · 이정환(1972)은 3 · 4 · 5세 아동(555명)의 회화에 나타난 어휘를 수집, 분석하였는데, 5세 아동의 사용 어휘수를 3,120어로 보고하였다.

이연섭 · 권경안 · 정인실(1980)은 3.0~5.6세 아동 26명의 발화를 수집 분석하여 이어 1,553어를 얻었다. 이에 의하면 가장 많은 어휘를 습득하는 시기는 4.0~4.6세 사이이며, 아동은 연령이 증가함에 따라 '단순 명명'에 의해서보다 '복합 명명'에 의해서 새 단어를 획득하며, 합성법에 의한 것이 복합 명명 중 비율이 가장 높았다고 하였다.

장경희(1981)는 아동의 단어 습득에 대한 논문이고, 권경안(1981)은 한국 아동의 언어 발달에 관한 연구로 음운 발달 및 어휘 발달을 중심으로 어휘 습득의 절차에 대하여 조사 보고하고 있다. 이와 관련된 연구로는 장애자(1979), 유준형(1975), 유순형(1983), 이순형 · 유안진(1982), 김한규(1984) 등이 있다.

김광웅(1988)은 도시의 중산층 어린이와 빈민층 어린이의 경어 사용, 욕의 사용, 생활 용구의 개념 형성 등에 대하여 조사하여 중산층 어린이와 빈민층 어린이의 어휘 차이를 제시하였다.

장경희(1981)는 아동이 단어를 습득한다는 것은 단어의 의미 습득을 뜻한다고 보았다.

(5) 어휘 자료집

이응백(1977)은 사전에 수록되어 있으나 언중이 잘 쓰지 않는 국어 어휘를 조사하여 되살려 활용할 것을 주장하면서 그 어휘와 뜻을 제시하고 있다. 이는 이응백(1989)에 추가분이 제시되었다. 이응백(1977, 1989)에는 2,511어의 고유어가 나타나 있다.

이기문(1987)은 문학 작품에 나타나는, 잘 안 쓰이는 고유어를 정리하여 리더스다이제스트에 연재한 것을 편찬한 것이다.

(6) 어휘 지도

이응백(1959)은 국어과 학습에 있어서의 단어 지도 문제에 대한 논문으로 어휘의 확충은 작문력과 독해력을 기르고 단어의 학습이나 평가는 단어 자체의 단순 설명이 아닌 이해와 표현을 통해서 할 것을 주장하고 있다.

박희숙(1975)은 재일 교포의 국어 어휘 교육의 문제점을 고찰하였다. 특히 양국 언어의 차이와 다의어의 지도 등을 논하고 있다. 이중 언어 사용자에 대한 어휘 지도를 논한 것으로 중요하다.

심영자(1984)는 어휘 확장 연구의 기초 조사로서 어휘 파지 능력 검사를 국민 학교 학생 1,000여 명에게 실시하여 전반적으로 어휘력이 낮으며, 문화·사회·경제적 요인이 어휘력과 관련이 있다고 하였다. 그리고 여러 어휘 지도법을 설명하고 어휘 교육을 위하여 여러 어휘 교육의 방법을 활용할 것을 제안하고 있다.

하치근(1983)은 유추를 이용하여 어휘를 습득시킬 수 있음을 제시하고 있다.

이대규(1990)는 낱말 수업의 내용과 목표, 방법을 제시하였다.

국내의 어휘 교육에 대한 연구는 주로 학습용 기본 어휘·교육용 어휘에 관한 것과 한자어 교육에 관한 것, 아동의 어휘 발달에 관한 것이 있으나 교과 전문 어휘의 선정이나 교육용 대표 접사의 선정 등에 관한 연구는 찾아볼 수 없다.

3. 연구의 범위와 방법

본 연구의 범위는 국민 학교·중학교의 국어과 교육을 위하여 어휘 교육에 필요한 교과 전문 어휘, 대표 어근, 대표 접사, 조어력이 큰 한자어 형성소의 선정을 다룬다. 어휘 교육의 여러 문제인 교육 과정과 교과서, 어휘 지도법 등은 어휘의 선정만큼 중요하지만 본고의 범위에는 넣지 않는다.

본고는 교육용 어휘를 선정하기 위한 전제로 국어 어휘의 특질을 고찰하고, 그 특질을 고려하여 선정 기준을 세운다. 국어 어휘의 특질이 고려된 교육용 어휘 선정의 일반적인 방법과 기준을 정하고, 각 어휘(교과 전문 어휘, 대표 어근, 대표 접사, 대표 한자어 형성소 등)에 대하여 구체적으로 선정에 필요한 특정 방법 · 기준 문제를 고찰한다.

본 연구에서 제시하는 교육용 어휘 선정의 기준 · 방법이 절대적이거나 최선의 방법이라고는 보지 않는다. 다만 교육용 어휘의 필요성과 교육용어휘를 선정하기 위한 기준 · 방법이 설정돼야 하는 필요에서 선정의 기준과 방법을 제시하고, 교육용 어휘의 주요 부분인 교과서 어휘를 분석, 제시하는 것이다.

II. 교육용 어휘 선정의 기준

1. 국어 어휘의 특질

교육용 어휘의 선정을 위하여는 국어 어휘의 특질을 고려하여야 한다. 그 이유는 교육용 어휘가 국어 어휘의 특질에 맞추어 선정되어야만 효과적인 어휘의 사용에 도움이 되기 때문이다. 국어 어휘의 특질에 관한 연구로는 김민수(1982), 이용주(1984), 박갑수(1984), 심재기(1990) 등이 있는데 이들과 기존의 어휘에 관한 연구들을 종합 분석하면 다음의 특질을 알 수 있다.[9]

(1) 유의어가 많다.

비슷한 개념을 가리키는 말이 여럿인 경우다. 이는 한자어와 외래어가 많기 때문이다. 어느 언어든지 외래어의 영향을 받는데, 문화가 발달한 나라의 언어가 그렇지 못한 나라의 언어에 침투하는 경향이 보편적이고 국어의 많은 외래어가 이 현상을 반영한다. 특히 삼국 시대에 우리의 표기 수단이던 한자는 많은 한자어를 생기게 하였으며, 오늘날 사전에 등재된 대부분의 어가 한자어이다.

(2) 동음 이의어가 많다.

같은 철자, 같은 음의 어가 많은 것은 한자어의 영향이 크다. 동철어(동음어) 전체의 82%에 해당하는 한자어끼리의 동철어가 이를 나타낸다(이용주, 1974 : 45). 따라서 많은 동음 이의어를 구별하기 위해서 한자의 병기倂記, 또는 한자 표기가 필요한 경우가 많다. 이는 한글 전용론자와 국한 혼용론자 사이의 논쟁 가운데 한자의 필요성을 뒷받침하는 현상이다. 특히 어휘 교육에서 고려할 특질이다.

(3) 대우를 나타내는 어가 발달되었다.

유교적 환경과 수직적 인간 관계에서 발달되었다고 보이는 경어법은 매우 복잡하게 발달하였다(박갑수, 1984 : 341~3). 따라서 경어법 중 어휘의 쓰임은 어휘에 대우를 나타내는 기능이 있음을 보여주고 있다. 경어 또는 품위 있는 언어로 쓰이는 어휘의 대부분은, 고유어와 한자어가 유의어일 때, 대체로 한자어에 공대의 개념과 품위의 개념이 있다고 생각하는 것이 일반적이다. 그러나 외래어(특히 영어계 외래어)들은 한자어가 갖는 이런 특성을 갖지 않는다. 경어에 쓰이는 한자어는 현대에는 감소를 보이는데, 이는 수직적 인간 관계에서 수평적 인간 관계로의 의식 전환과도 관계 있는 듯하다.

(4) 음운 교체로 어의상 어감의 차이가 발달하였다.

의성어, 의태어의 발달이 두드러져 있다. 자음과 모음이 조금씩 바뀜에 따라 근사어近似語로 이루어지는 수많은 어를 형성한다. 일례로 색채 어휘를 보면 오색의 어휘가 243 어(정재윤, 1988)인데 이들은 거의가 자음이나 모음이 조금씩 변함으로 조금씩 다른 의미〔어감〕를 나타낸다. 이는 한자어나 외래어에서 찾기 어려운 현상이다. 이들의 이해와 적절한 사용은 언어 생활을 다양하게 하며 어휘력을 확장시킨다.

---

9) 이용주(1986 : 104~116)는 한국어 어휘 체계의 특징으로, 1) 한자어 기타 외래어가 많아서 유의어가 많아졌다, 2) 동음 이의어가 많아진 것 또한 한자어의 영향이 크다, 3) 한국어에서는 경어법이 복잡하게 발달되어 있다, 4) 고유어와 한자어가 유의 구조를 형성하고 있고, 대체로 한자어가 품위 있고 경의를 표하는 말로 인식되고 있다, 5) 의성어, 의태어 등 음성 상징이 발달되었다 등을 특징으로 제시하고 있다.

(5) 개념어로는 한자어가 많이 쓰인다.

한자어가 고유어보다 구체적으로 지시하는 경향이 있으므로 보다 구체적인 내용을 나타내야 하는 개념에서 많이 쓰인다. 이는 한자어가 갖는 강점이며 고유어의 결함을 보완해 주고 보다 풍부한 언어 생활을 가능하게 한다.

(6) 기초 어휘에서는 고유어의 체계가 발달하였고 전문 어휘에서는 한자어가 발달하였다.

한자어는 국어의 빈도순 1~100에서는 7%이나 빈도순 901~1,000에서 51%, 빈도순 2,401~2,500에서 63%를 차지한다(이용주, 1974 : 28). 빈도가 낮을수록 전문 어휘의 비율이 높아진다. 빈도가 높은 기초 어휘에 고유어가 많은 것은 일상의 언어 생활에서 고유어를 많이 쓴 결과로 보이나 소수나마 한자어가 포함되는 것은 그만큼 한자어의 쓰임이 많았다는 것과 한자어의 고유어화라 하겠다. 한자어의 고유어화란 언중이 한자어를 한자어로 인식하지 못하는 단계를 말한다. 이런 고유어화한 한자어는 고유어와 같은 활용을 가진다.

(7) 2·3·4음절어가 발달하였다.

이상억(1989)에 의하면 어항語項의 평균 글자 수는 3.22자로 2글자 단어가 34.6%로 가장 많고, 3글자 단어, 4글자 단어 순으로 많다. 서정국(1975, 1976, 1977, 1978)에 의하면 2·3·4음절어가 전체의 88%를 넘고 있다. 2음절어가 많기 때문에 동음 이의어가 많은 현상을 가져 왔는데, 이는 한자어 동음 이의어의 93.5%가 2음절어(이용주, 1974 : 65)임을 볼 때 한자어의 영향이 크다.

(8) 체언이 격에 따라 형식이 달라지지 않는다.

이 특질은 외국어로부터 외래 요소를 차용하기가 용이하다. 외국어를 차용할 때 그 단어가 〈+action〉을 가졌더라도(布施, 談合, game, kick 등) 체언으로 차용될 수 있기 때문에 외국어로부터 외래 요소를 차용하기가 쉬운 것이다.

2. 기초 어휘 · 기본 어휘 · 학습용 기본 어휘 · 교육용 어휘

어휘는 의미를 지니고 있는 어간, 접사와 어미, 단어 등이 다 해당되는 것으로[10] 한국어의 모든 단어, 한 계층의 모든 단어, 한 분야의 모든 단어, 한 사람의 모든 단어 등이 국어 어휘, 계층 어휘, 분야 어휘, 개인 어휘 등으로 불리면서 의미를 지니고 있는 전체 어휘소의 집합을 나타내는 말이다. 어휘는 여러 가지로 나누어지나 어휘 교육과 관련된 어휘들은 기초 어휘, 기본 어휘, 학습용 기본 어휘, 교육용 어휘가 있다. 이들은 다음과 같다.

1) 기초 어휘

사용 빈도보다는 한정된 소수의 어휘 자료(어휘소)에 의해서 가장 기본이 되는 일상 생활 각 영역에서의 필요가 충족될 수 있도록 계획적으로 선정된 것으로 이것만으로 하나의 체계를 형성할 수 있도록 선정한다는 점에서 기본 어휘의 선정과 다르다. 이들은 사회적 격변 영향이 적고, 차용어의 침투도 적으며, 장시간 지나도 잔존 가능성이 크다. 따라서 동계 언어 연구에 이용되며 언어 연대학·어휘 통계학적 연대 산정 등의 연구 분야에서 자료로 쓰인다. 이들은 모든 인간 사회에 공통적으로 존재한다고 생각되는 어휘로 선정되지만 학자에 따라서 차이가 있다(이용주 외, 1986 : 107). 기본 어휘로 쓰이기도 한다(이정민·배영남, 1982, Basic vocabulary, 기본 어휘).

2) 기본 어휘

일상 생활에서 가장 일반적으로 사용하고 사용 빈도가 높은 어휘 가운데는 모든 사람에게 공통되는 것이 상당수 있다. 이 공통 어휘 중, 그 사회의 구성원으로서 정상적인 기본 생활을 하는 데 필요하다고 간주되는 것을 말한다. 이 기본 어휘는 약 2,000~3,000 어가 해당된다(이용주 외, 1986 : 106).

3) 학습용 기본 어휘

기본 어휘를 일상 생활 기본 어휘라 볼 때, 학습에 필요한 어휘를 학습용 기본 어휘라 할 수 있다. 따라서 일상 생활 기본 어휘를 가르쳐 일상 생활에 필요한 어휘력을 기르는 것이 목적인 학습에서는 학습용 기본 어휘가 일상 생활 기본 어휘가 될 것이다. 따라서 이제까지의 국민 학교 국어과 학습을

---

10) 어휘의 의미는 1) 한 특정인이 알고 있는 모든 단어, 2) 특정 분야에서 사용되는 단어들의 특수 집합, 3) 사전보다는 완전하지 못한 설명과 함께 자모순으로 나타나는 단어의 목록 등으로 나타난다.

위한 학습 기본 어휘는 일상 생활 기본 어휘와 구별되지 않고 그냥 기본 어휘라 쓰이기도 했다. 그러나 넓게는 학습용 기본 어휘, 의학용 기본 어휘, 군사용 기본 어휘, 수학용 기본 어휘 등으로 나눌 수 있기 때문에 이를 구분하여 정확한 구분을 한다는 의미에서 '학습용 기본 어휘'라 사용한다.

4) 교육용 어휘

학습의 내용·목표가 되는 어휘를 교육용 어휘라 한다. 학습용 기본 어휘보다 좀더 폭이 넓다는 것이 교육용 어휘와의 차이다. 따라서 교육용 어휘의 본질은 학습용 기본 어휘와 크게 다를 바 없으며 공통되는 점이 많다. 국어연구소(1986 : 3)에서 "기본 어휘라고 하면 개념상 '국어 생활에 핵이 되고 기본적인 요소가 되는 어휘'이므로 그 폭이 너무 좁아 학년 증가에 따라 급증하는 아동의 어휘력에 부합되지 않는다. 그래서 그 개념을 넓혀 '교육용 어휘'라 하고 아동이 접할 수 있는 광범한 어휘를 될수록 많이 수렴하였다. 다만, 이 '교육용 어휘'는 반드시 가르쳐야 하는 '절대적 어휘'가 아니고 교과서 편찬이나 교육 현장에서 '참고할 만한 어휘'라는 점을 밝혀 둔다"고 기술한 것이 교육용 어휘의 성격을 잘 말해 주고 있다.

본고에서의 교육용 어휘는 각급 학교 국어과 교육의 내용·목표가 되는 국어과 교육용 어휘를 교육용 어휘와 구분하지 않고 사용한다. 다만, 구분할 필요가 있을 때에는 국어 교육용 어휘, 국어과 교육용 어휘, 교육용 어휘로 구분하여 사용한다. 따라서 본고의 교육용 어휘는 국어과 교육용 어휘와 같은 의미로 사용한다. 국어과 교육용 어휘는 수학과 교육용 어휘가 '방정식, 미분, 적분' 등으로 수학과 교육의 내용·목표가 되는 것처럼 '명사, 불규칙 활용, 선어말 어미' 등과 같은 전문 어휘나 언어 생활에 필요한 '기운차다, 경험, 연락' 등의 일반 어휘 모두가 해당되며, 이는 국어과 교육의 내용·목표가 되는 것이다.

3. 교육용 어휘의 선정 방법과 기준

어휘를 선정하기 위해서는 기준을 정하고 그 기준에 맞추어 선정하여야 한다. 기준은 선정 방법이 주관적 방법, 객관적 방법, 경험적 방법 중 어느 방법이냐에 따라 다르기 때문에 기준을 정하기 전에 선정 방법을 결정하여야 한다. 선정 방법에 따라 장단점이 있기 때문에 이를 잘 고려하여 기준을 세우면 훌륭한 선정을 할 수 있을 것이다.

1) 선정 방법

어휘를 선정하는 방법은 주관적 방법subjective method, 객관적 방법objective method, 경험적 방법empirical method이 있는데 이들 방법은 모두 나름대로의 장단점을 갖고 있다. 교육용 어휘를 선정하는 방법은 학습자·교육 과정 등에 따라 그에 적합한 방법을 택해야 한다. 이는 다음과 같다.

(1) 주관적 방법

어휘를 선정하는 사람의 주관에 따라 어휘를 선정하는 방법이다. 이 방법의 단점은 일정한 수 이상의 어휘를 선정함에 있어서 선정자에 따라 어휘 선정에 차이가 많다는 것이다. 즉 개인차가 많아지고 공통성이 결여된다. 그러나 조사 결과의 표본을 모집단에 응용하여, 합리적으로 추정하여 재검토하는 작업들을 과학적으로 행하여 합리화시킨다면 선정자에 의해 공통성이 결여되는 단점을 보완할 수 있어 좋은 방법이 될 수 있다(서정국, 1968 : 10).

(2) 객관적 방법

각 자료를 선정하여 이 자료의 일정 부분(목적하는 어휘를 추출하기에 적합하다고 생각되는 부분)을 추출하여 어휘의 빈도와 분포를 통계적으로 처리하여 어휘의 순위를 결정하는 방법이다. 이 방법은 주관적 방법의 단점인 개인의 주관에 의한 공통성의 결여를 피할 수 있어 객관성을 유지할 수 있으나 지나치게 자료에 좌우되는 단점이 있다. 중요한 어휘는 사용 빈도가 높고 사용 범위가 넓다는 전제 아래 어휘를 선정한다. 그러나 중요하지 않은 어휘가 고빈도·광범위 어휘에 속하는가 하면, 중요한 어휘가 빈도가 낮거나 특정 분야에만 쓰이기도 하는 현상에 의해 객관적 방법의 어휘 선정에서 제외되는 것이 큰 단점이 된다.

문교부(1956), 이응백(1972), 국어연구소(1986, 1987) 등이 이 방법에 의한 어휘 선정을 한 것이다.

(3) 경험적 방법

선정자의 주관이 개입되기 때문에 주관적 방법이라 할 수 있겠으나 객관적으로 선정된 어휘를 선정자의 경험에 비추어서 주관적으로 판단, 결정하는 것이기에 경험적 방법 또는 절충적 방법이라 하는 것이다. 이 방법은 주관적 방법이 선정자의 주관에 의해 중요 어휘를 빠뜨리고 중요하지 않은 어휘를 선정하는 단점을 보완할 수 있을 뿐 아니라 객관적 방법이 빈도·분포에만 의존해 중요 어휘를 빠뜨리고 중요하지 않은 어휘를 선정하는 단점을 보완할 수 있어 널리 쓰이는 어휘 선정법이다. 주관적 방법의 장점인 꼭 필요한 어휘와 중요하지 않은 어휘를 첨가, 삭제할 수 있고, 객관적 방법의 빈도와 분포의 객관성을 유지할 수 있는 두 방법의 장점만을 취할 수 있어 타당한 어휘 선정을 할 수 있다.

이응백·이인섭·김승렬(1982)과 현행 중·고등 교육 과정(1987)의 영어 기본 어휘는 이 방법에 의한 것이다.

2) 선정 기준

교육용 어휘의 선정 기준은 한정된 양의 어휘로 보다 큰 효율의 언어 생활을 할 수 있도록 이루어져야 하며, 선정 방법과 목적에 따라 기준이 달라진다. 어휘 선정 기준을 논자들에 따라 살펴보면 다음과 같다.

포셋과 매키Faucett and Maki(1932)：1) Indispensable word, 2) Essential word, 3) Useful word, 4) Special word.

웨스트와 손다이크, 파머, 포셋West, Thorndike, Palmer, Faucett(1936)：1) Word frequency, 2) Structural value, 3) Universality, 4) Subject range, 5) Definition value, 6) Word building elements, 7) Stylistic words.

이응백(1972)：1) 사용도가 높은 어휘, 2) 사용 범위가 넓은 어휘, 3) 조어력이 높은 어휘, 4) 기초적인 어휘.

한국 교육 개발원(1976)：1) 각 교과 학습에 기초가 되는 어휘, 2) 조어력이 높은 어휘, 3) 사용 범위가 넓은 어휘.

본고에서는 모어 교육native language teaching을 위한 교육용 어휘를 경험적 방법에 의해 선정하기 위한 기준을 세우고 이의 타당성을 고찰한다. 교육은 실생활에 유용한 내용을 가르쳐야 한다. 또한 적은 노력으로 큰 효과를 얻도록 노력해야 한다. 이러한 원리 등을 교육용 어휘의 선정에도 반영해야 한다.

국어의 어휘 특질을 고려하여 어휘 선정 기준을 세우면 다음과 같다.

(1) 사용 빈도가 높아야 한다.

사용 빈도가 높은 어휘는 중요성이 높고 유용한 어휘라 할 수 있다. 객관적 방법의 어휘 선정 기준의 제일 중요한 조건인 사용 빈도의 높음은 아주 중요하다. 많이 사용되는 어휘는 적게 사용되는 어휘보다 배울 가치가 높다. 따라서 언어 생활의 효율을 높이기 위하여 한정된 어휘만을 배워야 한다면 사용 빈도가 높은 어휘가 우선적으로 선정되어야 할 것이다. 그러나 이때 사용 빈도의 조사 자료와 방법이 문제가 된다. 만일 조사 자료가 특정 분야에 편중되었다면 특정 분야에 관련된 어휘의 빈도가 높게 나타날 것이다. 또한 다의어를 한 단어로 취급하느냐 의미별로 취급하느냐에 따라 어휘의 선정이 달라지므로 이런 문제에 대한 고려가 필요하다.

<표-1> 대표어와 그 복합어

대표어	복합어
가로 〈112+57=169〉	가로놓이다(1), 가로대(橫軸,24), 가로막(2), 가로막다(4), 가로젓다(2), 가로좌표(6), 가로지르다(6), 가로채다(3), 가로축(7), 가로획(2)
고무(gum) 〈32+75=107〉	고무관(5), 고무나무(1), 고무막(1), 고무신(7), 고무신짝(3), 고무줄(42), 고무줄끼우기(1), 고무줄놀이(3), 고무찰흙(2), 고무총(4), 고무판(6)
교육 〈155+20=175〉	교육비(5), 교육세(1), 교육시키다(1), 교육자(3), 교육장(1), 교육청(6), 교육하다(2), 교육회(1)
교통 〈202+22=224〉	교통·통신비(1), 교통로(11), 교통망(2), 교통망도(1), 교통면(1), 교통부(1), 교통비(4), 교통편(1)
국(國) 〈0+1652 =1652〉	국가(國家,312), 국가(國歌,1), 국가적(1), 국경(18), 국경선(2), 국경일(3), 국교(2), 국군(111), 국기그리기(1), 국기함(8), 국기함만들기(1), 국내(9), 국내선(1), 국내외(7), 국도(4), 국력(24), 국론(1), 국립(32), 국무(11), 국민(647), 국민성(2), 국방(38), 국방력(3), 국방부(2), 국방상(1), 국법(1), 국보(18), 국보급(1), 국사(8), 국사책(1), 국산(4), 국어(21), 국어책(4), 국어학(1), 국영(2), 국왕(9), 국외(1), 국위(4), 국정(1), 국제(105), 국제사법(1), 국제적(8), 국채(3), 국토(169), 국토통일원(1), 국풍(1), 국화(8), 국회(38)
글 〈552+488=1040〉	글감(43), 글감잡기(1), 글공부(8), 글방(1), 글쓴이(1), 글씨(126), 글씨쓰기(67), 글씨체(6), 글읽기(3), 글자(152), 글자간(~間, 1), 글짓기(79)
꽃 〈379+239 =618〉	꽃가꾸기(6), 꽃가루(3), 꽃구름(1), 꽃길(10), 꽃길가꾸기(1), 꽃꽂이용(1), 꽃나무(10), 꽃나비(4), 꽃놀이(1), 꽃다발(2), 꽃답다(1), 꽃동네(2), 꽃동산(5), 꽃망울(2), 꽃모종(2), 꽃무늬(1), 꽃바구니(3), 꽃받침(6), 꽃밭(59), 꽃밭만들기(1), 꽃병(5), 꽃봉오리(10), 꽃사슴(8), 꽃송이(19), 꽃시계(1), 꽃신(3), 꽃심기(1), 꽃씨(37), 꽃씨뿌리기(3), 꽃잎(23), 꽃즙(4), 꽃창포(2), 꽃피우다(2)
끌다 〈54+91=145〉	끌려가다(21), 끌려나가다(1), 끌리다(19), 끌어내기(1), 끌어내리다(2), 끌어당기다(14), 끌어들이다(4), 끌어안다(6), 끌어올리다(23)
끝 〈243+312=555〉	끝각(5), 끝곡(1), 끝나가다(1), 끝나다(152), 끝내(21), 끝내다(22), 끝닿다(3), 끝마쳐지다(1), 끝말(2), 끝맺다(3), 끝맺음(37), 끝물(1), 끝번(1), 끝부분(1), 끝없다(8), 끝없이(16), 끝음(2), 끝인사(12), 끝자리(3), 끝장(1), 끝점(12), 끝줄(7)

* ( )의 숫자는 문교부(1956)의 빈도수, 〈 〉의 숫자는 대표어 빈도+복합어의 빈도수=총 빈도수

(2) 사용 범위가 넓은 어휘여야 한다.

어느 특정한 부문에서만 나타나는 어휘보다는 여러 부문에서 나타나는 어휘가 유용하다고 볼수 있다. 사용 범위가 넓은 어휘는 원활한 언어 생활을

수행하는 도구로서의 가치가 크기 때문에 선정 기준으로 중요하다. 그러나 이 기준도 사용 빈도와 마찬가지로 사용 범위가 넓지 않으면서도 중요한 어휘가 있는가 하면 사용 범위는 넓으면서도 그리 중요하지 않은 어휘도 존재한다. 국어과의 교육을 위해서 국어과에만 쓰이는 어휘를 선정함은 범위에 관계가 없이 중요하다. 또한 '국어'에는 없고 '수학', '과학', '음악' 등의 교과에만 나타나는 어휘는 국어 교과 교육을 위해선 불필요하다.

(3) 교육에 기초적인 어휘여야 한다.

어휘 교육은 학습자에게 일상적인 언어 생활을 효율적으로 수행할 수 있게 하기 위하여 일반 어휘를 가르치는 것이다. 그러나 국어과 교육을 위한 교과 교육용 어휘의 선정 기준으로는 일반 어휘 외에 전문 어휘로서의 국어 교육에 관련되는 어휘가 필요하게 된다. 따라서 교육의 목적이 일반 어휘만을 목적으로 하지 않을 때 '교육에 기초적인 어휘여야 한다.'라는 기준이 필요하게 된다. 이 기준은 감탄사가 '산수, 자연, 사회, 예술'의 교과에서 거의 나타나지 않으나 '국어'에는 나타난다는 사실에서, 교과에 따라 어휘가 다름을 알 수 있으며, 또 국어에 관한 지식을 가르치기 위하여 '낱말, 문장, 짧은글, 받침終聲, 인사말, 높임말, 표준어, 방언, 개요, 독후감……' 등이 국민학교 국어 교과에 나타나는 것으로 타당성을 알 수 있다.

(4) 조어력이 높은 어휘여야 한다.

조어력이 높은 어휘를 알게 됨으로써 복합어의 의미를 유추할 수 있어 많은 단어에 대한 지식을 갖출 수 있다. 명사+−하다/−되다/−시키다/−답다/−스럽다, 동사 어간+−이−/−히−/−기−/−리−/−우−/−구−/−추−, 접두사, 접미사, 많은 합성어를 이루는 어근 등을 알면 많은 수의 모르는 어휘의 뜻을 짐작, 파악할 수 있다. 조어력이 뛰어난 한자는 한자어의 의미를 파악하는 데 도움이 될 뿐 아니라 새로운 개념을 나타내는 말을 만드는 데 도움이 된다. 또한 고유어 중에도 한자어 못지않게 조어력이 뛰어난 어가 많다. 따라서 이들 모두에 대한 이해는 그들로서 이루어진 복합어의 의미를 파악할 수 있게 만들고, 또 새로운 개념을 나타내는 어를 만들 수 있게 한다.

여영택(1971)은 고유어 접두사가 200개 이상 쓰일 수 있음과 이로써 조어 가능한 파생어가 1500어 이상이 됨을 보고하였다.

(5) 학습자의 발달 단계에 맞는 어휘여야 한다.

모든 교육은 학습자의 발달 단계에 알맞아야 한다. 따라서 어휘 교육은 학습자의 발달 수준(문화 수준)에 맞게 계획, 시행되어야 한다.

이용주(1987)는 어휘 발달 단계에 따른 조사 연구로 교육 과정에 교육용 어휘를 선정하여 반영하고 이의 교과서 반영과 교육의 필요성에 대하여 강조하였으며, 심영자(1984)는 국민 학생의 어휘 조사 결과 문화·사회·경제적 요인이 어휘력과 관련이 있다고 하였다. 김광웅(1988)은 도시의 중산층 어린이와 빈민층 어린이의 경어 사용, 욕의 사용, 생활 용구의 개념 형성 등에 대하여 조사하여 중산층 어린이와 빈민층 어린이의 어휘 차이를 제시하였다. 김광웅(1988)은 학습자의 문화 수준에 따라 어휘의 발달이 다르다는 것을 보여주고 있다. 자신의 문화에 적응하고 자신이 속한 사회의 어휘에 더욱 이해가 잘됨은 당연하다. 그러나 이는 자칫하면 교육이 지향하는 일정 수준의 어휘력을 학생에게 길러주는 데 장애가 될 수 있다. 다만 학습자의 문화 수준은 그의 발달 수준에 영향을 미치고, 이는 당연히 교육에서 고려돼야 한다는 것이다. 이연섭·권경안·정인실(1980)은 가장 많은 어휘를 습득하는 시기는 4.0~4.6세 사이이며, 아동은 연령이 증가함에 따라 '단순 명명'에 의해서보다 '복합 명명에 의해서 새 단어를 획득하며, 합성법에 의한 것이 복합 명명 중 비율이 가장 높았다고 하였다. 이는 학생에게 복합어를 가르칠 때, 어근과 접사를 구조적으로 가르치거나 생산적인 교수법으로 가르치는 것이 어느 때부터 가능하고 효과적인가를 알려 준다.

국민 학교에 입학하는 어린이가 3,000어를 이해한다면 이 3,000여 어가 무엇인지 구체적으로 밝히고 이 자료를 바탕으로 교육용 어휘를 선정해야 한다. 이에는 어휘의 난이도, 양, 방법 등이 고려돼야 한다. 학습자의 발달을 고려해야 하는 기준은 타당하며, 고빈도 어휘, 광범위 어휘면서도 학습자의 발달 단계에 알맞지 않은 어휘는 당연히 어휘 선정에서 제외되어야 한다. 언어 발달 단계는 국어 교육에서 〈표-2〉와 같이 반영되어야 한다.

<표-2> 언어 발달 단계와 국어 교육(이용주, 1987 : 9)

D. 교사에 의한 교육 · 훈련, 피교육자의 국어 학습
↑
C. 설정된 목표 · 내용에 의거한 교과서와 교수 지침서 편찬
↑
B. 피교육자의 발달 단계별 국어 교육 · 학습의 목표 · 내용 설정
↑
A. 한국 어린이 · 청소년의 평균적 언어 발달 조사 연구

(6) 적용성이 큰 어휘여야 한다.

적용성coverage이 크다는 것은 한 단어가 기능상이나 의미상으로 다른 단어들을 포함해서 사용되는 경우와 단어의 의미가 은유적으로 확장되어 쓰이는 경우, 간단한 정의에 의해 어려운 말을 한정된 어휘로 쉽게 풀어 쓸 수 있는 경우를 말한다. 즉, 대치할 수 있는 가능성이 많거나, 대치되는 단어의 수가 많은 단어는 적용 범위가 넓다. '싸우다'는 '격투格鬪하다, 투쟁鬪爭하다, 감투敢鬪하다, 암투暗鬪하다, 혈투血鬪하다, 사투死鬪하다……' 등에 대치되며, '말이나 힘으로 상대를 이기려고 다투다, 군대를 풀고 무력을 써서 서로 상대편을 공격하다, 장애 · 곤란 등을 극복하려고 하다'의 뜻으로 쓰인다. 따라서 이런 적용성이 큰 어휘는 사용 빈도가 높고 사용 범위가 넓을 경우가 많다. 또한 기초 어휘로서 대부분 고유어 · 일반어가 이에 해당하고 이에 대치되는 어는 한자어 · 전문어가 대부분이다. 즉, 고유어는 그 의미가 포괄적이고 한자어는 변별적이다. 이 기준은 선정 어휘의 양이 많을 때는 중요성이 적어지며 선정 어휘의 양이 적을수록 중요성이 커지는데 이는 대다수의 적용성이 큰 어휘는 사용 빈도도 높고 사용 범위도 넓기 때문이다.

(7) 시대가 요구하는 어휘여야 한다.

시대가 변하면 어휘의 중요성도 변한다. 일정한 기간이 지나면 기초 어휘가 아닌 다수의 어휘들은 의미가 변하기도 하고, 사용되지 않기도 하며, 새로 나타나기도 한다. 급변하는 현대 사회에는 이런 어휘의 변화가 더욱 심해진다. '차장〉안내양, 운전수〉운전사〉운전 기사, 우체부〉집배원, 간호부〉간호원〉간호사, 식모〉가정부, 수위〉경비원·관리인' 등 특정 직업인에 대한 명칭이 달라질 때 옛 명칭은 비하로 느껴진다. 이 때, 새 명칭을 모르면 원만한 언어 생활을 하기 어렵다. 지나치게 어려운 한자어도 이제는 잘 사용하지 않는다. 첨단 과학의 발달로 나타나는 과학 용어들은 전문 어휘에서 일반 어휘로 변한다. '컴퓨터, 로봇' 등은 일상 생활 어휘가 되었다. 외래어·표준어의 교육도 시대에 맞춰야 한다. 외래 문물의 유입으로 외래어가 국어 어휘에서 차지하는 비중이 커지면서 외래어의 교육용 어휘 선정도 많아지고, 표준어의 개정이 있으면 새로운 표준어의 교육도 필요해진다. 그러므로 '시대에 알맞은 어휘여야 한다.'는 기준은 타당성이 있다.

(8) 고유 명사, 계급명, 의성어·의태어, 은어·비속어·유행어·방언, 고어 등은 한정된 범위에서 선정해야 한다.

이 기준은 선정에서 제외되는 어휘를 정하는 것이다. 한정된 범위에서 선정한다는 것은 특별히 필요한 경우만 선정하기 때문이다.

고유 명사가 교육 과정상 사용되더라도 이는 고유 명사가 중요하기 때문이 아니라 문장 구성상 필요할 때에 한정한다. 따라서 보통 명사화한 고유 명사를 제외한 나머지 고유 명사는 선정 기준에서 제외된다.

계급명 가운데 널리 쓰이는 것을 제외한 나머지 어휘는 선정에서 제외된다. 임금, 대통령, 장관, 장군, 시장 등은 일상 생활에 자주 쓰이기 때문에 일반 어휘로 알아야 되지만 대다수의 계급명은 특수 어휘에 속한다고 할 수 있어 선정에서 제외하는 것이다.

의성어·의태어는 상징어로서 구어에서 특히 발달하여 소리 변화에 따라 음감이 달라진다. 따라서 상징어의 어휘장은 아주 넓고 어휘량도 매우 크다. 어휘 교육은 구어와 문어 양면을 균형이 있게 모두 가르쳐야 한다. 따라서 구어에 주로 나타나는 의성어·의태어 등도 모두 가르칠 가치가 있다. 이들을 모두 배우면 상징어를 정확하게 구사할 수 있어 원활한 언어 생활을 영위할 수 있다. 그러나 상징어를 사용하는 것은 어휘를 모두 배우지 않아도 소리의 변화에 따른 음감의 변화 원칙만 이해하면 큰 불편 없이 표현 이해가 가능하다. 양성 모음과 음성 모음의 음감, 자음의 경음·격음의 음감, 상징어가 겹칠 때의 의미 등을 구별하면 상징어의 의미 이해가 가능하다. 그렇기 때문에 대표적인 상징어를 제외한 대다수의 상징어는 선정에서 제외된다.

은어·비속어·유행어·방언 등은 일반적으로 나쁜 언어 생활로 인식되어 왔는데 사실은 그들 나름대로 가치를 가진다. 따라서 단계별로 중요한 의미를 갖는 이들 은어·비속어·유행어·방언도 단계별로 가르쳐야 한다. 이들은 이들대로 언어의 가치를 갖는다. 또한 이들을 쓰지 않고는 의사 전달에 장애를 받기도 한다. 그런 면에서 이들은 단계별로 언어로서의 중요성을 고려해 교육해야 한다. 그러나 '은어·비속어·유행어'는 '격이 낮고 속된 어'로 풀이되는 바, 이를 사용하는 사람도 '격이 낮고 속된 사람'으로 간주된다고 보는 사람들의 영향과 '품위 있는 언어 생활을 하려면 이들을 쓰지 않아야 한다.'라고 생각하는 경향 때문에 교육하는 데 언중의 이해가 필요하다. 또한 한정된 양의 어휘를 선정해야 할 때는 보다 유용하다고 생각되는 어휘에 밀려 한정된 범위에서 선정된다.

방언도 비속어와 같은 이유로 설명될 수 있다. 다만 표준어보다 세력이 큰 방언은 언어 생활을 위해 절대적으로 중요하다. 따라서 중요하지 않은 방언方言에 한하여 선정에서 제외되어야 한다.

고어라 하면 '예전엔 사용했으나 현대엔 사용되지 않는 말'이라 할 수 있다. 현대 언어 생활을 위해선 현대어를 배워야 할 것이다. 한정된 어휘를 선정할 때 고어를 선정한다는 것은 비현실적이다. 이들은 시대성도 없으며 사용 빈도도 낮고 사용 범위도 좁기 때문이다. 다만 특수한 경우에 필요하기도 하다. 속담으로 사용되거나 한자의 훈訓으로 사용되는 경우 등이다. '李下不整冠'은 '오얏나무 밑에서는 관을 바로하지 않는다.'로 쓰이고 '李'의 훈이 '오얏'이 아닌 '자두'로 바뀌지 않는 한, '오얏'은 고어이면서도 계속 사용되는 경우를 갖는 특수한 어가 된다. '가람, 메, 싣나무, 머귀나무' 등이 이런 경우다.

1. 국어 교과 전문 어휘

국어과 교육용 어휘로 일반 어휘가 아닌 전문 어휘로서의 국어 교육 어휘가 필요하게 된다. 즉, 교육에 기초적인 어휘로서의 전문 어휘가 필요한데 이를 교과 전문 어휘라 할 수 있다. 한국 교육 개발원(1976)의 기본 어휘 중 '각 학과 학습에 기초가 되는 어휘(예 : 토론하다, 협동, 생산하다, 관찰하다, 집합)'가 바로 이런 것으로 국어과의 학습에 기초가 되는 어휘를 본고에서는 국어 교과 전문 어휘라 하여 국어 교육용 일반 어휘와 구분한다. 즉, 교육용 어휘로서 국어 교육에 필요한 전문 어휘를 국어 교과 전문 어휘라 규정하였다. 언어 행위와 관련된 어휘 등은 국어 교과에서 주로 다루어지므로 비록 일반 어휘라도 상세화·전문화를 위해 필요하면 교과 전문 어휘로 선정할 수 있을 것이다. 이 때, 일반 어휘와 전문 어휘의 경계가 모호해지는데, 일반 어휘라도 특수한 의미를 지녀 사용되면 전문 어휘가 될 수 있다. '발단, 전개, 절정, 갈등'은 일반 어휘지만 소설의 구조를 이해하기 위해 쓰일 때에는 전문 어휘가 된다.

국어 교과 전문 어휘의 선정 기준은 다음과 같다.

1) 언어의 표현·이해와 관련된 어휘 중 전문적인 어휘

언어의 표현·이해와 관련된 어휘는 주로 일반 어휘에 속하는 것이 많으나, 말하기와 읽기, 듣기와 쓰기에 나타나는 어휘 가운데는 전문 어휘로 다루어져야 하는 것들이 있는데 이들 어휘 중 일부가 여기에 속한다. 고도의 언어 사용 단계의 어휘는 교과 전문 어휘로 선정될 수 있는 것이다.

2) 공식적인 국어 생활에 필요한 어문 규정 용어

어문 규정을 이해하는 것은 국어에 대한 이해와 그 사용을 효과적으로 만들게 한다. 따라서 어문 규정의 정확한 이해가 국어 교육에서 필요하다. 이를 위해서는 내용을 이해하는 것이 중요한 것처럼 그 용어를 이해하고 숙지하는 것도 중요하다. 어휘를 안다는 것은 그와 관련된 개념을 정확히 알고 사용할 수 있음을 뜻하고 따라서 용어 자체의 학습은 국어 생활을 위하여 불가결한 일이다. 용어를 알게 하는 것이 국어 교육의 본질이 아닐지 모르지만 용어를 알게 되면 언어 현상의 설명과 이해에 효과적임은 사실이다. 여기에 용어의 교육적 의의를 찾을 수 있으며 이들 용어의 교과 전문 어휘 선정은

타당하다. 그런데 5차 국민 학교·중학교 국어과 교과서에 나타나지 않은
어문 규정 용어는 다음 〈표-3〉과 같다.

〈표-3〉 국민 학교·중학교 국어 미출현 어문 규정 용어

감탄형 종결 어미	비문	외래어 표기법
겹낫표(『 』)	빗금(/)	원어
고리점(˚)	빠짐표 (□)	음가
관형격 기능	사어(死語)	음성 모음
낫표(「 」)	사이시옷	의문형 어미
단모음	서수사	의존 명사
단수 표준어	세로쓰기	'ㅣ' 역행 동화
단음절	소괄호(( ))	이음표〔連結符〕
대괄호(〔 〕)	속음(俗音)	이중 모음
대표음	숨김표(XX, OO)	자릿점(수의 ~)
된소리되기	실질 형태소	자음 동화
두음 법칙	쌍받침	종결형
드러냄표〔顯在符〕	안드러냄표〔潛在符〕	주석
드러냄표(˚ , ˙)	양성 모음	중괄호 ({ })
마침표〔終止符〕	어간 말음	표어
명령문	어감	표준어 사정 원칙
모점(、)	어말	합성어
묶음표〔括弧符〕	어원	합성 동사
물결표(~)	어원 의식	호칭어
보조 용언	어원적	홑받침
복수 표준어	연결형	
본음	연음	

3) 언어 현상의 이해를 위한 언어학 용어

국어 교육은 국어학·언어학의 지식을 교육하는 것을 한 부분으로 한다.
언어학과 국어학에 관한 제반 지식은 우리의 언어 현상에 대한 이해를 키우
며 또한 올바른 언어 생활을 영위할 수 있게 한다. 따라서 언어 현상의 이해
를 돕기 위해서 언어학 전반에 관련된 언어학 용어는 국어 교육의 내용이 되
지만 이의 적절한 선정은 교육에서 매우 중요하다. 언어학에 대한 지식이 일
반인과 전문가가 모두 같은 것은 아니다. 국어 교육이 일반인들의 국어 생활
을 풍요롭게 효과적으로 할 것을 목표로 한다면 여기에 필요한 정도의 국어
학·언어학 지식을 교육하면 되는 것이고 따라서 이를 적절히 고려하여 국

어 교과 전문 어휘로 선정하는 것은 타당하다.

4) 국어 교육 자료로서의 문학을 이해하는 데 필요한 어휘

국어과 교육 과정은 듣기 · 말하기 · 읽기 · 쓰기 · 문법(국어 지식) · 문학 여섯 영역으로 이루어져 있다. 국어 교육의 성격을 정하기에 따라 문학이 빠지기도 하고 중요하게 다루어지기도 한다. 다만 본고에서는 언어 자료로서의 문학, 즉, 국어 교육 자료로서의 문학으로 국어 교육에서 다루려고 한다. 따라서 국어 교과 전문 어휘로서의 문학 용어는 언어의 미학적 기능을 언어 생활의 표현과 이해에 적용하는 정도에서 선정한다는 것을 전제한다.

5) 다음의 경우는 한정된 범위 내에서 선정할 수 있으나 가급적 선정에서 제외한다.

(1) 지나치게 전문적인 어휘 예) 유령 낱말, 생성 문법, 구조 문법
(2) 억지 조어식 어휘 예) 소리갈, 엇씨, 임(명사)
(3) 고어古語 예) 합용 병서, 언문, 종성 부용 초성
(4) 사용이 극히 한정된 어휘 예) 일회용 낱말
그러나 다른 어휘를 대조 설명하는 데 필요한 경우는 선정한다.
(5) 외래어는 특별한 경우 선정할 수 있다. 예) 이미지, 심벌

교과 전문 어휘에서 제외되어야 하는 어휘는 그 어휘가 교육될 가치가 없어서라기보다는 중요성이 다른 어휘보다 적기 때문이다. 한정된 어휘를 교육해야 하는 교육 여건상 무한정 많은 어휘를 교육할 수는 없다. 따라서 위의 다섯 항목의 어휘는 필요한 경우 한정된 범위에서만 선정되어야 한다.

국민 학교나 중학교에서 단편적으로 다루어지는 문법의 문제는 용어법이나 문법의 체계나 모두 고등 학교 문법 체계에 따라야 한다. 그런데 국민 학교에서의 용어는 문교부가 통일한 것에 따르지 않고 있는데 이는 전문 용어를 쓰지 않겠다는 것 같으나 이런 비전문 용어의 사용이 새로운 전문 용어를 만들어 내는 것이다(이용주, 1988 : 161). 국민 학교에서 쓰는 '흉내말'은 어문 규정에서는 '시늉말'로, 고등 학교 '국어'와 '문법'에서는 '의성어'로, 또 국민 학교 다른 부분에서는 '소리를 흉내내는 말'로 쓰이고 있다. 문장 부호를 나타내는 용어에서는 '괄호'도 '대괄호(〔 〕)', '중괄호({ })', 소괄

호(( ))'로 구분되지만 학교에서는 '소괄호'는 그냥 '괄호'로 불려진다. 따라서 이들은 시정되어야 하고 또한 어차피 용어를 다루어야 할 때는 특별히 만들어 가르치기보다는 있는 용어를 가르치는 것이 더 효과적일 수도 있다.

억지 조어식 어휘란 인위적으로 만들어진 어휘가 언중에게 익숙해지지 않아 잘 쓰이지 않는 경우, 이 어색한 신조어를 이르는 말이다. '이붕소리되기, 구석차기, 아내무섬장이' 등은 언중에게 자연스럽게 쓰이지 못하고 있다.

사용이 극히 한정된 어휘란 사용 범위가 특정 언어역register에만 속한다거나 특정 어근에만 붙는 접사 등을 말한다. '미나리꽝'의 '-꽝', '냉동 혈액' 등과 일회용 낱말이라고 할 수 있는 '눈결, 숫玉(이상섭, 1989 : 178에서 한용운 시 어휘 인용)' 등이 이에 해당한다.

교과 전문 어휘의 학교 급별 선정 기준은 위의 기준에 의하여 다음 기준을 추가한다.

국민 학교 : 1) 국민 학교 국어과 교과서의 전문 어휘, 2) 국민 학교 국어과 교육에 필요하다고 생각되는 전문 어휘는 선정하고, 3) 앞의 어휘 중 설명이 어렵다고 생각되는 어휘는 제외한다.

중학교 : 1) 중학교 국어과 교과서의 전문 어휘, 2) 중학교 국어과 교육에 필요하다고 생각되는 전문 어휘, 3) 어문 규정 용어 중 국민 학교 교과 전문 어휘에 들어 있지 않은 전문 어휘는 선정하고, 4) 앞의 어휘 중 설명이 어렵다고 생각되는 어휘는 제외한다.

위의 '2) 필요하다고 생각되는 어휘'에는 해당 교육용 어휘와 단어 상관관계에 있는 어휘들이 주로 선정된다. 즉, 중학교 교육용 어휘에 '텔레비전 드라마'가 선정되었으면 '라디오 드라마, 라디오 방송극, 방송 극본' 등이 선정에 추가되어야 한다는 것이다.

2. 조어력이 큰 어휘의 선정

사용 어휘를 늘이려면 파생어의 경우는 파생어를 이루는 접사의 의미를 알면 효과적이다. 우리는 이미 알고 있는 어휘의 의미에서 모방과 유추로 모르는 어휘의 의미를 파악하고 새로운 어휘를 만들어 내는 것이다. 따라서 파생어를 이루는 대표적인 접사의 의미를 선정하여 배우는 것은 이해 어휘 확대를 위하여 바람직한 방법이다[11].

어휘 자료의 분석으로 대표적인 복합어를 이루는 어휘나 접사를 찾을 수 있을 테지만 이의 선정을 위하여 사전 표제어나 간행물에 나타난 어휘를 센다는 것이 절대적인 해결책은 아니다. 사전에 실릴 수 있는 수많은 어휘들이 빠지기도 하고 수록된 어휘 중 많은 것은 사용되지 않는 어휘다. 따라서 이런 방법은 나름대로의 타당성을 가지지만 절대적인 타당성을 가질 수 없다. 가령 "지방地方―"의 복합어를 이룰 수 있는 어휘는 '지방'과 관계된 거의 모든 어휘일 것이다. 이들이 하나의 단어로 인정될 수 있느냐, 아니냐는 사용자의 주관이 작용할 수 있을 것이다. 공적인 언어 생활에서 사용되고 있는 것만을 따진다 하더라도 '백과 사전식 국어 사전'에 수록되지 않은 많은 전문 어휘를 발견할 수 있다. 신기철 · 신용철(1986)에 '지방'의 복합어가 61 어 수록되어 있지만 '지방공무원법'에 나타난 공무원 직명만도 모두 '지방'의 복합어로 이는 수백어(직렬×직급)나 된다[12].

단어의 형성에 관한 기초 지식을 알면 다음으로 조어력이 강한 어휘를 배움으로써 많은 어휘를 효과적으로 알게 된다. 따라서 단어의 형성에 대한 교육이 어휘 교육에서는 필요하다. 합성법에 의한 단어의 형성과 합성어의 유형, 파생법에 의한 단어의 형성과 파생법의 유형을 교육하는 것은 어휘 교육에 큰 도움이 된다. 고등 학교 문법에서 다루는 단어 형성 규칙이 이런 내용

---

11) 영어의 경우 대표 접사의 이용이 이해 어휘 확장을 위해 어휘 교육에 이용된다. 그러나 국어에서는 아직 이의 구체적 연구가 없다. Key to 100,000 Words(Leonard A. Stevens, "Fourteen Words That Make All the Difference," Coronet, 40(Aug. 1956 : 80~82) : 1. de-(down or away), 2. inter-(between), 3. pre-(before), 4. ob-(to, toward, against), 5. in-(into or not), 6. mono-(one or alone), 7. epi-(over, upon, beside), 8. ad-(act to or ward), 9. com-(with or together), 10. non-, ex-(not out, formally), 11. re-, pro-(again or back, forward or in favor of), 12. dis-(apart from), 13. over-, sub-(above, under, supporting), 14. mis-, tran-(wrong or wrongly, across, beyond).(D. Lapp and J. Flood, 1986 : 107)에서 재인용.

12) 지방 일반직 공무원의 직렬은 1980년대 기준으로 13 직군에 40 직렬이 있으며, 이 중에 5급 이상은 직렬에 따라 통합되나 9급에서 6급까지는 거의 전 직렬에 해당 직급명이 있다. 따라서 약 160 직급이 있으며 이외에 기능직과 고용직 공무원을 합치면 훨씬 그 수가 늘어난다.

이다.

문교부(1955, 1956)는 방대한 어휘 자료집이나 40여 년이라는 긴 세월이 지난 것이고 국어연구소(1985)는 1983~1984년의 자료이지만 한정된 기간의 자료로 특정 어휘에 치우칠 수 있는 단점이 있다. 그러나 이들 두 자료는 많은 노력이 든 방대한 자료다. 따라서 신기철·신용철(1986)과 함께 문교부(1955, 1956), 국어연구소(1985)를 참조하여 한자어 등의 사용 실태를 고찰해 보는 것도 의미가 있다고 생각한다.

국어연구소(1986, 1987)는 국민 학교 전 교과서 어휘를 조사하고 이를 바탕으로 기존 어휘 조사인 이응백(1972, 1978), 이응백·이인섭·김승렬(1982), 서정국(1968), 박붕배(1975) 등과 어린이 이해 어휘(어린이 신문, 잡지 등)와 사용 어휘(학생 작품)를 더하여 이를 교육용 어휘로 선정하고 있다. 문제점은 음성 언어를 다루지 못한 것이다. 국어연구소(1988)는 4차 중학교 국어 교과서의 어휘를 조사한 것이다.

1) 대표 어근

대표 어근을 선정하기 위해서는 선정의 기준과 방법이 필요하다. 이를 위해서 대표 어근의 선정 기준을 세우면 다음과 같다.

(1) 사용 빈도가 높고 사용 범위가 넓은 어근

단일어 또는 어근은 복합어에서 다른 어휘소와 결합된 상태로 나타난다. 따라서 사용 빈도가 높고 사용 범위가 넓은 어근이 포함된 어휘가 중요한 어휘가 되며(예 : 크다, 세다, 살다), 이들은 또한 많은 어를 생성할 수 있기에 다음 기준인 '조어력이 큰 어휘'와 밀접한 관련을 갖는다. 또한 이들 어휘는 객관적인 어휘 선정의 기준이 되는데 주관적 방법이나 경험적 방법의 어휘 선정 기준에서도 필수적인 기준이 된다. 그러므로 이들 사용 빈도가 높고 사용 범위가 넓은 어근은 선정돼야 한다.

(2) 조어력이 큰 어근을 선정한다. 이의 선정을 위해서는 사전 수록 복합어나 사용 복합어가 많은 어근과 그렇지 않더라도 조어력이 뛰어나서 많은 복합어가 생길 수 있는 어근은 선정돼야 한다.

(3) 문법적, 어휘적 설명을 위해 필요한 어근을 선정한다. 따라서 다른 복합어의 설명을 위해 비교되어야 하는 어근은 선정돼야 한다. 이런 어휘로는

단어 상관 관계에 있는 어근들이 주로 선정된다. 즉, '객관'이 선정되면 '주관'이 선정돼야 한다는 것이다. '피동 접미사'가 교과서에 나타나면 '사동 접미사'가 교과서에 없더라도 선정되어야 하고, 따라서 어근 '피동'이 선정되면 어근 '사동'이 선정된다는 것을 말한다.

복합어의 쓰임을 보기 위하여 실제 사용된 한자 복합어를 보면 〈표−4〉와 같다. 〈표−4〉의 25어와 복합어를 이루는 어는 국어연 1에서 1936어로 평균 77(77.44)어이며, 국어연 2에서는 355어로 평균 14(14.20)어이다. 또한 사전에 어두 표제어로 나온 어휘는 1,338어로 평균 56(53.52)어이다. 따라서 이들 복합어를 많이 이루는 어근을 알면 이들의 합성어의 의미를 유추하기 쉽다. 이들을 사전에 수록된 어휘를 기준으로 보면 〈표−5〉와 같다.

〈표−5〉의 53(사전 표제어 수 46 이상)어를 보면 사전에 나타난 복합어는 총 3,634어가 복합되어 1어에 68(68.56)어의 복합어가 나타나고('韓國'의 복합어는 고유 명사가 사전에 38어임.), 국어연−2는 '한자별 한자어 모음 총어휘'로 총 어휘 454어가 나타나 평균 8(8.56)어가 나타난다.

〈표-4〉 복합어를 만드는 대표 어근

어근	국어연 1	국어연 2	사전	어근	국어연 1	국어연 2	사전	어근	국어연 1	국어연 2	사전
經營	48	11	32	大學	81	17	26	資本	66	15	56
經濟	128	22	93	文化	118	29	53	政策	82	7	3
科學	50	8	27	問題	50	9	13	政治	115	27	49
關係	59	8	21	思想	46	6	7	制度	76	27	49
敎育	74	22	67	社會	146	21	146	株式	91	4	15
國家	71	7	60	産業	53	7	56	地方	46	15	61
國際	72	7	333	生活	51	17	50	行政	118	26	69
企業	86	30	32	外交	61	11	29	會社	81	15	10
技術	67	9	24								

*국어연구소(1985, 조사 자료집 1)와 신기철 · 신용철(1986)을 분석함.
 − '국어연 1'은 해당 한자어가 나타난 어(어두 한자별 한자어 및 출처의 모든 어)임(例 : 經營− 1) 經營改善, 2) 企業經營 등 모두).
 − '국어연 2'는 '한자별 한자어 모음'에 나타난 어휘임(例 : 經營− 經營科, 經營權, 經營大, 經營人 등임.).
 − '사전(신기철 · 신용철, 1986)'은 대표 어근이 어두에서 결합된 경우
 − 단, 어두 결합이 적은 '主義(어두 3語, 非語頭 148語)' 같은 경우와 "大韓 48/0, 印度 49/0" 등의 고유어는 위 표에서 제외

<표-5> 다른 어와 복합어를 이룬 사전 표제어와 복합어 수

| 표제어 | 사전 | 국어연 | | 표제어 | 사전 | 국어연 | | 표제어 | 사전 | 국어연 | |
		2	3			2	3			2	3
經濟	93	22		生産	59	14	4	自然	124	20	3
共同	74	6		生活	50	51	17	自由	102	9	
空中	56	1		世界	66	11	5	資本	56	15	2
教育	67	22	5	植物	61	3	1	電氣	147	3	
國家	60	7	1	信用	21	3		政治	49	27	6
國民	77	6		言語	47	4	1	精神	70	8	1
國際	333	7		營業	47	4		第一	53	6	
軍事	46	9	3	完全	46	2	1	中間	46	5	
機械	52	6	1*	外國	49	9	1	中央	60	6	
勞動	80	4		宇宙	49	6	3	地方	61	15	
獨立	46	5		原子	67	5		直接	47	0	
動物	49	5	1	二重	62	3		特別	80	5	
文化	53	29	11	間	56	12	1	航空	75	7	1
放射	59	5		一般	51	7		行政	69	26	1
社會	146	21		自己	56	2		化學	59	5	1
産業	56	7		自動	75	6	2	回轉	63	3	1
酸化	60	3	1								

* 국어연구소(1985, 조사 자료집 1)와 신기철 · 신용철(1986)을 분석함.

<표-5>의 국어연-3은 '한자별 한자어 중 비어두非語頭 어휘語彙'로 총 67 어로 평균 1(1.26) 어가 나타난다.

이들을 모두 정리하면 <표-6>과 같다.

<표-6> 대표 한자 어근

經營	機械	生産	人間	朝鮮
經濟	大學	生活	一般	株式
共同	大韓	世界	自己	中間
空中	獨立	植物	自動	中央
科學	動物	信用	自然	地方
關係	勞動	言語	自由	直接
教育	問題	營業	資本	特別
國家	文化	完全	電氣	韓國
國民	放射	外交	政策	航空
國際	思想	外國	政治	行政
軍事	社會	宇宙	精神	化
企業	産業	原子	制度	回轉
技術	酸化	二重	第一	會社

즉, 이들은 복합어를 이루는 대표적인 어근이라 할 수 있는데, 이것이 절대적은 아니다. 사전과 사용 실태 조사서가 절대적이 아니기 때문이다. 그러나 복합어로 사용된 경우가 많았고 사전에 수록된 어가 많다는 것은 이들의 대표성을 인정할 수 있게 한다. 이들은 어휘 교육에서 대표 한자 어근(대표 한자 어휘소)으로 쓰일 수 있다.

고유어와 외래어 복합어의 사전 출현은 〈표-7〉과 같다.

한자어의 경우와 달리 고유어와 외래어의 대표적인 어휘를 따로 다루는 것은 한자어의 표의적인 특성을 고려해서이다. 이들 복합어를 이루는 어휘의 모든 경우들이 따로 독립되어 쓰이는 것으로 다룰 수도 있는 것이어서(띄어쓰기에서 붙이지 않았을 경우) 복합어냐 아니냐는 모호한 경우가 많다. 그러나 함께 붙어 자주 사용되는 경우 이를 복합어로 보면 될 것이다. 사전의 표제어나 사용된 표기에 대하여 지나치게 얽매일 필요는 없을 것이다. 그 이유는 사전이 완벽하게 언어 현실을 반영하지 못하고 있기 때문이다. '노란-, 빨간-, 빨강-' 등은 관형어처럼 쓰여 많은 복합어가 생성 가능하나 사전 수록 어는 적은 수에 그치고 있는 것이 이들 수록 어휘와 생성 가능한 어휘 사이에 큰 차이가 있음을 알게 한다. 그러나 객관성을 유지하기 위하여 사전에 수록된 경우만을 조사하였다. 이의 결과는 다음과 같다.

〈표-7〉 복합어의 사전 출현 빈도

어근	사전	어근	사전	어근	사전
가스(gas)-	63	눈(目)	292	밤(夜)	48
갯	59	뒤(뒷)	322	붉은(붉-)	67
검은	35	뒤(함부로)	59	빨간	6
검정	42	라디오	36	빨강	7
고무(gum)	35	마른	47	속	151
긴	77	말(言)	138	손	228
꼬리	46	맛	32	아래(ㅅ)	91
꽃	169	머리	86	애기	69
나무	105	모래(ㅅ)	46	작은	40
노란	6	몸	89	큰	232
노랑	160	밑	69	털	109
노우(no)	30	발(足)	96	흰	159

*국어연구소(1985, 조사 자료집 1)와 신기철·신용철(1986)을 분석함.

36 어의 복합어는 3,346 어로 평균 93(92.94) 어가 한 대표적 어휘소를 알면

이들 복합어의 의미 추측이 어느 정도 가능하게 된다. 따라서 이들 복합어를 많이 이루는 대표적 어근을 조사하여 교육 과정에 반영시켜야 한다. 위의 어근들은 모두 교육용 대표 어근이 될 수 있고 따라서 이들을 독립된 단어로, 또는 복합어를 이루는 어휘로 교육하면 될 것이다.

2) 대표 접사

접사는 어근과 합하여 많은 파생어를 만든다. 따라서 접사는 파생어 생성 가능성이 아주 높다. 이의 이해는 많은 파생어의 의미를 추정할 수 있게 할 뿐만 아니라 조어력을 기르는 데에도 도움이 된다. 한글학회 〈큰사전〉과 이희승 〈국어 대사전〉에서 접두사로 볼 수 있는 말은 256 개로 이들과 결합하여 쓰이는 파생어가 775 개이고 결합하여 쓰일 수 있는 가능 파생어가 758 개로 모두 1,533 개가 조어될 수 있다는 연구 보고도 있다(여영택, 1971 : 115~144).

대표 접사를 선정하기 위해서는 선정의 기준과 방법이 필요하다. 이를 위해서 대표 접사의 선정 기준을 세우면 다음과 같다.

(1) 파생어 생성 가능성이 많은 접사는 선정한다. 대표 접사의 의미를 알게 됨으로써 그와 결합된 많은 파생어의 의미를 알게 된다는 점에 바탕을 둔다. 교육용 어휘의 선정 기준으로 사용 빈도가 높아야 한다는 것과 대표 접사의 선정 기준으로 파생어의 생성이 많아야 한다는 것은 둘 다 많은 사용을 전제하기 때문이다. 실례로 이들의 가능성을 다음 〈표-8〉에서 찾아 볼 수 있다.

아래 84접사의 파생어는 사전 2,238 어이고 국어연 249 어이다. 따라서 이들 84 어가 파생하는 접사는 사전 수록 어는 1 어 당 약 26(26.64) 어, 국어연 어휘 약 3(2.96) 어가 된다. 그러나 이들 접사가 파생할 수 있는 파생어의 가능성은 이보다 훨씬 많다. 또 30 어 이상의 파생어를 가진 접두사는 44이다. 따라서 이들 41 어를 알면 1,200여 어의 의미를 추정할 수 있으며 필요시 이들 접사를 이용하여 새로운 파생어를 만들 수도 있다. 즉, 사전 수록 어의 수와 관계가 없이 많은 파생어의 조어와 사용이 가능한데 이를 보면 다음과 같다 (조남호, 1988 참조. 앞의 어는 형태·통사론적 분류이고 뒤의 어는 의미론적 분류임.).

<표-8> 접두사와 그의 파생어 수

접사	사전	국어연	접사	사전	국어연	접사	사전	국어연
감	2	1	민	55	1	올	15	0
갓	3	3	민둥	2	1	옹	8	0
강	11	1	배내	9	1	옹달	4	1
개	120	2	벌	17	0	외	117	6
군	37	2	불	10	0	잔	56	7
까막	07	0	빗	39	9	잗	09	0
날	22	3	새	22	5	잣	2	0
내	85	22	샛	16	1	좀	72	0
늦	32	4	선	06	0	쥐	78	1
대	3	1	설	20	0	진	21	2
덧	70	11	수	35	1	짓	29	4
데	5	1	숫	17	0	짝	06	0
도래	11	0	시	14	4	째	2	0
돌	34	2	실	37	6	쪽	33	4
되	66	15	싯	11	1	차	04	1
둘	9	0	쌀	6	0	찰	15	2
뒤	80	15	암	73	6	차	154	11
드	10	4	애	32	3	처	12	1
들	31	2	얕	4	1	치	34	1
들이	57	6	얼	12	1	풋	35	0
막	25	2	엇	58	5	한	50	10
말	15	0	여우	3	1	핫	11	0
맨	15	5	열	3	1	햅	2	1
메	10	1	옛	19	4	햇	19	3
몰	5	0	오	2	0	헛	74	9
몸	4	0	오른	18	9	홀	16	4
무	3	2	온	15	3	홑	22(51)	1
뭇	21	0	옥	9	0	휘	20	11

*국어연구소(1985, 조사 자료집 1)와 신기철·신용철(1986)을 분석함.

−꾼 : ▨ 빨래꾼, 익살꾼, 입방아꾼 ▨ 妨害꾼, 懲役꾼, 海水浴꾼, 謀事꾼, 示威꾼, ▨ 구루마꾼, 히야가시꾼, 스리꾼, 파티꾼, 네다바이꾼, 擔꾼, 魔꾼, 卜꾼, 舊꾼 ▨ 거추꾼, 배상꾼, 쌩이꾼 ▨ 발룩군 ▨ 갈개꾼, 輦메꾼 ▨ 불땔꾼, 멜꾼 ▨ 여리꾼, 채꾼, 펄꾼, 負持꾼, 生力꾼 / ▨ 雇傭살이꾼, 勞動꾼, 妨害꾼, 시중꾼, 簾알이꾼 ▨ 訓手꾼, 極盛꾼, 밥벌이꾼, 犯罪꾼, 부지런꾼, 紹介꾼, 셋방살이꾼, 政治꾼, 秋收꾼, 避亂꾼 ▨ 無識꾼, 手段꾼, 맵시꾼, 模樣꾼, 才幹꾼, 솜씨꾼, 암상꾼 ▨ 가래꾼, 구루마꾼, 방아꾼, 人力車꾼, 머리

꾼, 이빨꾼, 주먹꾼 ▪ 麻雀꾼, 鬪錢꾼, 六計(三十六計꾼), 장기꾼 ▪ 개평꾼,
꼴꾼, 나무꾼, 삯꾼, 쓰레꾼, 쑥꾼, 피꾼 ▪ 果房꾼, 鑛꾼, 金店꾼, 埠頭꾼,
舍廊꾼, 土店꾼 ▪ 乾達꾼, 轎軍꾼, 머슴꾼, 募軍꾼, 年머슴꾼, 使喚꾼, 差入
꾼, 딴꾼, 타짜꾼, 한카래꾼

- 쟁이(장이) : ▪ 거짓말쟁이, 늦잠쟁이, 大砲쟁이, 心術쟁이, 흉내쟁이, 斷髮
쟁이, 麻藥쟁이, 邪學쟁이, 演劇쟁이, 참글쟁이 ▪ 꼼꼼쟁이, 꼽꼽쟁이, 만만
쟁이, 무두쟁이, 비아냥쟁이, 새침쟁이, 엉큼쟁이 ▪ 또드락쟁이, 콜록쟁이
▪ 弓쟁이 ▪ 실업쟁이, 열업쟁이, 桶메쟁이 ▪ 귀먹쟁이, 등곱쟁이 ▪ 개구쟁
이, 난쟁이, 미장이, 발김쟁이 / 塗褙장이, 殯장이, 辱쟁이, 용精쟁이, 酒酊
쟁이, 漆장이, 代書장이, 修繕장이, 숫(shoot)장이, 웃음쟁이 ▪ 怯쟁이, 게
으름쟁이, 固執쟁이, 멋쟁이, 無識쟁이, 부끄럼쟁이, 어리광쟁이, 好奇心쟁
이 ▪ 家具장이, 구두쟁이, 그림장이, 솔쟁이, 신문쟁이, 환쟁이, 글쟁이, 漫
畫장이, 寫眞장이 ▪ 經쟁이, 관상쟁이, 四柱쟁이, 宮合쟁이, 무꾸리쟁이, 方
術쟁이 ▪ 飯饌쟁이, 싸塵쟁이, 酒幕쟁이, 가게쟁이, 福德房쟁이 ▪ 蓋草쟁
이, 불쟁이, 뻥기쟁이, 돌쟁이, 鍼쟁이, 기름쟁이, 북쟁이 ▪ 痰쟁이, 옴쟁
이, 중풍쟁이, 肺病쟁이, 咳嗽病쟁이 ▪ 감투쟁이, 갓쟁이, 網巾쟁이, 복頭쟁
이, 삿갓쟁이, 洋服쟁이 ▪ 金鑛쟁이, 밭쟁이, 山쟁이, 솟대쟁이 ▪ 배꼽쟁
이, 코쟁이 ▪ 刻手쟁이, 老구쟁이, 대장쟁이, 뚜쟁이, 婢夫쟁이, 令監쟁이,
妾쟁이, 할미쟁이, 마누라쟁이

- 질 : ▪ 마질(斗질), 바느질 ▪ 도둑질, 채찍질, 衝動질, 겨냥질, 上疏질, 是
非질, 裁判질, 彈劾질 ▪ 감침질, 꿰맴질, 박음질, 섞음질, 속임질, 우김질
▪ 가동질, 딸꾹질, 버둥질, 해작질, 도리질, 부라질, 짝자꿍질, 쏘삭질 ▪ 구
두질, 권당질, 나비질, 무두질, 봉창질 ▪ 가댁질, 각통질, 盲杖질, 비게질,
사래질, 투레질 / 끌질, 다리미질, 흙질, 다리질, 브러시질(brush질), 手巾
질, 숫돌질, 쌍칼질, 周리질, 펌프질 ▪ 嘔逆질, 擄掠질, 노름질, 養齒질, 求
乞질, 男色질, 作黨질, 雜役질, 재촉질, 投書질, 行悖질 ▪ 奸臣질, 强盜질,
도둑질, 間諜질, 敎師질, 마름질, 巡警질, 女給질, 兩班질

(2) 교과서나 일상 언어 생활에서 자주 사용되는 파생어를 만드는 접사(문
교부(1956)의 사용 빈도 10,000어 이내〈국민 학교〉, 또는 20,000어 이내〈중학교〉의
어휘에 나타난 접사)는 선정한다.

접사 선정의 기준으로 사용하는 문교부(1956)는 그 자료가 완전하다기보다는 부족한 점이 많다. 그러나 아직까지 이만한 규모의 어휘 실태 조사가 없었기 때문에 이를 사용해서 어휘 선정을 할 수 있다고 생각하여 기준에 이용해 본 것일 뿐이다. 따라서 더 좋은 자료가 나오면 그때 새로운 자료를 가지고 선정 기준을 새롭게 정할 수 있을 것이다. 문교부(1956)는 56,069 어인데, 이의 약 45%가 빈도 3 이상인 25,261 어이다. 18%가 빈도 13으로 빈도순 10,115까지의 어이다. 이를 국민 학교 교육용 어휘 선정으로 정한 이유는 자주 접할 수 있는 어휘, 이해가 쉬운 어휘를 전체의 20% 이내로 잡았기 때문이다. 이런 기준으로 문교부(1956) 어휘의 약 38%에 해당하는 빈도 4 이상의 어휘는 빈도순 21,844까지의 어휘가 된다. 이들 자주 쓰이는 어휘를 20,000어에서 끊으면 이들을 중학교까지의 교육용 어휘 선정 한계로 잡을 수 있다. 3년에 20% 씩의 접사를 학습하면 고교를 마칠 때까지 60%(빈도 2 이상의 빈도순 34,313)까지의 어휘 접사를 학습할 수 있다. 이 때, 빈도 1인 어휘의 접사는 제외한다면 문교부(1956)의 빈도 2 이상의 어휘에 나타나는 어휘를 고교까지 9년 동안(국민 학교는 4학년부터 접사 학습)에 배우게 되는 것이다. 이 기준을 접두사와 접미사 선정에 모두 적용한다.

(3) 한자에서 유래한 접사(접사처럼 쓰이는 한자, 어형성소)라도 고유어화한 접사는 선정한다. 예를 들면, '왕(〈王〉-'같은 경우인데, 어원적으로는 한자에서 온 접사라도 그 쓰임이 고유어처럼 파생어를 이루며(왕-눈이, 왕-개미, 왕-개구리) 언중에게 고유어처럼 쓰이는 경우 한자어에서 다루는 것과 별도로 선정한다.

(4) 관형어나 부사어로 취급되더라도 그 쓰임이 의미상으로 접사이며 많은 복합어를 이루는 어형성소는 접사로 취급하여 선정한다. 즉, '새-, 이-'는 '새 옷, 이 것' 등 하나의 구를 이루고 있으며, 이들이 표기에 따라서는 '새 옷, 이것'으로 나타나고 한 낱말로 처리되기도 한다. 본고는 한 낱말로 나타나는 '새옷, 이것'의 '새-, 이-'를 접사로 취급하는 것이다.

(5) 문법적, 어휘적 설명을 위해 필요한 접사는 선정한다. 따라서 다른 파생어의 설명을 위해 비교되어야 하는 접사는 선정되어야 한다. 예를 들면, '올-/오-, 찰-/차-' 같은 경우인데, '올-'은 '오-'와 함께 '조생종$_{早生種}$'의 의미로 쓰이는 접사로 이는 함께 다루어지는 것이 효과적일 수 있다. 또한, 피동

접미사가 선정되면 사동 접미사도 선정돼야 하는 것이 이를 뒷받침한다.

(6) 의성·의태어를 만드는 접사는 기본적인 접사만 선정한다. 의성어와 의태어를 만드는 접사는 그 수가 많을 뿐만 아니라 빈도도 낮다. 따라서 이를 선정하려면 대다수의 접사가 선정에서 제외된다. 이런 이유 외에도 음에 의해 의성어·의태어의 의미 추정이 가능한 것이 대체적인 언어 현상이다. 양성 모음은 밝고, 맑고, 가볍고, 작게 느껴지며, 된소리나 거센소리로 나는 음은 강한 느낌을 준다는 사실에 바탕을 두어 이들 접사 중에서 기본적인 접사를 선정하는 것이다.

(7) 다음의 경우는 선정에서 제외함을 원칙으로 한다.

(ㄱ) 시대성이 없는 접사 예) 핫-, 궁-, -가쿼, -공지

(ㄴ) 외래어 접사와 한자어 접사 예) 하이드로(hydro-), 프로-(pro-), -이스트(-ist), -이즘(-ism), 不-, 非-, -的, -化,

(ㄷ) 접사로 학습하는 것보다 파생어 그대로 학습하는 것이 더 쉬운 접사 예) 건들-, 갈-, 째-, -ㄴ듯만듯, -ㄱ-ㄱ, -ㄹ-ㄹ

(ㄹ) 사용 범위가 극히 한정된 파생어만 생성하는 접사 예) 배내-, 도래-, 옹달-, 옥-, -꽝, -감태기

이상의 대표 접사 선정의 기준 이외에 접두사와 접미사에 따라 학교 급별로 선정 기준과 방법을 보충하면 다음과 같다.

(1) 대표 접두사 선정

'사전'에 5어 미만이거나 '국어연' 미출현 접사 중, 이형태 접사 둘 이상의 파생어 출현 합계 5어 미만은 제외했으나, 접두사는 그 수효도 많지 않고 파생 가능성이 많으므로 대개는 그대로 선정한다.

학교 급별 분류 기준은 다음과 같다.

국민 학교 : 파생어 생성이 '사전'에서 30 이상, '국어연'에서 10 이상, 국어 교과서에 나온 접두사로 설명이 쉬운 것, 문교부(1956)의 빈도순 10,000 이내에서 나타난 접두사 중 하나 이상에 속하는 접두사.

중학교 : 문교부(1956)의 빈도순 10,000~20,000 범위에서 나타난 접두사, 국민 학교 접미사 중 설명이 어려운 접두사 가운데 하나 이상에 속하는 접두사.

대표적인 접두사의 파생어 생성은 〈표-9〉와 같다.

〈표-9〉 대표 접두사 목록

접사	사전	국어	접사	사전	국어	접사	사전	국어	접사	사전	국어
갓	3	3	드	10	4	외	117	6	처	12	1
강	11	1	들	29	2	잔	56	7	치	34	1
개	120	2	들이	57	6	잔	09	0	풋	35	0
군	37	2	막	25	2	좀	72	0	한	50	10
날	22	3	말	15	0	쥐	78	1	햇	19	3
내	85	22	맨	15	5	진	21	2	헛	74	9
늦	32	4	메	10	1	짓	29	4	홀	16	4
덧	70	11	무	3	2	짝	06	0	홑	22(51)	1
데	5	1	뭇	21	0	쪽	22	4	휘	20	11
돌	34	2	올	15	0	차	04	1			
되	66	15	옹	8	0	찰	15	2			
뒤	80	15	옹달	4	1	참	15	11			

(2) 대표 접미사 선정

접미사는 선행하는 어근, 또는 어기語基에 의미만을 부가하는 어휘적 파생 접미사와 굴곡 어미처럼 문법적인 기능에 변화를 가져오는 통사적 파생 접미사가 있다.

이들은 분류자에 따라 그 수에 많은 차이가 있다. 김계곤(1969)의 603 어, 고영근(1973)의 638 어, 하치근(1988)의 226 어, 최규일(1989 : 61)의 508 어 등 그 기준에 따라 차이는 있으나, 이들이 결합하여 이루어지는 파생어는 사전에 수록된 수보다 훨씬 많으며 이들 접미사 파생 규칙에 의해 앞으로도 많은 파생어의 출현이 가능하기 때문에 어휘 교육상 중요한 부분을 차지한다.

문교부(1956)에 나타난 접미사는 빈도 4 이상의 어휘에서 뽑은 접미사가 176 어로 이는 빈도순 10,000 정도에서는 80여 접사만이 나타난다. 빈도가 아주 높은 어휘에서 나타나는 접사의 수효는 그리 많지 않다. 그러나 많은 파생어를 생성할 수 있다는 데서 그 중요성을 찾을 수 있다.

학교 급별로 대표 접미사를 분류 선정하는 기준은 다음에 의한다.

국민 학교 : 국민 학교 교과서에 나타난 접미사와 문교부(1956)의 빈도순 10,000 이내의 접미사 중 설명이 어렵지 않은 접미사

중학교 : 중학교 교과서에 나타난 접미사와 문교부(1956)의 빈도순 10,000~20,000의 접미사와 국민 학교 접미사 중 중학생에게 설명이 가능한

접미사. 예) 피·사동 접미사

단, 옛말이거나 지나치게 한정된 접미사, 의성어 의태어 접미사 중 중요하다고 생각되지 않은 접미사, 설명보다는 파생어 자체를 그대로 가르치는 것이 쉬운 접미사는 선정하지 않는다. 이들 접미사를 분석하는 데 있어서의 문제는 앞의 어근과 결합하면서 음의 변화가 일어나 접미사의 원 형태가 나타나지 않는 경우가 많다는 것이다. 따라서 이런 형태의 변화가 생긴 접미사를 교육하기에는 어려움이 따르기 때문에 이런 변화가 일어난 접미사의 선정은 많은 고려가 필요하다.

3. 대표 한자어 형성소

한자 어휘는 우리 어휘의 많은 부분을 차지하고 있다. 따라서 한자에 관한 고찰은 국어 어휘 연구의 큰 부분을 차지하며, 국어의 어휘 교육에서 한자어에 관한 교육 또한 중요한 부분으로 다루어진다.

이제까지의 어휘 교육에 관한 논저들은 대개 한자어 교육의 필요성에 대하여 역설해 왔다. 이들은 한자 어휘가 국어의 반수 이상을 차지한다는 사실과 한자가 갖는 동음어 식별력, 조어력, 축약력, 역사성 등의 강점을 들어 한자 교육의 필요성과 한자 표기(국한 혼용)의 필요성을 강조하였다.

이 장에서는 어휘 교육적인 문제에서 접사처럼 쓰이는 한자어를 선정하기 위해 기존 학자들의 의견을 종합하여 한자어의 특질과 위치를 살피고 이를 토대로 한자어 교육의 중요성을 제시한다. 그리고 실제 쓰인 한자 표기 한자어에서 접사처럼 쓰이는 한자의 실태를 고찰하고 사전 등에 나타난 이들의 복합어를 조사하여 조어력이 큰 한자어 형성소를 대표 한자어 형성소라 사용하며, 이를 교육용 어휘로 선정한다.

1) 한자어의 특질

한자어는 삼국 시대부터 사용되어 오면서 우리 언어 생활의 중요한 부분을 차지해 왔다. 한자는 음音·형形·의義를 나타내는 표어表語 문자로 한자어는 주로 문자로 사용될 때 분명한 의미 파악이 가능할 경우가 많다. 그러나 오랜 세월을 두고 사용돼 온 한자어의 고유어와의 구별은 어려운 경우가 많

다. 한자어의 형태 의미 변화와 이의 유추에서 온 많은 어휘가 고유어와 구별하기 어렵다[13]

한자어의 특질을 보면 다음과 같다.

(1) 조어력이 뛰어나서 새로운 한자어가 생긴다.

한자는 한 자로 음音 · 형形 · 의義를 나타낸다. 따라서 하나의 글자가 어두, 어중, 어말에 자유로이 놓여 새로운 어를 만든다. 기초 한자 1,800 자로 된 단어 수는 98,504 개나 된다(남광우, 1977 : 230)[14]. 또한 '國'의 합성어는 이희승 편 국어 대사전에 1,204 개나 수록되어 있다. 그러나 '나라'를 선행어로 하여 이루어진 어는 11 개에 불과하다(김문창, 1987 : 144). 특히 명사어는 한자어가 많다. 한자어의 77% 이상이 명사인데 이는 고유 명사가 포함되지 않은 경우이다. 명사는 비한자어의 3.8 배에 해당하고 관형사는 비한자어의 8.8 배에 해당하는 어휘가 한자어다(이용주, 1987 : 144, 5). 이들 가운데 특히 명사는 새로운 개념을 나타내는 수단으로 계속 생겨난다. 또한 선행 한자어 뒤에다 '-하다'를 붙여 수많은 어휘를 만들 수 있다. 우리말은 외래어나 한자어 뒤에 '-하다'를 붙임으로써 수많은 〈+action〉 어들을 명사로 만들 수 있다. 따라서 이런 특성으로 인해 많은 한자어들이 국어에서 부담 없이 쓰이고 있다. 즉, "苛酷하다, 奸邪하다, 懇請하다, 刊行하다, 感動하다, 感歎하다, 監視하다, 敢行하다, 强調하다, 强壓하다 등"이 불편 없이 쓰인다. 이응백(1988 : 702)에 의하면 이희승 편, 국어 대사전(1961)의 표제어 225,203 어(100%) 가운데 한자어가 150,935.5 어(69.32%)이고 ' -히, -하다계 파생어' 수는 32,651 어(0.14%)로 이 가운데 한자어의 '-히, -하다계 파생어'는 27,810 어('-히, -하다 계 파생어' 중의 85%)이다.

한자어는 조어력이 뛰어나기 때문에 우리가 만든 고유 한자어가 많다[15].

---

13) 한자어는 한국어 속에서 차지하는 어휘의 양적인 문제보다도 한국어 어휘 체계 속에 침투해 있어서 기계적인 분리가 용이하지 않을 정도로 토착화해 버렸다는 것이 중요한 문제(이용주, 1974 : 1)가 된다.

14) 이보다 더 많은 어휘의 생성을 보고한 것으로는 이응백(1987)이 있다. 이에 의하면 2,000 자의 한자는 60만 단어를 생성한다는 것이다(이응백, 1988 : 659). 이는 한자 1 자가 300 단어를 만들고 있다는 셈이 된다.

15) 심재기(1982 : 48)에 의하면 '菜毒, 感氣, 身熱, 苦生, 兵丁, 寒心, 四柱, 八字, 福德房, 片紙, 書房, 道令, 査頓, 尊堂, 生員, 進士 등'이 고유 한자어이다. 그러나 실제적으로 다른 나라와 같은 형태의 한자어라도 대다수는 한국 고유의 한자어일 가능성도 크다. 한자의 조어 특성상 문자의 의미가 합하여 어의 의미를 나타낼 수 있기 때문이다.

따라서 한자어를 서양 외래어처럼 생각하면 안 된다. 또한 이들은 우리의 언어 생활에서 필요로 하는 것이기 때문에 계속 늘어난다. 남용하지 않는 한 한자나 로마자를 한글과 혼용하면 표의성을 그만큼 높이고 효율적이게 한다. 음성 언어의 경우도 마찬가지이다. 따라서 문명이 발달하면 그에 따라 어휘의 수요가 늘고 이에 따른 한자어는 계속 생성되며 한자어의 중요성은 점점 커질 가능성이 있다.

(2) 동음어가 많아 의미 파악에 장애가 된다. 따라서 한자 병기가 필요한 경우가 있다.

한자어는 적은 수의 음절로 많은 어휘를 만들 수 있으므로 자연히 동음 이의어가 많아 어휘 의미 파악에 장애가 된다. 국어 동음(동철)어의 82.16%가 한자어끼리의 동음(동철)어인 사실(이용주, 1974 : 170)에서 의미 파악에 곤란을 주는 동음어의 문제가 주로 한자어임을 알 수 있다.

'사기'의 경우 '士氣, 史記, 事記, 詐欺, 砂器, 社記, 沙器, 社基, 仕記, 四氣, 寺基, 死期, 私記, 社旗, 射技, 寺器, 射騎, 詞氣, 肆氣, 辭氣 등' 많은 동음 이의어가 쓰일 수 있다. 이들은 문맥을 통하여 그 뜻이 짐작될 수도 있으나 문맥을 통해서도 알 수 없는 경우가 많다. 이런 이유로 한자어를 한자로 기록하는 것이 필요한 것이다. 한국의 한자음은 소리의 장단이나 중국어처럼 사성四聲을 고려하지 않으면 1음절이 평균 81개의 동음 이의어로 되어 있는 셈이다(김문창, 1987 : 122). 따라서 문맥을 통해서도 알기 힘든 의미를 파악하기 위해서 한자로 표기해야 하는 경우가 있다.

(3) 의미가 분화적이고 세분되었기 때문에 구체적이며 따라서 고유어와 1 : 다多 대응을 보여 준다(김광해, 1989). 따라서 주로 전문적, 학술적, 문어적으로 쓰인다.

고유어가 나타내는 의미보다 좁고 구체적이기 때문에 상세한 의미를 전달하기 위해서는 한자어를 쓰는 것이 유리하다. 이는 다음과 같다.

싸움 : 戰爭, 戰鬪, 激鬪, 論爭, 血鬪, 死鬪, 私鬪, 決鬪, 敢鬪, 對決, 接戰, 對戰, 交戰, 抗爭, 抗戰, 試合, 競技, 競爭, 競合, 角逐, 紛爭, 是非
길 : 道路, 通路, 經路, 過程, 順序, 節次, 行路, 旅路, 街路, 途中, 方法, 手段, 正道, 道理, 義務, 航路, 空路, 船路, 線路, 路線, 方向, 進路, 船路, 空路, 軌道, 線路, 路線

전문 지식의 발달은 그에 필요한 많은 어를 만들어 냈으며 이로 인해 국어 어휘는 그 양이 많아졌다. 의학 지식의 발달로 피와 관계된 어휘도 많아졌는데 그 일부만 보아도 '供血者, 濃縮血小板血漿, 多血症, 多血小板血漿, 出血, 同種輸血, 同種血球凝集反應, 同血液型間, 免疫抗體, 發作性夜間血色素尿症, 白血球濃縮液, 白血球除去赤血球, 白血球製劑, 汎凝集素, 保全血用冷藏庫 등' 많은 어가 있다. 이들 전문 학술에 관한 어가 고유어로 사용되려면 매우 긴 형의 어가 필요하거나 제대로 의미를 전달할 수 없을 것이다.

또한 구어에서 사용하지 않는 '謹啓, 同令夫人, 父主前上書, 以下餘白, 上同 등' 문어에서나 가능한 것으로 보이는 어도 많다. 관혼상제冠婚喪祭에 쓰는 문서 특히 제문祭文 : 祝文은 구어체화가 지연되고 있다. 격식어로서의 문어로는 '謹呈, 謹弔, 謹賀新年, 謹啓, 惠存, 惠鑑, 下鑑, 淸鑑, 叱正 등'처럼 계속해서 사용되고 있다.

(4) 중국과 일본에서 쓰는 말과 같은 것이 많다.

한자는 중국, 일본에서 함께 쓰이고 있을 뿐 아니라 서로 문화 교류가 활발하였으며 우리가 중국, 일본으로부터 많은 문물과 그에 관련된 어를 받아들였기 때문에 숱한 어가 같은 형태와 의미로 쓰이거나 비슷한 형태, 비슷한 의미로 사용된다. 〈표-10〉에서 이 현상을 볼 수 있는데(程崇義, 1987), 이는 한자어권의 문어 생활에 도움이 된다.

〈표-10〉 한 · 중 · 일의 이형 동의 한자어(정종의, 1987 참조)

인간 관계 어휘			기타		
한	중	일	한	중	일
家族	家屬	家族*	假面	面具	假面*
同級	同年級	同級*	家屋	房屋	家屋*
兩親	雙親	兩親*	脚本	劇本	脚本*
戀人	情人	戀人*	看板	招牌	看板*
賣國奴	賣國賊	賣國奴*	講堂	禮堂	講堂*
本籍	原籍	本籍*	講演	演講	講演*
不具者	殘廢者	不具者*	競馬	賽馬	競馬
先輩	前輩	先輩*	競走	賽跑	傾注*
先祖	祖先	先祖*	見學	參觀	見學
姓氏	姓名*	氏名	硬貨	硬幣	硬貨
小人	小孩	小人*	階段	樓梯	階段

＊는 우리 한자어와 동일한 형태인 어휘

인간 관계 어휘			기타		
한	중	일	한	중	일
容疑者	嫌犯	被疑者	揭示板	佈告欄	揭示板*
人間	人類	人間*	高等學校	高中	高等學校*
人質	綁票	人質*	高速道路	高速公路	高速道路*
自身	本身	自身*	空港	機場	空港*
從兄	堂兄弟	從兄*	菓子	糕點	菓子*
罪囚	囚犯	囚人	交通事故	車禍	交通事故*
主人公	主人翁	主人公*	救急車	救護車	救急車*
住所	地址	住所*	劇場	戲院	劇場*
黃色人種	黃種人	黃色人種*	金庫	金幣	金庫*

(5) 축약력이 강해 긴 형의 어가 축약된 형태로 자주 사용되며 특히 이런 특성으로 말미암아 한자어의 사용이 늘며 또한 동음어가 증가한다.

현대 생활은 폭주하는 정보로 인해 새로운 개념이 많이 생기며 언어 경제성에 의해 이들의 축약(생략형)이 요구된다. 따라서 최근의 시사 용어만 보더라도 ‘主思派, 全大協, 全民協, 全勞協, 共對委, 汎對委, 全敎協, 全敎組, 土超稅 등’ 많은 단체의 이름들이 축약된 형태로 불려지고 있다.[16]

이 때, 다른 한자어에서도 마찬가지다. 축약된 형태의 한자어는 언어의 경제성에 맞기 때문에 앞으로도 계속해서 많은 한자어를 만들어내고 축약형으로 이들이 쓰일 것이다.

2) 한자어의 위치

한자어는 선인들의 문자 언어 생활과 음성 언어 생활에서 필수적이었기에 우리 생활에 깊게 스며들었다. 따라서 한자어를 빼어 버리면 언어 생활이 큰 혼란을 받게 되고 정상적인 문화 발전을 얻을 수 없다. 위의 특질에서 본 바와 같이 한자어는 우리 언어 생활에 필수적인 언어로 그 중요성이 유지되고 있다. 이들 중 다음과 같은 것이 한자어의 위치를 나타내 준다.

(1) 고유어로 대치가 힘든 한자어가 많다. 이런 이유로 한자어의 국어에서

---

16) 6全 단체(1991. 6. 25. 조선 일보 31면 : 6全 단체 일선 대표자 투쟁 결의 대회, 24일 오후 3시 고려대 강당)는 ‘全國大學生代表者協議會(全大協), 全國敎職員勞動組合(全敎組), 全國勞動者組合協議會(全勞協), 全國農民總聯盟(全農聯), 全國貧民聯合(全貧協), 全國靑年團體代表者協議會(全靑協)’로 ‘全’ 자로 시작되는 단체 여섯을 이름이다. 이 때, ‘全’은 ‘全國’의 뜻으로 언중에게 받아들여진다.

의 위치는 절대적인 중요성을 갖고 있으며 따라서 한자어를 고유어로 바꾼
다든가 없앤다든가의 문제는 거의 불가능하다.

'來日, 學校, 民主主義, 政府, 討論 등' 대다수의 한자어는 이에 해당하는
고유어가 존재하지 않으며 있다 해도 언중이 거의 사용하지 않는 실정이다.
일부에서 이들에 대해 고유어로 새말을 만들어 쓰기도 하나 언어의 관습이
란 인위적으로 잘 이루어지지 않는 것이어서 한자어가 그대로 쓰이고 있다.
한국의 고유 명사는 거의가 한자로 되어 있다. 더구나 단순 한자어가 아니라
의미와 연관된 것들이다. 따라서 이런 한자 고유 명사는 고유어로 대체가 어
려울 뿐 아니라 한글 표기가 불편할 때도 있다. 한자어는 이런 이유로서도
어휘 교육에서 중요한 위치를 차지한다. 또한 고유어화한 한자어도 있는데
이는 한자어가 언어 생활에 굳어진 모습으로 한자어의 중요성을 느끼게 하
는 것이다. 이런 한자어로는 '沐浴〉목욕〉모욕〉모역〉미역〉몌, 艱難〉간
난〉가난'과 같은 어휘가 있다.

(2) 경어로 쓰이는 한자어와 언중의 심리적 문제가 있다. 따라서 한자어는
앞으로도 오래도록 경어·완곡어로 사용되며 그 중요성은 좀처럼 사라지지
않는다.

언어의 사용은 심리적 요소를 벗어날 수 없다. 언중이 고유어보다 한자어
가 더욱 품위 있다고 느낀다면 이런 생각을 돌리기는 쉬운 일이 아니다. 고
유어보다 한자어가 상대를 높여 대우하는 말이고, 고유어 중 일부는 언어 연
상으로 말미암아 쓸 수 없다면 이런 경우는 한자어나 다른 외래어 또는 완곡
어로 대체하여야 할 것이다. 따라서 이런 경우 대개가 한자어가 품위 있고
상대를 높여 대우하는 어휘의 기능을 맡는다. '春秋-年歲-나이, 感患-感
氣-고뿔, 玉體-尊體-身體-몸, 夫人-아내, 春府丈-아버지, 習慣-버릇, 牛
乳-소젖, 大小便-똥오줌 등'이 이런 경우다.

한자어의 위치는 한자의 유입 시기에서부터 오늘날까지 항상 중요했으며
앞으로도 특별한 이변이 일어나지 않는 한 중요한 위치를 차지할 것이다. 따
라서 어휘 교육에서 한자어의 중요성은 매우 크며 이들의 어휘력 확장을 위
한 연구와 교육에 반영하는 일은 중요하다.

3) 조어력이 큰 한자어 형성소의 선정

어려운 한자어는 쉬운 말로 바꿔 써야 한다는 것이 대다수의 의견인데 이의 수용상 어려운 한자어의 기준이 문제가 된다. '盛炎之節, 掃萬枉臨, 嚴斷爲計, 各別留念, 高水敷地, 誰何, 大豆, 大麥, 小麥, 拔本塞源 등'의 어휘가 국민 학생에게는 어렵겠지만 고등 학생에게는 이해 가능할 수 있다. 문제는 지나치게 문어적이며 별로 사용되지도 않는 한자어를 과용한다는 것이 문제일 것이다. '馬鈴薯(감자), 謹啓, 同令夫人, 父主前上書, 以下餘白, 上同 등'은 문어에서나 가능한 어휘이나 이들이 구어에서 사용되면 의미 파악이 어렵고 특히 '馬鈴薯(감자), 謹啓, 同令夫人 등'은 한자어 실력이 없는 일반인에게는 의미 파악이 불가능하다. 따라서 이런 한자어의 사용은 재고해야 한다.

교통 용어에서 나타나는 '路肩'을 '길어깨'로 바꾸어도 어색하다. 이런 경우는 직역을 피하고 '가장자리길' 또는 '갓길'로 바꾸는 것 등이 한자어의 지나친 사용을 피할 수 있는 길이 아닐까 한다. 이 때, 신조어가 국어 조어법에 맞아야함은 물론이다. 부자연스럽게 느껴지지 않는 조어가 필요한 것이다. '갓길'에 대해 잘못된 조어라는 지적이 있다. '路肩'이 차가 다니지 못하는 곳인데도 '갓길'로 고쳐 '길은 차가 다니는 곳이니까 언중이 혼동한다는 이유로 다시 이름을 바꾸어야 한다.'는 지적도 있으나 '갓길路肩'은 비상용 차량이 통행할 수 있는 곳이니까 '-길'이 틀리는 것은 아니다.

다음 〈표-11〉에서 국어연구소(1985)에 나타난 통계에 의해 많이 쓰이는 한자에 대해 살펴보면 같다. 조어력이 큰 한자는 빈도가 높은 한자와도 관련이 있다. 복합어가 많지 않으면서도 빈도가 높은 경우도 있지만 복합어가 많기 때문에 그들의 빈도 합계가 높아 빈도가 높은 경우가 많기 때문이다. 복합어의 출현수가 높은 한자 20 위까지는 그 복합어가 7,621 어로 평균 381 어, 50 위까지 13,441 어로 269(268.82) 어, 100 위까지 20,457 어로 평균 205(204.57) 어, 130 위까지 23,663 어로 나타났는데, 이는 평균 182(182.02) 어가 한자 한 글자에 관계된 어휘임을 알 수 있다. 따라서 한자의 의미를 알면 그와 결합된 한자어의 의미를 추측하는 데 도움이 될 뿐 아니라 많은 어를 효과적으로 습득하는 데 도움이 되는 것을 알 수 있다. 위의 한자 중 문교부 제정 기초 한자에 없는 자는 '型' 자 뿐이다.

<표-11> 국어연구소(1985)의 고빈도(100 이상) 한자

국어연 번호순	한자	한자어 출현수	문교부 빈도순	국어연 번호순	한자	한자어 출현수	문교부 빈도순	국어연 번호순	한자	한자어 출현수	문교부 빈도순
1	的	863	145	37	政	184	38	73	代	139	55
2	法	516	30	38	不	183	73	74	合	139	162
3	人	495	4	39	內	180	191	75	部	137	33
4	性	490	76	40	心	180	62	76	子	137	35
5	者	486	51	41	出	180	188	77	有	136	152
6	大	462	12	42	書	178	175	78	畵	133	658
7	化	443	65	43	分	177	9	79	對	132	23
8	國	419	1	44	金	176	46	80	立	131	200
9	學	406	11	45	新	175	238	81	全	131	64
10	主	355	34	46	發	173	14	82	非	131	652
11	上	315	25	47	高	172	208	83	間	131	19
12	地	292	3	48	敎	172	75	84	後	130	53
13	生	282	2	49	軍	172	47	85	再	129	662
14	論	269	118	50	道	172	89	86	女	128	110
15	中	264	61	51	年	169	10	87	黨	128	342
16	權	259	254	52	本	169	100	88	日	128	21
17	行	259	24	53	實	169	27	89	工	126	102
18	一	254	7	54	公	168	124	90	反	126	253
19	文	248	58	55	史	168	310	91	石	126	156
20	自	244	5	56	設	167	244	92	稅	125	281
21	會	235	20	57	入	165	153	93	場	125	174
22	戰	234	87	58	名	163	275	94	面	122	92
23	制	230	185	59	下	162	117	95	所	121	96
24	力	221	74	60	機	161	69	96	正	121	158
25	民	215	16	61	動	157	50	97	價	120	546
26	義	210	162	62	産	156	44	98	度	119	49
27	水	204	97	63	同	155	52	99	型	119	810
28	體	204	60	64	時	151	13	100	類	118	169
29	家	202	42	65	定	149	45	101	數	118	36
30	無	202	143	66	長	147	95	102	展	117	314
31	業	201	32	67	社	145	109	103	成	115	140
32	外	201	84	68	式	143	160	104	商	113	178
33	理	200	37	69	品	143	137	105	海	113	202
34	物	199	9	70	前	141	59	106	員	112	129
35	用	198	54	71	期	140	143	107	線	111	86
36	事	190	22	72	作	140	41	108	別	110	150

국어연 번호순	한자	한자어 출현수	문교부 빈도순	국어연 번호순	한자	한자어 출현수	문교부 빈도순	국어연 번호순	한자	한자어 출현수	문교부 빈도순
109	點	110	85	117	保	105	167	125	氣	101	17
110	通	110	56	118	小	104	176	126	神	101	330
111	三	109	39	119	樂	104	186	127	經	100	94
112	天	109	255	120	重	104	144	128	多	100	366
113	風	109	252	121	觀	103	970	129	流	100	170
114	科	108	292	122	東	103	181	130	進	100	267
115	感	107	761	123	手	103	166				
116	開	105	277	124	電	102	1367				

*문교부(1956)와의 비교

(1) 어두나 어미에 결합하는 조어력이 큰 대표 한자어 형성소의 선정

한자의 조어력을 한자어의 교육에 이용하는 방법으로 한자어 형성소인 접사처럼 쓰이는 한자를 선정하면 이를 이용한 어휘력 확장이 가능하다. 이를 위해 대표 한자어 형성소를 선정하기 위하여 이들의 복합어 생성 능력을 조사하면 다음과 같다. 이 때, 접사처럼 쓰이느냐 아니냐는 위치로 다루기보다는 단어 내에서의 의미로 다루어야 할 것이다. 본 표는 이들을 의미로 구분하지 않고 복합어 생성 모두를 다루고 있는데 이는 복합어 파생 능력이 뛰어난 한자어 형성소를 찾는다는 면과 이들에 쓰인 어형성소는 조어력이 뛰어나 대표 한자어 형성소로 선정되어도 무방하다고 생각되기 때문이다. 대표 한자어 형성소의 선정 기준이 따로 필요하지 않은 이유는 이들의 수가 그리 많지 않고 이들의 곤란도 또한 대단하지 않기 때문에 한자 수백자만 가르쳐도 이들 중요 한자어 형성소가 거의 포함되기 때문이다. 따라서 이들 한자어 형성소는 복합어 생성 정도만을 제시하고 특정의 경우 대표 한자어 형성소에서 빠질 수 있음을 밝힌다.

대표 한자어 형성소의 복합어 생성(어두에 결합하여 복합어를 이룬 경우)은 〈표-12〉와 같다.

〈표-12〉에 의하면 109 한자어 형성소의 복합어는 사전 25,092 어이고, 국어연 4,936 어이다. 따라서 사전에서의 1 어형성소당 복합어는 230(230.20) 어이며 국어연구소에서는 1 어형성소당 45(45.28) 어이다. 이들을 보면 '沃'은 沃度iodine, 沃素iodide 합성어만도 사전서 25 어이고, '從'의 사전어 165 어 가운데 '친척'을 나타내는 경우는 31 어에 불과하고 나머지는 '세로'의 의미로

<표-12> 어두 결합 한자어 형성소와 복합어 생성

한자	사전	국어연	한자	사전	국어연	한자	사전	국어연
假	171	34	獨	251	49	非	224	123
各	139	41	禿	16	1	生	611	103
角	139	8	來	108	45	庶	40	5
强	225	56	冷	170	20	聖	298	61
客	166	19	兩	168	49	小	640	73
乾	258	10	連	217	38	熟	101	6
古	271	53	令	51	2	純	138	24
高	665	110	老	235	41	純	139	24
公	565	134	每	71	9	媤	42	1
空	316	42	孟	34	1	新	490	156
過	220	40	名	198	68	失	125	44
官	248	39	木	359	27	實	399	112
舊	207	48	沒	82	10	亞	109	5
貴	122	12	無	1221	171	洋	194	16
旣	61	17	未	256	62	養	107	20
難	75	24	美	182	45	御	125	4
內	681	85	薄	98	7	於	32	0
濃	34	5	半	395	34	孽	6	0
單	412	49	反	300	102	業	66	15
淡	63	4	汎	35	12	女	227	75
堂	50	2	別	276	22	沃	34	2
當	184	29	複	168	17	王	114	33
大	1556	297	本	325	92	倭	139	7
對	292	100	副	151	25	外	508	115
貸	47	13	不	1104	186	右	121	18
元	102	16	彫	32	6	豊	61	5
原	310	79	尊	101	8	被	96	51
僞	57	9	從	165	18	何	20	2
義	138	23	左	195	21	含	55	5
翌	13	0	準	92	21	抗	59	25
自	1001	219	重	310	71	該	25	2
雜	238	17	初	251	43	虛	187	23
再	259	123	超	99	64	好	122	28
全	310	111	總	171	51	後	355	65
前	344	84	最	183	71	凶	96	12
正	403	66	親	208	36			
第	162	23	特	323	79			

＊한자 : 한자어 형성소, 국어연 : 국어연구소(1985), 사전 : 신기철·신용철(1986)

쓰였는데 이들은 원 한자 어휘의 의미가 관형적으로 쓰인 것과는 관계가 적다. '孟'도 일반 복합어는 6어에 불과하고 나머지는 성姓이 대부분이다. 따라서 이 경우 대표 한자어 형성소를 선정할 때 복합어가 많지 않으므로 선정에서 제외되어야 한다. 또한 唐, 輕, 薄, 實, 亞, 令, 沃, 義, 低, 尊, 重, 眞, 虛, 胡, 豊 등은 관형어처럼 뒷말을 수식하고 복합어 생성력이 높으므로 대표 한자 어휘로 선정될 수 있다.

이 중에서 대표 한자어 형성소에서 제외할 어는 '於(32), 竪(13), 擘(6)'로 이들은 사전 복합어가 (   )의 숫자만큼 나타나 있으나 국어연구소(1985)에는 전혀 없어 제외하여야 한다. 위의 한자 중 대표 한자어 형성소로 쓰이는 뜻(어두나 어미에 결합하여 결합한 다른 어휘의 뜻을 바꾸는 의미)과 어근으로 쓰이는 의미가 다른 경우가 있는데 이들의 의미를 정확히 알아야 한다. 그렇지 않으면 의미 파악에 큰 곤란이 따른다. 상용 한자 2,100자에 속하지 않는 한자어 형성소는 禿, 媤, 擘, 倭 4자이다.

국민 학교 국어과 교과서에서 어두에 나타난 대표 한자어 형성소를 추려 보면 다음과 같다(한글로 표기된 한자어).

假, 可, 簡, 强, 開, 客, 檢, 激, 結, 缺, 兼, 警, 輕, 古, 告, 故, 苦, 高, 公,
共, 空, 過, 官, 關, 怪, 交, 舊, 國, 群, 窮, 歸, 貴, 極, 近, 禁, 金, 急, 緊,
吉, 樂, 落, 亂, 內, 冷, 怒, 老, 單, 短, 堂, 大, 都, 獨, 突, 同, 令, 滿, 亡,
忘, 每, 滅, 名, 沒, 無, 茂, 美, 未, 密, 薄, 反, 發, 放, 防, 排, 別, 復, 複,
本, 副, 否, 分, 不, 悲, 肥, 非, 使, 私, 上, 生, 先, 成, 聖, 洗, 小, 少, 消,
素, 速, 熟, 純, 勝, 始, 媤, 新, 實, 失, 深, 雙, 亞, 惡, 安, 哀, 愛, 野, 兩,
洋, 良, 養, 御, 嚴, 餘, 連, 熱, 豫, 誤, 沃, 玉, 完, 倭, 外, 要, 用, 優, 憂,
有, 遺, 義, 以, 異, 入, 自, 雜, 長, 再, 適, 全, 前, 漸, 接, 整, 正, 提, 除,
齊, 造, 尊, 從, 主, 中, 重, 指, 支, 至, 直, 珍, 眞, 天, 賤, 淸, 靑, 初, 超,
總, 最, 推, 祝, 出, 忠, 親, 他, 卓, 脫, 太, 土, 特, 派, 平, 廢, 包, 暴, 豊,
下, 合, 海, 該, 行, 虛, 現, 好, 混, 歡, 後, 凶, 興, 喜

이들 중 문교부의 교육용 기초 한자에 속하지 않는 것은 '媤, 倭, 卓' 3자이며 이는 고유어처럼 쓰이거나(媤, 倭), 특별히 한정되어 쓰이는 한자이다. 또한, 국민 학교 대표 한자어 형성소 이외의 중학교 초출初出 대표 한자 어휘는 없으며 '皆, 硬, 迎, 醜' 등은 어두에 나타나지 않았다.

　어미 결합 대표 한자어 형성소는 어두 결합 대표 한자어 형성소보다 훨씬 수효가 적다. 이는 어두 결합 대표 한자어 형성소가 한자어에서 관형어처럼 앞에 온 것이 접두사처럼 굳어지거나 사용되는 특성에 따른다고 볼 수 있다. 어미 결합 대표 한자어 형성소와 복합어의 생성은 〈표-13〉과 같다.

〈표-13〉 대표 한자어 형성소와 복합어 생성(국어연구소, 1985)

한자	전어휘 수	후행어 수	한자	전어휘 수	후행어 수	한자	전어휘 수	후행어 수
家	202	115	士	81	57	類	104	102
間	131	75	師	56	36	人	495	157
工	127	37	上	314	196	子	137	85
觀	102	52	性	490	416	者	486	453
期	140	79	所	121	56	作	140	96
論	228	183	手	103	54	的	863	852
法	516	275	式	143	126	制	238	171
輩	6	6	業	201	91	中	262	78
別	110	74	女	49	41	學	406	164
夫	35	23	力	219	172	化	443	333
婦	32	19	用	198	132	後	130	50
部	137	85	員	112	88			

＊한자 : 한자어 형성소, 전어휘 수 : 해당 한자어 형성소가 생성한 전체 복합어의 수, 후행어 수 : 해당 한자어 형성소가 접미사처럼 결합한 복합어의 수

　〈표-13〉에 의하면 35 대표 한자어 형성소의 전 복합어는 7,332 어이고 어미 결합 복합어는 5,015 어이다. 1 어형성소당 복합어 209(209.48) 어, 어미 결합 복합어 143(143.28) 어가 나타난다. 쓰임에 따라서 더 많은 어미 결합 한자어 형성소의 추출이 가능하지만 그리 많지는 않다. 따라서 이들은 모두 초보적인 한자 교육에서 다루어질 수 있기 때문에 학교 급별 선정이 필요 없다. '中'은 어두에 올 때가 166 어며 '後'는 65 어가 어두에 온다. 이들은 그 쓰임에 따라 어두에 결합되거나 어미에 결합된다. 또한 '輩'는 접미사로만 쓰였다.[17] 한자의 특성상 그 위치에 따라 성분이 달라짐을 보이고 있다.

　이들 어두 결합 한자어 형성소와 어미 결합 한자어 형성소를 학교 급별로 분류하려면 학교에서 한자 교육이 이루어진다는 전제가 있어야 한다. 만약

---

17) 조사 자료에는 "輩出"이 사용되지 않은 것으로 나타났는데, 이는 한자로 표기되지 않았기 때문으로 보인다.

국민 학교에서 한자 교육이 정규 교육 과정에 반영된다면 이 때 배우게 되는 대표 한자어 형성소의 선정이 가능하나 그렇지 않은 현실에서 이들을 따로 분류하여 가르칠 수는 없을 것이다. 또한 국민 학교의 한자 교육이 이루어진 다면 〈표-13〉의 대표 한자어 형성소는 모두 가르치는 것이 타당할 것이다. 따라서 대표 한자어 형성소의 중요성을 생각하고 이들의 수효가 많지 않음을 생각하면 이들을 학교 급별로 선정하기보다는 이들 모두를 국민 학교에서 가르치거나, 중학교에서만 한자 교육이 이루어진다면 중학교에서 이들 모두를 교육할 필요가 있다.

이들 어미 결합 대표 한자어 형성소는 다음과 같다.

家, 覺, 間, 刊, 監, 感, 頃, 系, 工, 觀, 局, 軍, 圈, 金, 級, 氣, 期, 女, 談, 隊, 臺, 度, 力, 領, 論, 料, 類, 流, 率, 面, 貌, 文, 輩, 法, 癖, 別, 報, 夫, 部, 婦, 費, 詞, 士, 師, 上, 像, 生, 線, 說, 性, 勢, 所, 手, 順, 術, 式, 氏, 業, 炎, 用, 員, 率, 人, 者, 子, 作, 章, 材, 的, 節, 題, 制, 族, 中, 症, 職, 差, 綴, 帖, 體, 側, 則, 攄, 套, 編, 表, 標, 學, 項, 型, 行, 化, 後

VI. 정리

본 연구는 국어 교육의 핵심인 어휘 교육을 위한 기초 연구로서 어휘 교육에 관련된 연구들을 개관하고 어휘 능력을 신장시키기 위한 교과 전문 어휘, 대표 어근과 접사, 대표 한자어 형성소(어두나 어미에 결합하여 복합어를 생성하는 어형성소) 선정에 주안점을 두었다.

교육용 어휘로서 교과 전문 어휘와 일반 어휘로 나누어 이들의 선정을 위하여 전체적으로 교육용 어휘의 선정 방법과 기준을 세웠다. 상세한 선정 기준을 설정하고 각종 자료를 분석하여 그 기준 설정의 타당성을 제시하였다.

국어의 어휘 특질을 고려하여 경험적 방법에 의한 어휘 선정 기준을 세웠다. 그 기준은 다음과 같다. 1) 사용 빈도가 높은 어휘, 2) 사용 범위가 넓은 어휘, 3) 교육에 기초적인 어휘, 4) 조어력이 높은 어휘, 5) 학습자의 발달 단계에 맞는 어휘, 6) 적용성이 큰 어휘, 7) 시대가 요구하는 어휘, 8) 한정된 범위의 고유 명사, 계급명, 의성어 의태어, 비속어, 방언, 고어 등을 선정하는 것이다.

국어 교과 전문 어휘의 선정 기준은 1) 언어의 표현 이해와 관련된 어휘 중 전문적인 어휘, 2) 공식적인 국어 생활에 필요한 어문 규정을 이해하기 위한 어문 규정 용어, 3) 언어 현상의 이해를 위한 언어학 용어, 4) 국어 교육 자료로서의 문학을 이해하는 데 필요한 어휘는 선정하고, 5) (1) 지나치게 전문적인 어휘, (2) 억지 조어식 어휘, (3) 고어, (4) 사용이 극히 한정된 어휘, (5) 외래어 등은 제외한다. 본고에서는 교과 전문 어휘 선정의 기본인 교과서에 나타난 전문 용어를 조사하여 교과 전문 어휘로 제시하였다. 이는 교과 전문 어휘의 주요 부분을 차지하는 어휘가 될 것이다. 이 어휘에는 부적절한 어휘가 들어 있을 수 있으며, 또한 첨가되어야 할 어휘가 있을 것이다. 이들에 대하여는 더 많은 연구가 있어야 할 것이다.

단어 형성에 대한 교육이 일반 어휘 교육에서 필요하다. 합성법에 의한 단어의 형성과 그의 유형, 파생법에 의한 단어의 형성과 그의 유형을 교육하는 것은 어휘 교육에 큰 도움이 되기 때문이다. 따라서 이들의 선정을 위하여 대표 어휘로서 대표 어근, 대표 접사, 대표 한자어 형성소를 선정하였다.

대표 어근의 선정 기준은, 1) 사용 빈도가 높고 범위가 넓은 어근, 2) 조어력이 뛰어난 어근, 3) 문법적 어휘적 설명을 위해 필요한 어근 등이다. 대표 어근 결정은 복합어에서의 사용 빈도와 범위까지 고려하여 선정함을 원칙으로 한다. 이런 기준에 따라 국어연구소(1986, 1987, 1988)의 단일어와 합성어, 파생어를 분석하여 교육용 어휘의 대표 어근으로 선정한다. 이는 사전이나 기타 간행물에 나타나는 어휘의 빈도 분포와는 차이가 있으나, 교육용 단일어로서 가치가 있다.

대표 접사의 선정 기준은 다음과 같다. 1) 파생어의 생성 가능성이 많은 접사, 2) 교과서나 일상 언어 생활에서 자주 사용되는 파생어를 만드는 접사, 3) 한자에서 유래한 고유어처럼 쓰이는 접사, 4) 관형어나 부사어로 분류되더라도 그 쓰임이 의미상으로 접사이며 많은 복합어를 이루는 어형성소(접사로 취급), 5) 문법적, 어휘적 설명을 위해 필요한 접사, 6) 의성 의태어를 만드는 기본적인 접사는 선정하며, 7) (1) 시대성이 없는 접사, (2) 외래어 접사와 어두 어미의 한자어 형성소, (3) 접사로 학습하는 것보다 파생어 그대로 학습하는 것이 더 쉬운 접사, (4) 사용 범위가 극히 한정된 파생어만 생성하는 접사 등은 제외한다. 접사의 쓰임을 보기 위하여 접두사는 신기철·신용철의 새 우리말 큰 사전(1986)과 문교부(1956)를 분석하여 표로 제시했다.

조어력이 큰 한자어 형성소는 빈도가 높은 한자와도 관련이 있다. 복합어가 많지 않으면서도 빈도가 높은 경우도 있지만 복합어가 많기 때문에 그들의 빈도 합계가 높아 빈도가 높은 경우가 많기 때문이다. 이런 한자어 형성소들을 교육하는 것은 대표 접사를 가르치는 것과 같은 어휘 능력 신장의 방안이다. 따라서 국어연구소(1985), 신기철·신용철의 새우리말 큰사전(1986)과 문교부(1956)를 분석하여 대표적인 한자어 형성소를 선정하였으며, 이들에 나타난 한자어 형성소의 빈도도 제시하였다. 대다수의 한자어 형성소가 교과서 한자어에 나타났기 때문에 이들의 이해는 많은 한자 복합어의 의미를 파악하는 데 도움이 될 것이다.

본 연구의 결과는 다음과 같은 면에서 효용성을 가진다.

(1) 국어 교육 과정에서 어휘 교육을 상세화할 수 있다. 국어 교육에서 어휘 교육을 효과적으로 할 수 있으려면, 교육 과정에 어휘 교육에 대한 구체적인 고려가 있어야 하는데 어느 정도의 어휘를 어떻게 가르쳐야 할 것인가를 참조할 자료로서 어휘의 선정 연구는 필요한 것이다. 따라서 본 연구와 같은 교육용 어휘의 선정 기준이 필요한 것이다.

(2) 국어 교과서 편찬에서의 이해 및 사용 어휘의 근거가 된다. 국어 교과서는 학습자의 발달 수준이 고려된 어휘의 사용이 필요하다. 이를 위해서 교육용 어휘의 선정이 이루어지고, 교과서에 사용되는 어휘 통제를 위하여 교육용 어휘의 활용이 요구되는 것이다. 즉, 교과서 편찬에서 학습자의 사용 어휘와 이해 어휘의 근거가 되며, 교과서 어휘의 내용 구성과 통제를 효과적으로 할 수 있다.

(3) 학교 교육용 어휘의 한계를 설정할 수 있다. 교사는 학습자의 어휘 수준을 알아야 그 수준에 벗어나지 않는 어휘를 사용하여 교육할 수 있다. 교사가 학생에게 사용하는 어휘가 학생의 수준에 지나쳐 학생의 이해가 불가능할 수 있음을 교사는 알아야 하고, 어려운 어휘는 쉽게 풀어 사용하거나

설명하여야 할 것이다. 바로 이런 기준으로서 교육용 어휘의 선정이 필요한 것이다.

(4) 외국인을 위한 한국어 어휘 교육 교재 개발의 근거가 된다. 외국인의 한국어 교육을 위한 어휘 교육 교재의 개발은 어휘의 실태를 알 수 있는 자료가 필요하다. 이런 자료로서 본 연구가 활용될 수 있다. 국제화 시대를 맞은 오늘날 외국어로서의 한국어 교육의 중요성이 늘어가고 있는 바, 외국인을 위한 어휘 학습 교재로 대표 접사와 어근의 중요성도 높다. 영어를 비롯한 외국어 학습 자료인 'Vocabulary 33,000' 류의 어휘 학습 자료집이 없는 한국어 어휘 교육 교재를 개발할 수 있는 근거로서 본 연구는 효용성을 가진다.

본 연구는 어휘 교육상 "무엇을 가르칠 것인가?"의 "무엇"에 중심을 둔 즉, 어휘 선정에 중심을 둔 것이다. 어휘 교육의 교육 과정, 교과서에 대하여는 약간 언급하는 데 그쳤으며, 어휘 지도법에 대하여도 다루지 않았다. 이는 본고의 성격상 교육용 어휘의 선정에 중점을 두었기 때문이다. 이 어휘 선정은 계속 보완되어야 한다. 교과 전문 어휘, 대표 어근, 대표 접사, 대표 한자어 형성소의 선정도 한정된 자료를 분석하였으므로 참고할 정도에 그쳤기 때문이다. 그러나 이 방면의 연구가 전무한 국어 교육의 현실을 고려하면 어휘 교육을 위한 하나의 시도로서 그 가치가 있다 하겠다.

끝으로, 어휘 교육이 국어 교육에서 핵심적인 내용임을 고려할 때 외국에서와 같은 집중적인 연구가 있어야 할 것임을 밝힌다. 앞으로 이를 위해서 전국 규모의 어휘 실태 조사와 국어 교육 과정, 교과서 편찬, 어휘 교육 방법 등에 대하여 충분한 연구가 이루어져야 한다고 생각한다.

독자의 편의를 위해 본 글에 대한 이삼형 외(2003)의 '분석 비평의 주요 내용과 이에 대한 필자의 변'을 부록으로 실었다.

　－이충우, 국어 교육용 어휘 연구, 『국어교육 연구의 반성과 전망(내용·방법)』이삼형 외(2003), 63~72. 발췌[18]

논평

1. 논문 목차

2. 내용

3. 논의점

　　1) 어휘 선정 기준

　　　가. 어휘 선정 기준의 객관성과 이론적 바탕이 확보되지 못했다.

　　　나. 학습자의 발달 상황을 고려하지 못했다.

　　2) 교육용 어휘 조사 방법

　　　가. 교과서 수록 어휘를 기초 자료로 활용한 것은 논리적 모순이다.

　　　나. 표집 방법을 좀더 체계적으로 정비할 필요가 있다.

4. 의의와 발전 방향

　이 논문은 언어 교육의 중요한 부분인 어휘 교육을 다루고 있으며, 어휘 교육 중에서도 가장 기초라 할 수 있는 어휘 교육 내용에 대한 연구로서 교과서 개발에 실질적인 도움을 줄 수 있다는 점에서 그 의의가 있다. 그리고 단편적으로만 이루어지던 교육용 어휘 선정 기준에 대한 연구를 체계적으로 시도하였다는 점 또한 큰 의의가 있다고 할 것이다.

　이 논문과 관련하여 다음과 같은 연구들이 보완될 필요가 있다. 첫째, 더욱 체계적인 어휘 선정 기준이 제시될 필요가 있다. 구체적인 실험 결과나 현장 조사를 통해 체계적이고 논리적인 어휘 선정 기준이 마련되어야 한다. 둘째, 학습자 발달 상황에 대한 연구가 병행되어야만 실질적인 어휘 선정 기준이 나올 수 있을 것이다. 따라서 앞으로는 이에 대한 연구가 필요하다. 셋째, 특정 어휘가 사용 맥락마다 다른 의미를 지닐 수 있다는 점을 고려한 교육용 어휘 자료가 필요하다. 넷째, 교과서에서 벗어나 더욱 광범위한 자료를 바탕으로 교육용 어휘를 추

---

18) 이 글의 1, 2, 3, 4 부분은 특별히 언급할 부분만 제시하고 '필자의 변' 부분은 모두 수록한다.

출하여야 한다. 결국 이러한 작업은 국가적 지원을 받은 프로젝트 사업으로 추진되어야 함을 의미한다.(68-9)

필자의 변[19)

　필자는 이 논문에서 부족한 표현력으로 인해 필자의 생각을 독자에게 제대로 전달하지 못했다는 생각을 자주 한다. 선정 기준이 다섯 가지라면 어휘소는 이 중 하나 이상의 기준에만 해당하면 선정되는 것이다. 그럼에도 불구하고 본 논문을 다룬 논문들에서 '특정 어휘소'가 선정 기준 중 어느 하나에 해당하지 않는다는 비판이나 주관적인 선정이 있다는 비판을 접하였기 때문이다. '선정 기준 어디에도 해당하지 않는다.'라는 지적만이 타당함에도 불구하고 말이다.

　발표한 지 십 년이 지난 논문을 읽고 좋은 의견을 주는 동학이 있다는 것은 반가운 일이며, 이들 의견에 대한 필자의 생각은 다음과 같다.

　논문은 객관성이 유지되어야 하는데, 본 논문은 객관성이 결여돼 있다는 지적은 타당하다. 그런데 이 논문의 성격은 주관성이 개재되어야만 한다. 우리가 사용하는 언어는 엄밀한 의미에서 객관적인 것이 아니다. 주관이 개재되어야 하는 것이 교육이고 교육을 위한 자료는 주관이 개입될 수밖에 없는 것이다. 또한 주관적 방법의 문제와 객관적 방법의 문제를 최소화하기 위한 방법이 경험적 방법이기 때문에 주관성을 문제시하는 것은 주관성이 지나칠 때에 한정하여야 한다. 따라서 현재로는 주관이 개입되는 경험적 방법이 객관적 방법보다 합리적일 수밖에 없다.

　구조주의 언어학자들의 '언어는 모두 다르다.'라는 이론을 적용하면 언어 교육은 각 언어의 특성에 맞게 계획되고 가르쳐야 한다. 따라서 국어 어휘의 특질을 규명하고 이에 맞게 어휘 선정 기준을 세운다면 이는 경험주의 언어학자(구조주의 언어학자)의 이론에 바탕을 둔 것이다. 따라서 '왜 국어 어휘의 특질을 밝혀 어휘 선정 기준을 세우는가.'에 대하여는 필자의 논문에서 상술하였다. 예를 들어, '사용 빈도가 높은 어휘여야 한다.'는 것은 의사 소통에서 '사용 빈도가 높다'는 것은 그만큼 유용한 어휘라는 것을 뜻한다. 이 경우 '유용성의 원리'를

---

19) 본 각주는 원 출판물에는 없는 것을 독자의 이해를 돕기 위해 새로 쓴 것이다. '필자의 변' 내용이 앞의 논문 비평(3, 4)과 일치하지 않는 것은 필자가 '필자의 변'을 쓰기 위한 3, 4의 글(연구자들의 글)이 '필자의 변' 이후 다시 수정되었기 때문으로 보인다. 이는 '필자의 변'이 씌어진 후 약 1년 반 정도 지난 후에 이 글이 출판되었다는 점에서도 그 과정을 유추할 수 있다. 따라서 '필자의 변'은 수정되기 이전의 원고를 읽고 쓴 것임을 밝힌다.

꼭 인용하여 언급할 필요가 있을까? 당연히 유용한 것을 선정하는 것이 교육 대상 선정의 첫째 조건이기 때문에 이런 것이 상세하게 명시되지 않았다는 것이 이론적 바탕이 없다는 것인지……. 그러나 교육용 어휘 선정의 이론을 정립하여야 한다는 주장에는 공감한다. 보다 좋은 선정 원리가 보다 좋은 선정 기준을 만들 수 있기 때문이다. 그리고 '자료 분석을 바탕으로 연구자의 판단을 가미한 형태'라는 의견은 긍정적으로 이해될 수 있다. 주관적으로 판단한 것이 아니고 자료 분석을 바탕으로 하였기 때문이다. 대다수의 연구는 자료 분석을 바탕으로 연구자의 판단을 가미하는 것이다.

그리고 선정 기준을 세우는 데 대한 이론적 고찰은 본 논문에 인용된 이충우(1991a)를 참고하기 바란다. 필자는 한국어 어휘의 특질을 규명하였다. 이는 언어의 보편성 위에다 언어의 개별성을 보완한 것이 된다. 언어의 개별성과 언어 사용의 유용성을 전제로 한 선정 기준이라면 이론이 없다고 말할 수 있을까? 물론 논자에 따라서는 어휘 선정을 위한 기본 이론, 예를 들면 유용성의 원리, 효용성의 원리 등을 요구할지도 모른다. 그러나 교육의 기본 이론이 바로 유용한 것과 효용적인 것을 선정해서 기르치는 것을 전제하는데 왜 이를 구체적으로 밝히지 않는 것이 문제가 되는가? 기존의 대다수 논문이 이를 밝히려다 보니 양이 늘어나는 문제점을 가지고 있지는 않은지?

참고로 필자는 어휘의 특성을 규명하고 선정 기준을 세우기 위하여 아래의 자료를 참고했다.

국어연구소(1985), 「한자 외래어 사용 실태 조사 자료집」
신기철 · 심용철(1986), 「새 우리말 큰 사전」, 7차 수정 증보판, 삼성 출판사.
이응백 · 이인섭 · 김승렬(1982), 「국민 학교 학생의 어휘력 조사」, 「국어교육」 42 · 43 : 235~325, 한국국어교육연구회.
이충우(1991), 「교육용 어휘의 선정 – 경험적 방법에 의한 어휘 선정의 기준 설정」, 관대 논문집 19 : 131~146.
Carter, R. & McCarthy, M.(1988, 1991), *Vocabulary and Language Teaching*, Longman.
Rivers, W. M.(1981), *Teaching Foreign Languages Skills*, The University of Chicago press Ltd. London.

선정 기준의 핵심 요소 중의 하나인 학습자 발달 상황을 고려하지 못했다는 지적에 대해서는 본 연구의 한계임을 밝힌 바 있다. 학습자의 발달에 따른 어휘 조사가 이루어지지 못한 우리 나라의 현실에서 '교과서 어휘'를 분석한 자료를 이용할 수밖에 없었다. 기존의 학습자 발달 상황 관련 자료는 이용하였으며, 결론에서 전국 규모의 학습자 발달 조사를 제안하였다.

학습자의 발달 상황에 대한 연구를 한 후 이를 가지고 교육용 어휘 선정 기준을 만들거나 어휘 목록을 작성해야 한다는 비판은 아주 좋다. 그러나 실제로는 많은 문제가 존재하는 학문의 한계를 보지 못한 지적이다. 우리는 국어 교육에 관한 많은 논문을 읽는다. 이들은 과연 국어 교육 연구의 전제 조건인 '국어 교육이 무엇인가?'에 대한 것이 정해진 다음의 연구인가? 국어 교육이 무엇인가에 대한 논의는 끝났는가? 위의 지적이야말로 이론상으로는 가능하나 실제상으로는 많은 문제가 있다. 학습자 어휘 발달 조사가 끝나고 어휘 목록이 작성되는 동안에도 실제 사용 어휘와는 차이가 나게 된다. 따라서 이 지적은 현실을 외면한 이론적 지적일 뿐이다. 필자는 본 논문에서 어휘 선정의 전제 조건으로 '학습자의 발달에 따른 어휘 조사의 필요성'을 이미 언급하였다.

그리고 의미별 분석 통계는 다의어의 사용 문제로서 이는 지금까지 단순한 어휘 통계조차 못 내고 있는 우리의 상황에서 현실적으로 매우 어려운 문제에 속한다.

마지막으로 초등은 학년 단위보다 '저·중·고'로 나누는 것이 좋을 듯하다는 지적은 타당하다. 국어연구소(1986, 1987)도 아마도 저·중·고로 나누는 것이 바람직하다고 여긴 것 같다.

제대로 된 어휘 선정 기준을 세우기 위해서는 우리 나라의 언어 사용 실태에 관한 전국 규모의 조사가 이루어짐과 동시에 이에 대한 철저한 분석이 있어야 한다. 그러나 완벽에 가까울 정도로 이루어진 어휘 선정 기준이나 선정 목록이라도 그 목록이 완성되었을 때는 이미 시대에 뒤떨어진 것이라는 것을 인정해야 한다. 또한 어휘 목록은 말뭉치를 제한하는 것이 아니라 말뭉치를 잘 활용하도록 하기 위한 것이라는 것을 간과해서는 안 된다. 즉, 목록의 어휘가 말뭉치를 잘 반영하여야 하고, 목록 이외의 어휘도 교육에 이용되어야 한다는 사실을 중시해야 한다. 교육용 어휘 목록은 어휘 교육을 위해 제시되는 하나의 자료일 뿐이기 때문이다. 또한 교육용 어휘 조사 방법에 대한 논문이 더욱 많이 나와야 할 것이다. 수많은 외국의 관련 논문에 비추어 우리 나라는 이에 대한 연구가 많지 않다.

학생에게 적합한 말뭉치를 찾는 방법은 계층별, 연령별, 성별 등 여러 문제를 고려해야 할 뿐 아니라 급변하는 시대의 언어 변화를 고려해야 하기 때문에 어려운 문제이다. 더구나 교육은 현재와 미래를 함께 고려해야 하는 문제이기 때문에 더욱 그렇다.

4

대학의 국어 어휘 교육론 교재

1 | 국어 어휘 교육론 교재의 이론과 실제[1]

Ⅰ. 도입

1. 연구의 의의와 목적

　언어 사용 능력은 어휘에 대한 정확한 이해와 적절한 사용에 영향을 받는다. 어휘를 모르면 언어 생활이 거의 불가능하다는 것이 일반적인 생각이다. 국어의 사용 능력을 신장시키기 위해서는 국어의 음운, 문법, 의미를 확실하게 인식하여 정확하게 표현, 이해하게 하는 교육이 필요하다. 즉, 말하기, 듣기, 읽기, 쓰기에 대한 기능을 향상시키려면 제일 먼저 어휘력을 길러야 한다. 어휘력을 기르기 위해서는 어휘 교육이 필요하고, 어휘 교육론의 개발이 이루어져야 어휘 교육이 정상화될 수 있다면 어휘 교육론의 개발이야말로 국어 교육을 위해 시급한 과제이다. 따라서 어휘 교육론 개발을 위한 기초 연구는 국내의 국어 교육을 위해서 뿐만 아니라 외국인의 '외국어로서의 한국어 교육'을 위해서도 극히 필요한 것이다. 그러나 국립국어연구원이나 몇몇 학자들이 교육용 어휘에 관한 기초 연구를 한 것 이외에 어휘 교육에 관한 언급은 국어 교육 관련 저서들에서 부분적으로 다루어지고 있을 뿐이며, 어휘 교육론을 본격적으로 다룬 논문이나 단행본은 없는 실정이다.[2] 국어의

---

1) '국어 어휘 교육론 개발을 위한 기초 연구(Ⅰ)', 「국어 교육 98」(한국국어교육연구회, 1998)

어휘 교육론을 개발하기 위해서는 어휘 교육론을 구성하는 내용은 어떠한 것인가를 규명하여야 한다. 이는 어휘 교육 관련 전문가들의 연구와 함께 국내외 관련 문헌과 자료들을 종합 분석하여야 가능하다. 본 연구는 이런 어휘 교육의 불모지인 현실을 개선하기 위하여 어휘 교육론 교재의 이론과 실제를 파악하는 것을 목적으로 하였다.

본 연구는, "1. 어휘 교육, 2. 어휘, 3. 어휘력, 4. 어휘 교육과 국어 교육, 5. 아동 발달과 어휘, 6. 지도 어휘의 선정, 7. 어휘 지도법, 8. 어휘 교재, 9. 어휘 교육과 국어 교과서, 10. 각급 학교별 어휘 교육의 실상, 11. 외국어로서의 한국어 교육을 위한 어휘 교육, 12. 남북 통일과 어휘 교육"을 다루었다.

본 연구의 범위는 어휘 교육론의 구성 요소에 대한 기초적인 이론과 실제를 밝히는 데 국한하기 때문에 어휘 교육론의 일부분을 깊이 있게 다루지 않고 전반적인 면을 포괄적으로 다루게 될 것이다.

본 연구의 방법은 문헌 조사, 현장 조사, 설문 조사 방법을 이용하였다.

설문 응답자는 초등 학교 교사 32명, 중학교 교사 33명, 고등 학교 교사 40명, 대학 국어교육과 교수 5명으로 모두 110명이다(응답자 숫자와 ( )의 %는 설문 응답자 110명을 분석한 것이다. 이후 모든 응답자의 통계는 110명(100%)으로 처리한다.).

---

2) 선진국에서는 자국어의 어휘를 풍부하게 하려는 노력의 전개로 어휘력 증진을 위한 다양한 교재 및 어휘 집들이 개발되었는데 우리 나라는 일반 대중이나 외국인을 위한 어휘력 증진 프로그램이나 서적 등이 많지 않은 실정이다. 〈어휘 교육론〉이 국내에서는 단행본으로 나온 것이 없지만 외국의 경우 다음과 같은 것들을 볼 수 있다.

V. F. Allen(1983), *Techniques in teaching vocabulary*. Oxford University Press.

Donald Carter & M. McCarthy(1988, 1991), *Vocabulary and Language Teaching*, Longman.

E. Dale, J. O' Rourke & H. A. Bamman(1971), *Techniques of teaching vocabulary*, Field Educational Publications, Inc., New Jersey.

E. Hatch, and C. Brown(1995), *Vocabulary, Semantics and Language Education*, Cambridge University Press, N.Y.

D. Johnson and P. D. Pearson(1984), *Teaching reading vocabulary*, Holt, Rinehart & Winston, N.Y.

I. S. P. Nation(1990), *Teaching and Learning Vocabulary*, Heinle & Heinle Publishers, Boston.

M. J. Wallace.(1982), *Teaching vocabulary*, Heinemann.

이들의 출신 학교별 구성은 〈표-1〉과 같다.

〈표-1〉 설문 응답자의 학력(박사 과정은 제외)

항목＼대상	초등 교사	중 교사	고등 교사	대학 교수	계
교사(사범)	28	2	3		33
국어교육과		23	24		47
국어국문학과	1	4	3	1	9
국어교육석사	1	3	10	2	16
국어국문석사		1		2	3
기타	2				2
계	32	33	40	5	110

〈표-1〉에 의하면 설문 응답자의 출신 학과는 교육 대학(사범 학교 포함) 33 명(30%), 대학 국어 교육과 47 명(42.7%), 대학 국어 국문학과 9 명(8.2%), (교육)대학원 국어 교육과 16명(14.5%), 대학원 국어 국문학과 3명(2.7%), 기타 2 명(1.8%)으로 국어 교육을 담당하는 국어 교육자의 전공 관련 학력은 초등이 주로 교대(사범 학교 포함)이고 중등 학교가 국어 교육과이다. 또한 "응답자의 교육 경력"은 "5 년 미만이 8 명(7.3%), 5 년부터 10 년까지가 22 명(20%), 10 년 초과 20 년까지가 36 명(32.7%), 20 년 초과가 44 명(40%)이었다. 이는 〈표-2〉 와 같다.

〈표-2〉 설문 응답자의 교육 경력(박사 과정은 제외)

항목＼대상	초등 교사	중 교사	고등 교사	대학 교수	계
5 년 미만	2	2			8
5~10 년		11	10	1	22
10~20 년	3	13	18	2	26
20 년 초과	27	7	8	2	44
계	32	33	40	5	110

이 설문 응답자의 구성이 교육 현장을 그대로 반영할 수 없기 때문에 본 설문의 결과가 대한 민국의 국어 교육 관련자의 어휘 교육에 대한 생각과 국어 교육의 실태를 그대로 반영한다고는 볼 수 없다. 그러나 같은 학교에서 응답자가 5 명을 초과할 수 없도록 하였으며 강원, 경기, 서울, 전남·북, 부산 지역에 걸친 설문 조사를 함으로써 한두 지역에 한하여 조사하지 않도록 노력하였다. 본고에서는 이들의 응답을 근무 학교별로 구분하지 않고 전체적인 통계로 기술하였다.

II. 어휘 교육 이론과 실제

1. 어휘 교육

어휘 교육은 학습자의 어휘력을 신장시키기 위한 교육으로서, 교육의 내용·목표가 되는 어휘를 학습자에게 가르치는 것이다. 일반적으로 언어의 사용 능력은 어휘에 대한 정확한 이해와 알고 있는 어휘의 양이 얼마나 되는가에 큰 영향을 받는다고 한다. 어휘를 모르면 언어 생활이 거의 불가능하다는 것이 일반적인 생각이다. 따라서 학교 교육과 사회 생활에서 많은 어휘를 습득, 학습함으로써 언어 사용 능력을 기르고 많은 지식을 얻게 되는 것이다. 어휘 교육에 대한 최근의 경향은 학습자가 학습하는 데 도움을 주며, 어휘들의 불분명한 의미의 혼란을 의미있게 정리하는 일에 참여하고, 필요, 목적, 목표에 맞는 개인 어휘personal vocabulary의 확장에 치중한다. 어휘 교육의 방법은 어휘의 언어학적 방법에서 이론적으로 발전하여, 심리적 어휘의 심리언어학적 연구, 학습자 중심의 의사 소통 교육 경향으로 발전되었다. 나아가 컴퓨터를 이용한 어휘의 적절한 이용에 대한 연구가 시도되고 있다.

어휘 교육의 필요성과 내용에 대한 일선 교사의 생각은 다음과 같다.

"4. 국어과 교육에서 어휘 교육의 필요성"에 대한 응답은 "매우 필요하다 54 명(49.1%), 필요하다 53 명(48.2%), 그저 그렇다 2 명(1.8%), 모르겠다 1 명(0.9%)"이었다. 또한 "매우 필요하다, 필요하다."에 응답한 107 명(97.3%)은 "독립된 영역(초·중)이나 교과(고교의 선택 교과)가 필요하다 9명(8.2%), 독립된 단원이 필요하다 17 명(15.5%), 각 단원의 내용이나 학습 문제 속에서 다루어야 한다 80 명(72.7%)"이었다.

"5. 예비 국어 교사인 사범대 국어 교육과 학생에게 '어휘 교육론'을 가르칠 필요성"에 대한 응답은 "매우 필요하다 20 명(18.2%), 필요하다 85 명(77.3%), 그저 그렇다 3 명(2.7%), 필요 없다 1 명(0.9%), 기타 1명(0.9%)이었다. 이를 분석하면, 105명(95.5%)이 (사범대)국어 교육과에서 어휘 교육론을 가르쳐야 한다고 인식하고 있으며, 107 명(97.3%)이 국어과 교육에서 어휘 교육이 필요하다고 인식하고 있다.

2. 어휘

어휘에 대한 국어교육자의 이해는 어휘 교육의 정상화를 위해 필요하다.

어휘력을 기르는 어휘 교육은 해당 어휘의 특성을 반영하는 것이 중요할 것이다. 어휘의 특성에 따라 어휘 지도 방법이 달라져야 한다는 것은 지도 대상 어휘의 차이에 따라 어휘 지도 방법이 달라야 교육 효과를 높일 수 있기 때문이다. 왜 그런가 하면, 어휘 교육은 어휘를 가르치는 것이고 어휘의 특성에 맞게 어휘 교육의 방법을 개발하여 지도하면 그렇지 않은 경우보다 효율적으로 어휘력을 기를 수 있을 것이기 때문이다.

국어 어휘의 특성은 1) 유의어가 많다, 2) 동음 이의어가 많다, 3) 대우를 나타내는 어휘가 발달되었다, 4) 음운 교체로 어의語義상 어감의 차이가 발달하였다, 5) 개념어로는 한자어가 많이 쓰인다, 6) 기초 어휘에서는 고유어의 체계가 발달하였고 전문 어휘에서는 한자어가 발달하였다, 7) 2 · 3 · 4 음절어가 발달하였다, 8) 체언이 격에 따라 형식이 달라지지 않는다이다(이충우, 1994). 이들 일반적인 특성은 국어 어휘의 전반적인 성격을 보여주는 것으로서 이에 알맞는 국어 교육, 국어 어휘 교육을 어떻게 하느냐에 따라 어휘 교육의 성패를 가름할 것으로 보인다.

국어 어휘의 종류별 특성에 따라 분류하여 어휘 교육과의 관련을 살피기 위하여는, 어휘의 종류와 특성이 어휘 교육과 갖는 관련을 고찰하는 것이 필요하다. 이를 묻는 항목에 대한 국어 교육자들의 응답은 다음과 같다.

"6. 국어 어휘의 특성으로 제일 먼저 생각나는 특성"에 대한 응답은 "한자어가 많다 27 명(24.5%), 동의어(유의어)가 많다 7 명(6.4%), 의성어 의태어의 발달 6 명(5.5%), 파생어가 많다 6 명(5.5%), 동음 이의어나 다의어가 많다 4 명(3.6%)" 등이다. 이를 보면 유효 응답자의 수도 극히 제한됨으로 미루어 국어 어휘의 특성에 대한 관심이 적은 것으로 보인다.

"10. 교육에 중요하다고 생각하는 어휘의 종류"로는 "1) 고유어 80 명(92.7%), 한자어 29 명(26.4%), 외래어 4 명(3.6%), 무응답 1 명(0.9%) / 2) 동의어(유의어) 47 명(42.7%), 반의어(반대어) 3 명(2.7%), 관계어 11 명(10%), 전문

어 2 명(1.8%), 일반어 44 명(40%), 상하위어 3 명(2.7%), 무응답 3 명(2.7%) / 3) 고어古語 어휘 4 명(3.6%), 문학 어휘 32 명(29.0%), 비유 어휘 12 명(10.9%), 감각 어휘 10 명(9.1%), 방언 어휘 0 명(0%), 구어 어휘 48 명(43.6%) 7 명, 과학 어휘(전문 어휘) 1 명(0.9%), 무응답 3 명(2.7%) / 4) 체언 58 명(52.7%), 수식언(관형사, 부사) 18 명(16.4%), 관계언(조사) 3 명(2.7%), 독립언(감탄사) 0 명(0%), 용언 24 명(21.8%), 무응답 7 명(6.4%) / 5) 단일어 75 명(68.2%), 파생어 15 명(13.6%), 합성어 12 명(10.9%), 축약어와 생략어 0 명(0%), 무응답 6 명(5.5%)이었다. 이를 분석하면, 고유어(80 명/92.7%)와 한자어(29 명/26.4%), 동의어(유의어)(47 명/42.7%)와 일반어(44 명/40%), 문학 어휘(32 명/29.0%)와 구어 어휘(48 명/43.6%), 체언(58 명/52.7%)과 용언(24 명/21.8%), 단일어(75 명/68.2%)와 파생어(15 명/13.6%)로 나타났는데 이는 필자의 생각과 많이 다르다. 고유어는 그 수가 그리 많지 않으며, 국어 어휘는 문어 어휘보다 다양하지 않다. 또한 단일어는 그 수가 극히 적으며 대다수의 어휘는 복합어이기 때문이다. 그러나 설문의 결과를 어휘 교육의 기초 과정에서 중요한 것으로 받아들이면 응답 내용이 적절하다고 하겠다.

3. 어휘력

어휘력語彙力은 어휘에 대한 총체적인 지식으로서 형태와 의미, 용법에 관한 지식, 정확하고 적절하게 사용하는 능력 등을 이른다. 어휘력은 양적 능력(어휘의 양)과 질적 능력으로 이루어지는데 질적 능력은 다시 어휘소의 의미에 대한 이해와 어휘소 사이의 연관성에 대한 이해로 이루어진다. 어휘력은 양적 어휘력과 질적 어휘력으로 나누어지며, 질적 어휘력은 1. 언어 내적 지식(1) 선언적 지식 : ㄱ) 형태에 대한 지식, ㄴ) 의미에 대한 지식, ㄷ) 통사에 대한 지식, ㄹ) 화용에 대한 지식), 2) 절차적 지식 : (ㄱ) 단어 처리 과정에 대한 수행적 정보에 대한 지식, ㄴ) 단어 처리 과정에 대한 행동 목록에 대한 지식, ㄷ) 빠르고 효과적인 단어 처리에 관한 지식)과 2. 언어 외적 지식(1) 단어의 지시 대상에 대한 백과 사전적 지식, 2) 단어에 관한 일화적 지식, 3) 단어의 원어에 대한 지식, 4) 단어의 어원에 대한 지식)으로 이루어져 있다(이영숙, 1997 : 201).

어휘력은 기본적인 독해 전략과 함께 음성 언어 및 문자 언어를 이해하는 열쇠이다. 어휘 지식이 없으면 음성 언어이든 문자 언어이든 이해할 수가 없다. 어릴 때부터 듣기 장애를 가진 농아들은 어휘 지식이 없기 때문에 이 세상에 대한 기초 개념 형성이 되어 있지 않으며, 따라서 언어를 이해하지 못한다. 많은 어휘 지식을 알고 있는 언어 사용자는 그만큼 성공적인 독자가 될 수 있다. 책을 펼쳤을 때 아는 단어가 많으면 그만큼 그 글을 이해하기 수월해진다(박영목·한철우·윤희원, 1996 : 270). 즉, 어휘력은 어휘를 구사하는 개인의 지적 성취의 수준에 관련된 능력으로 고도의 판단 능력, 조직 능력, 분석 능력, 적용 능력, 비판 능력 등을 비롯하여 현재 진행 중인 주제에 관한 전문적인 지식, 나아가서는 세계에 관한 전반적인 지식까지가 더불어 결합되는 수준에 이르러야만 비로소 적격의 문장을 생성해 낼 수 있다.

국어 교육에서는 학습자의 어휘의 풍부성을 높여 주는 것이 바로 어휘력을 높이는 것이며, 어휘 교육의 성과는 어휘의 풍부성으로 측정할 수 있다고 볼 수 있다.

"11. 어휘에 대한 능력과 언어 사용 능력의 상관"에 대한 응답은 1) 매우 크다 61 명(55.5%), 2) 크다 45 명(40.9%), 3) 보통이다 4 명(3.6%), 4) 적다 0 명(0%), 5) 없다 0 명(0%)으로 응답자의 대다수가 어휘력이 언어 사용 능력과 관련을 맺는다고 인식하고 있다.

4. 어휘 교육과 국어 교육

국어 교육의 일차적 목표는 국어의 사용 능력을 신장하는 것이다. 따라서 국어 교육을 포함하는 넓은 의미의 언어 교육에서 지향하는 것은 언어를 이용하여 의사 소통을 효율적으로 할 수 있는 언어 사용 능력을 갖추는 것이다. 이 때, 구어나 문어의 표현이나 이해를 원활하게 할 수 있기 위해 제일 필요한 것은 어휘에 관한 능력, 즉, 어휘력을 기르는 것이다. 따라서 국어 교육에서 어휘 교육은 중요한 위치를 차지하고 어휘 교육과 국어 교육은 불가분의 관계에 있다 하겠다. 언어의 사용 능력이 어휘에 대한 정확한 이해와 어휘의 양이 얼마나 되는가에 큰 영향을 받기 때문에 어휘 교육을 통하여 많은 어휘를 습득, 학습함으로써 국어 사용 능력을 기르는 것이 바로 국어 교육에서 필요하다.[3] 이들 관련을 교과서의 글을 통해 보면 다음과 같다.

(가) 언어는 그것을 습득하는 사람에게 지식을 쌓게 하고, 생각을 넓고 깊
게 하는 구실을 한다. 사실, 지식을 쌓는다는 것은 어휘를 늘린다는 것과 같
고, 어휘가 풍부하다는 것은 그만큼 지식이 많다는 것과 같은 것이다. 따라
서, 어휘를 늘릴수록 지식이 풍부해져서 생각이 넓고 깊게 되는 것이다. 우
리의 선생님이나 선배들이 우리에게 독서를 권하는 까닭의 하나가 바로 여
기에 있다.
　　　－6차 중학 국어 1-1, 〈글의 짜임〉, '언어에 대하여' : 22

(나) 단어들을 비교해 보면, 소리는 같으나 의미가 다른 단어도 있고, 소
리는 서로 다르지만 의미가 비슷한 단어도 있다. 또, 의미가 반의나 상하 관
계에 있는 단어도 있다. 이와 같은 단어 사이의 다양한 의미 관계를 앎으로
써, 단어를 정확하고 효과적으로 사용할 수 있는 능력을 기를 수 있다.
　　　－6차 중학 국어 1-1, 〈단어들의 의미 관계〉, '단원의 길잡이' : 188.

위와 관련지어 볼 때 글 속의 새로운 어휘나 글의 내용을 대표하는 중요
어휘를 가르치는 것은 독자가 글을 읽는 데 도움을 준다. 새로운 어휘는 독
자의 사전 지식과의 개념 연상을 갖게 하거나 새로운 연상을 제공함으로써
독자가 글 속의 새로운 내용과 자신의 지식을 관련시키도록 돕는 구실을 한
다(한철우 외, 1993 : 28). 또한 어휘력 부족의 글에서는 비단어의 사용, 부정
확한 단어의 사용, 부정확한 관용어구의 사용, 불필요한 단어의 사용, 글의
맥락에 부적합한 단어의 사용, 호응상의 불일치, 이중 부정의 사용 등이 나
타나게 된다(김희진, 1994 : 459~484). 따라서 전달하고자 하는 의미를 정확
히 담은 어휘, 객관성과 논리성을 지닌 어휘를 선택해야 글의 적정성, 객관
성, 논리성이 유지된다. 이와 마찬가지로 말하기, 듣기에서도 표현하거나 이
해하기 위해서 이에 적절한 어휘력을 갖추어야 한다.
어휘 교육과 국어 교육의 관련에 대한 일선 국어 교육 담당자들의 인식을
알아보기 위한 설문인 "12. 어휘 교육과 국어 교육의 관계"의 응답으로는 응
답자 81 명(73.6%) 중 "어휘 교육은 국어 교육의 기초·기본이 된다 69 명

---

3) 국어 생활의 질적 수준의 향상과 가장 긴밀한 관계를 가지는 어휘 교육의 문제는 그 중요성에 대한 인식
과 더불어 긴급히 실천에 옮겨져야 할 초미의 과제가 아닐 수 없다(김광해, 1995 : 325).

(62.7%), 국어 교육 속에 어휘 교육이 포함되어 있다 9 명(8.2%), 상호보완적 관계 2 명(1.8%), 서로 거의 관계가 없다 1 명(0.9%)이었다. 이를 보면 어휘 교육은 국어 교육의 기초 · 기본이 된다는 데 대해서는 대다수가 공감하고 있다.

5. 아동 발달과 어휘

어휘 습득은 어휘 사용 방법을 습득하는 것으로서 자신의 표현 어휘나 이해 어휘로 사용할 수 있게 되는 것을 이른다. 언어 발달은 양적 변화가 아니라 질적 변화이기 때문에 얼마나 많은 어휘를 습득했느냐는 어휘의 양적인 문제만이 아니라 질적인 문제까지 포함하는 것이다.

어휘의 습득은 1어 발화부터 시작하여 5 세 정도에 3,000 어에 가까운 어휘를 사용하게 되며, 어휘 습득의 순서는 단순한 것에서 복잡한 것으로, 구체적인 것에서 추상적인 것으로, 비변별적인 것에서 변별적인 것으로, 분산적인 것에서 조직적인 것으로, 자아 중심적인 것에서 사회 중심적인 것으로 발달한다. 어휘 습득은 언어 습득이 이루어지는 것과 같기 때문에 언어 습득에 대한 연구는 어휘 습득의 비밀을 밝히는 데 도움을 준다. 또한 언어 교육 이론은 어휘 교육 이론을 정립하는 데 도움이 된다. 따라서 언어 발달 연구의 하나로서 어휘 발달에 관한 연구가 선행되어야 할 것이다. 어휘 습득의 단계를 알면 이를 어휘 지도의 단계에 반영할 수 있다.[4]

어휘 지도 방법은 어휘 습득의 단계와 원리를 알고 어휘 확충의 방법을 안 후에 이에 적절하게 개발하여야 할 것이다. 어휘 습득 과정을 안다는 것은 어휘 지도 방법을 개발하는데 도움이 되기 때문에 어휘 습득에 관한 연구는 어휘 지도 방법의 개발에 앞서 필수적으로 이루어져야 한다.

"16. 개론서로서의 '어휘 교육론'의 내용 구성에 필요한 것"에 대한 응답으로 "학교별(초 · 중 · 고) 어휘 선정 필요, 연령, 대상에 맞는 어휘 교육 방

---

4) 학습자의 어휘 발달에 대한 연구는 어휘의 교육에 도움을 준다. 예를 들어, "단문의 나열 가능(2 세 전후), 초기 복문 발화(3 세 전후), 구문에서 행위의 주체 파악(4 세 전후), 피 · 사동 구문 구사(3~4 세 전후), 조사와 어미의 올바른 사용(5~6 세), 경어법 구사(7~8 세), 문맥에 따라 어휘 의미가 달라지는 것을 안다(8~9 세), 시상 · 존비 · 관용구의 일치 여부(10~12 세), 국어 사전 사용법(9~12 세)"이라는 어휘 발달 지표(이인섭, 1986 : 267, 8)를 알면 이를 어휘의 발달에 맞게 어휘를 지도할 수 있다.

법"이 각 1명(0.9%)으로 학습자의 발달 단계와 어휘 교육과의 관련에 대한 인식은 적은 편이었다.

6. 지도 어휘의 선정

어휘의 평정評定에 따라 지도 어휘를 선정할 수 있다. 대개 가장 쉬운 단어가 1차 어휘, 좀 어려운 단어가 2차 어휘, 그리고 더 어려운 순서로 3차 어휘, 4차 어휘로 평정할 수 있다. 이는 단어의 기본도의 높음을 표시하는 방법으로 어휘 교육의 필수적인 절차가 되며 사전 편찬, 어휘 교육에서의 학습용 기본 어휘 선정 등에 제공되어야 어휘 교육에 반영할 수 있다. 초등 학교 지도 어휘는 중등 학교 지도 어휘보다 기본도가 높을 것이고 한정된 전문 용어와 사용 빈도가 극히 낮은 어휘는 기본도가 낮다고 볼 수 있다. 그러나 기본도가 극히 낮은 고유어라도 중요 어휘로서 가치가 높고 이를 어휘 교육에 반영하는 것이 어휘 교육을 위해서 필요하다면 등급을 상향 조정해야 한다.

어휘를 선정하기 위하여는 기준을 정하고 그 기준에 맞추어 선정하여야 한다. 기준은 선정 방법에 따라 다르기 때문에 기준을 정하기 전에 선정 방법을 결정하여야 한다. 어휘를 선정하는 방법은 주관적 방법, 객관적 방법, 경험적 방법이 있는데 이들 방법은 모두 나름대로의 장단점을 갖고 있다. 지도 어휘를 선정하는 방법은 학습자·교육 과정 등에 따라 그에 적합한 방법을 택해야 한다. 교육용 어휘의 선정 기준은 한정된 양의 어휘로 보다 큰 효율의 언어 생활을 할 수 있도록 이루어져야 하며, 선정 방법과 목적에 따라 기준이 달라진다.

또한 어휘 교육을 위한 교과서 어휘의 양은 학습자의 발달 수준에 알맞게 적절해야 한다. 저학년의 학습자에게 많은 양을 가르치려다가는 습득할 수 있는 어휘가 줄어들기 때문에 소기의 목적을 달성할 수 없다. 그러나 어휘의 양이 적다면 또한 어휘 교육의 극대화를 꾀할 수 없다. 이에 대한 구체적인 연구 결과는 보이지 않으나 외국어 교육 특히 영어 교육에서는 교육 과정에서 어휘의 양을 조절하여 교과서 편찬에 반영하고 있다. 그러나 국어 교육에서는 어휘 통제가 거의 없다고 할 수 있으며 어휘의 양에 대한 규정을 찾아볼 수 없다.

"13. 초등 학교에서 가르쳐야 할 어휘(전 교과서에 제시되는 신출 단어)의 적절한 양"에 대한 응답은 "1만 어 37 명(33.6%), 2만 어 32 명(29.1%), 3만 어 14 명(12.8%), 무응답 21 명(19.1%)"이었다. 이를 보면 응답자들이 현재 초등 학교의 전 교과서에 나타나는 이어異語 수가 어느 정도인지에 대한 사전 지식이 없는 것 같다. 4차 국민 학교 전 교과서의 이어 수는 정우상(1987)에 의하면 부호·음절을 포함하여 20,108 어이었다. 이는 해당 연령층의 이해 어휘 수에 비해 그리 많지 않다는 것이 일반적인 지적이다. 딜러Diller(1971 : 29)에 의하면 초등 학교 졸업의 어린이(12 세)의 이해 어휘의 양은 135,000 어이다. 국어가 영어와 똑 같지는 않을 것이나 이와 비슷하다고 보면 초등 학교 교과서 어휘 2만 어나 3만 어는 적은 수라고 볼 수 있다. 물론 교과서의 어휘량이 문제가 아니라 교과서의 어휘를 배운 후에 이를 기반으로 사용 어휘와 이해 어휘를 늘일 수 있는 능력이 얼마나 향상되느냐가 더 중요하지만 결코 초등 학교 전 교과서에 나오는 이어 수는 많다고 할 수 없다고 보인다.

7. 어휘 지도법

어휘 지도 방법은 어휘 교육 즉, 학습자의 어휘력을 기르기 위한 지도의 방법을 말한다. 어휘의 지도는 단순한 몇 가지 방법으로 이루어질 수 있는 것이 아니기 때문에 다양한 학습자, 대상 어휘의 특성, 교육 현장 등을 고려하여 이루어져야 한다. 또한 어휘 지도의 방법은 한 단어가 어느 한 가지 방법만으로 지도되는 것이 아니라 여러 방법으로 지도될 수 있을 뿐만 아니라 여러 방법이 종합적으로 적용되어야만 교육이 잘 될 경우도 있기 때문에 이에 대한 깊은 연구가 필요한 부분이다. 어휘 지도법에는 1) 시각 어휘sight word 법, 2) 즉물卽物 시청각법, 3) 행동·극화법, 4) 문맥 추정법context clues approach, 5) 유추법analogic approach, 6) 개념 환기법, 7) 대치법代置法, 8) 구조 분석법, 9) 예문법, 10) 환언법, 11) 단문短文법(원훈의, 1996 : 316~332 참조) 등이 있다. 이들 어휘 지도법은 어휘 교육이 어떤 목적으로, 어떤 어휘를, 어떤 교재로, 어떤 학습자에게, 어떤 교사가, 어떻게 가르치느냐에 따라 제일 적절한 방법이 다를 것이기 때문에 이에 대한 실험 연구가 선행되어야 한다. 좋은 어휘 지도법은 보다 효율적으로 지도 어휘를 학습자에게 가르칠 수 있도록 한다.

어휘 지도법은 학습자의 발달 단계나 교사의 자질, 교육 자료, 교육 환경 등 제반 여건을 고려하여 개발하여야 한다.

어휘 지도법과 관련된 응답은 다음과 같다. "9. 효과가 좋았던 어휘 지도법"에 대한 응답 중 5 위까지의 지도법은 "짧은글 짓기 19 명(17.3%), 문맥 추정법 18 명(16.4%), 사전 확인 11 명(10%), 시각 어휘법 10 명(9%), 예문법 10 명(9%)"이었다. 그리고 즉물 시청각법(실물 제시법)은 초등 학교에서만 7 명(6.4%)이 응답해 초등 학교 저급 학년에서 자주 사용되는 어휘 지도법임을 알 수 있다. 또한 "22. 응답자가 이용해 본 어휘 지도 방법"은 "가리키며 이름 말하기 21 명(19.1%), 같은 말 찾기 28 명(25.5%), 동사의 어휘 변화 16 명(14.5%), 말 만들기 11 명(10%), 문장 만들기 13 명(11.2%), 말 모으기 0 명(0%), 어울리는 말 찾기 1 명(0.9%), 말들의 같은 점 찾기 1 명(0.9%), 높임말, 낮춤말 익히기 1 명(0.9%), 10) 단어를 사전에서 찾기 6 명(5.5%), 11) 반대말·상대말 찾기 0 명(0%), 12) 한자 어휘 늘리기 0 명(0%)로 제일 많이 이용하는 어휘 지도법은 "같은 말 찾기, 가리키며 이름 말하기, 동사의 어휘 변화, 문장 만들기 순인데 "효과가 좋았던 어휘 지도법"과 차이가 나는 것은 지도가 수월한 지도법을 많이 사용하기 때문으로 보인다.

복합어 지도에서 어휘 단위와 관련지어 '쉴 새 없이, 을씨년스럽다'를 지도하기 위한 방법에 대한 응답은 다음과 같다. "18. '쉴 새 없이'를 가르치기 위해서는 '쉬다', '사이', '없다', '쉴 새 없이'를 모두 가르쳐야 한다고 생각하십니까?"라는 질문에는 "매우 그렇다 12 명(10.9%), 그렇다 48 명(43.6%), 모르겠다 3 명(2.7%), 기타 1 명(0.9%), 무응답 7 명(6.4%)으로 "'쉬다', '사이', '없다', '쉴 새 없이'를 모두 가르쳐야 한다"가 60 명(54.5%)이고 "'쉴 새 없이'만 가르치면 된다"가 39 명(35.5%)이다. 이에 의하면 '쉴 새 없이'와 같은 단어들은 어휘소 모두를 가르치는 것이 효과적이라고 인식하고 있었으며 이는 복합어 지도가 분석적임을 나타내 주고 있는 것이라 할 수 있겠다. 또한 "21. '을씨년스럽다'는 말의 의미 설명의 문제"의 응답은 모두 다른데(기술형 응답에서 동일한 응답이 없었음.) "유형이 낯설기 때문. 의미를 익힌 어휘는 실제 생활에서 활용할 수 있도록 의도적으로 지도할 필요가 있다(특히 고유어)."는 응답 이외에는 "지도하지 말아야 한다, 지도하기 어렵지 않다."와 같이 의미 지도에 도움이 되지 않는 것들이었다. 이로 보면 지도하기 어려운 단어의 설명은 그 지도법에 대한 노력을 포기하고 있는 경우가 많은 것으로 보인다.

8. 어휘 교재

　어휘력 향상 자료로서의 어휘 교재는 '동의어 사전, 반의어 사전, 분류 어휘집, 어휘 분류 사전, 숙어 사전, 속담 사전, 고사성어 사전, 용례 사전, 어원 사전' 같은 특수 사전류의 간행이나 단행본 형식의 어휘력 증진에 도움을 주는 책이 필요하다. 특히 국제화 시대에 '외국어로서의 한국어 교육'의 중요성이 늘어가고 있는 바, 외국인을 위한 '어휘 학습 교재'도 필요하다.

　영어권이나 일본에서 자신들의 어휘력 확대를 통해 문장을 세련시킨다는 목적 아래 출간된 책들은 Thesaurus of English Words and Phrase/Dictionary of Synonyms/Dictionary of Antonyms/Family Word Finder/How To Increase Your Word Power/Use The Right Word/Write Better, Speak Better 등이 있다 (김광해, 1993 : 323).

　국어 어휘 교육 관련 교재는 80년대 후반부터 나오기 시작한 각종 사전과 어휘력을 확장할 수 있는 일부 단행본들이 있다. 이들 중 대표적인 것으로는 다음과 같은 것이 있다.

　　각종 사전 : 김광해(1987), 유의어 반의어 사전, 도서 출판 한샘. / 김광해(1990), 반대말 사전, 국학 자료원. / 김민수 편(1997), 우리말 어원 사전, 태학사. / 김병선 · 박춘하 편(1991), 한국어 형용사 사전, 계명 문화사. / 김정섭(1998), 아름다운 우리말 찾아쓰기 사전, 한길사. / 남영신(1987), 우리말 분류 사전 (1) 이름씨편 / (2) 풀이말편/ (3) 꾸밈씨 기타 편, 한강 문화사. / 박영준 · 최경봉 편저(1996), 관용어 사전, 태학사. / 박용수(1989), 우리말 갈래 사전, 한길사. / 이훈종(1992), 민족 생활어 사전, 한길사.

　　어휘력 증진 단행본 : 김석득 · 서정수 · 최기호(1991), '당신은 우리말을 얼마나 아십니까?', 샘터. / 이기문(1985/1990), 당신의 우리말 실력은?, 동아 출판사. / 전영우(1994), 바른말 고운말, 집문당. / 이성구 편저, 1998, 한맥 개념어 · 난해어 사전, 용문 학원.

이외에도 초등 학교 취학 전 아동을 위한 시각 어휘 방법용 자료나 초등 학교용 낱말 카드가 문방구에서 판매되기도 하는데 퍼즐이나 게임을 통한 어휘력 증진을 위한 교재는 찾아보기 힘들다.

어휘 교재와 관련된 인식은 "16. 어휘 교육을 위한 개론서로서의 '어휘 교육론'의 내용 구성에 필요한 것"에 나타난 교사의 의견 중 "어휘 교육 중 방법상의 문제가 가장 시급하다고 본다. 어휘 교육용 참고서가 나와서 쉽고도 재미있게 가르칠 수 있어야 겠다. 예) 낱말 퍼즐집 등"과 "말하기, 듣기 테이프를 사용하고 있으나 더욱 적극적인 말하기 어휘 교육 자재가 필요. 어휘 지도 방법의 교재", "어휘 확대를 위한 예화 자료(사전) 개발"이 있을 뿐이다. 이와 같이 "어휘 교재의 필요성"을 인식한 응답으로 3 명(2.7%)에 불과하였다.

9. 어휘 교육과 국어 교과서

어휘 교육을 위한 교과서를 편찬하기 위하여는 선결 과제인 어휘 선정, 어휘 지도 방법의 개발, 교육 과정의 제정, 교과서에 대한 연구가 필요하다. 어휘 교육을 위한 교과서의 조건은 다음과 같다. 1) 교과서에 쓰이는 어휘는 학습자의 발달 수준에 알맞아야 한다. 2) 좋은 어휘 지도 방법은 보다 효율적으로 교육용 어휘를 학습자에게 가르칠 수 있도록 한다. 3) 어휘 교육 과정은 어휘 능력lexical competence의 신장에 두어야 하고 이를 위해 교육 과정과 교과서가 편찬되어야 할 것이다. 그러기 위하여는 학교 급별, 학년별 교육용 어휘가 선정되어 교육 과정에 명시되어야 한다. 4) 교과서 편찬은 제재 선정과 체계와 구조가 고려되어야 한다. 제재 선정은 어휘의 선정 배열과도 관련되는데, 선정의 목적, 수준, 학습 기간을 고려해야 하며 형태와 양, 기준, 항목을 참작하여야 한다. 또한 국어 교과서에 어휘 교육을 잘 반영하기 위해서는 어휘 산정을 위한 전산 프로그램의 배부를 통하여 교과서의 어휘를 통제하며 교과서 심의시에 어휘 검색 작업을 실시해야 한다. 어휘 교육을 위한 교과서 편찬은 기존의 교과서로서의 조건 이외에 어휘 교육의 특성을 살릴 수 있도록 하여야 할 것이다.

위의 고려할 점들을 교육 과정에 따라 교과서에 반영하려면 무엇보다도 체계적일 것이 요구된다. 고려할 점을 한두 가지만 교과서에 반영하기는 쉬울 수 있으나 전체적으로 반영하려면 많은 노력이 요구된다. 학습자가 체계적으로 어휘를 습득할 수 있도록 의도적인 교과서 편찬도 필요할 것이다. 교과서에서는 어휘 교육을 주로 '읽기'에서 다루고 있는데 읽기, 쓰기, 듣기, 말하기, 언어, 문학의 영역 가운데 어휘 교육과 무관한 영역은 없다. 따라서 어휘 교육을 위한 교과서는 모든 영역에 걸쳐 어휘 학습을 위한 세심한 배려가 필요하다. 읽기, 쓰기, 듣기, 말하기를 가르치는 가운데 필요한 어휘를 자연스럽게 습득시킬 수 있는 교과서의 편집, 적은 수의 단어를 배우고도 많은 단어의 의미를 알 수 있도록 하는 교과서의 편집은 잘 짜여진 교육 과정과 잘 선정된 지도 어휘에 의한 체계적인 편집 노력에 의해 이루어진다.

"14. 현 국어 교과서의 어휘 교육을 위한 고려"에 대한 응답은 "매우 잘 되어 있다 1명(0.9%), 잘 되어 있다 22명(20%), 그저 그렇다 69명(62.7%), 아니다 16명(14.5%), 모르겠다 2명(1.8%)"으로 국어 교과서가 어휘 교육에 대한 고려가 잘 이루어지지 않았다는 응답이 많았다.

교과서에 나타난 어휘 교육 내용을 분석하는 것은 교과서가 얼마나 어휘 교육에 적절하게 편찬되었는가를 알 수 있게 하며, 나아가 더욱 효과적인 어휘 교육을 위한 교과서를 편찬할 수 있도록 개선할 기회가 된다. 따라서 교과서에 나타난 어휘 교육 내용을 분석하는 것은 교과서가 얼마나 어휘 교육에 대하여 관심을 갖고 편찬되었는가를 알 수 있게 하며, 나아가 더욱 효과적인 어휘 교육을 위한 교과서를 편찬할 수 있도록 개선할 기회가 된다.

5·6차 국어 교과서의 어휘 교육 관련 부분을 분석하면 1) 어휘의 양은 전체적으로 부족, 2) 어휘 지도법은 기존의 어휘 지도법을 다양하게 수용, 3) 편집 체제는 6차 교육 과정의 교과서에서 이전의 교과서보다 다양한 어휘 설명이 시도되었음을 알 수 있다(이충우, 1996 : 48, 9).

10. 각급 학교별 어휘 교육의 실상

각급 학교의 국어 교육은 국어과 교육 과정에 의하는 것이 원칙이다. 국어 교육 과정에 어휘 교육을 반영하는 일은 국어 교육 전문가에 의해 어휘 교육의 내용과 전체 계획이 이루어져야 정상적이며 소기의 목적을 달성할 수 있다. 어휘 교육 과정은 어휘 능력의 신장에 두어야 하고 이에 의해 교과서가 편찬되어야 할 것이다. 그러기 위해서는 학교 급별, 학년별 지도 어휘가 선정되어 교육 과정에 명시되어야 한다. 또한 이들 어휘를 교육할 교과 목표 · 학습 목표 및 내용 · 지도 및 평가 상의 유의점 등에 어휘 능력lexical competence을 신장할 수 있는 고려가 있어야 한다. 또한 어휘 교육을 위한 각급 학교의 교육 내용은 수준, 영역, 범위, 분량 등이 일관성 있고 계열성 있게 구성되어야 한다(이충우, 1996). 따라서 각급 학교별 어휘 교육의 실상을 알기 위해 각급 학교 교육 과정에 나타난 어휘 교육 관련 내용과 교사의 응답을 분석하면 각급 학교의 어휘 교육의 실상을 추측할 수 있다.

6차 초 · 중 · 고 국어과 교육 과정에 나타난 어휘 지도 방법을 각급 학교별로 나누어 보면 다음과 같다(이충우, 1996 : 43). 초등 학교 교육 과정에서는 어휘 관련 항목이 4학년 12, 3학년 11, 2 · 5 · 6학년에서 8로 나타나 균형을 이루고 있음을 알 수 있으며, 어휘 지도법은 문장 만들기 16, 낱말뜻 알기 13, 낱말 관계 5로 나타났다. 중학교 교육 과정에서는 어휘 관련 항목이 1학년 12, 2학년 6, 3학년에서 4로 나타나 1학년에 편중돼 있으며 어휘 지도법은 낱말 관계 7, 문장 만들기 5, 낱말 구조 3으로 나타났다. 고등 학교 교육 과정에서는 어휘 관련 항목이 14이며 어휘 지도법은 낱말 관계 6, 낱말 뜻 알기 3, 문장 만들기 2로 나타났다(고등 학교 교육 과정은 학년별로 구분돼 있지 않음.). 상급 학교로 갈 수록 어휘 지도법의 수가 줄고 있는데 이는 초급 단계의 어휘 지도법인 그림 이용, 낱말 놀이, 말 바꾸기, 짧은글 짓기 등이 중 · 고등 학교 단계에는 별로 효과가 없기 때문이라고 생각한다. 어휘 지도 방법에 대한 초 · 중 · 고 전체의 통계를 보면 문장 만들기 23, 낱말뜻 알기와 낱말 관계가 각각 18로 나타났다. 따라서 문장 만들기와 낱말뜻 알기, 그리고 낱말 관계가 교육 과정을 결정하는 과정에서 중요시되었다고 볼 수 있다.

각급 학교 국어 교육에서 어휘 교육이 어떻게 시행되고 있는가를 알기 위한 "17. 재직하는 학교의 어휘 교육"에 대한 응답으로는 "국어 시간에 말하기, 듣기, 쓰기, 읽기 시간을 통해 교육한다 8명(7.3%), 수업 시간에 학습 내용과 관련지어 지도한다 6명(5.5%), 거의 이루어지지 않는다 5명(4.5%), 어휘 교육은 읽기 시간에 수시로 한다 4명(3.6%), 국어 사전 사용 4명(3.6%), 국어 시간에 내용에 관계된 어휘를 단원 첫 시간에 사전 중심으로 지도 3명(2.7%), 짧은글 짓기 3명(2.7%)" 등으로 다양한 방법이 이용되고 있으나 체계적으로 지도하고 있다는 대답은 전무하였다.

교사의 교육 대상에 지식은 교육에 직결된다. 교사가 어휘에 대한 깊은 관심을 갖고 어휘에 대한 지식이 많다면 생활 속의 단어에 대한 구성상의 문제점을 알고 있을 것이다. 어휘력을 묻는 "7. '옥수수나무'는 사전 수록어입니다. 그러나 옥수수는 나무가 아니라 풀에 속합니다. 이와 같은 경우는?(잘못된 단어들이 생각나면 적어 주십시오.)"의 응답자는 27명(24.5%)으로 응답 내용은 "미니슈퍼, 역전뒤/대나무/쌀나락, 콩나무/새쌀, 고추나무/콩나무, 수수나무 등"이 5명이었으며, 이외에 "역전앞, 처가집"과 같은 동의 중복 현상으로 응답한 것이 13명이었다. 이 설문은 잘못된 지식에 의해 만들어진 단어에 대한 예를 든 것으로 "대나무/쌀나락, 콩나무/새쌀, 고추나무/콩나무, 수수나무 등" 5명만이 적절한 답을 하였다. 이외에도 "민들레 홀씨, 컴맹"등의 응답이 있었는데 어휘에 대한 평소의 관심이 깊지 않았음이 나타나 있다.

각급 학교의 어휘 교육은 학습 시간에 교과서와 관련지어 이루어지고 있으며 구체적인 지도 계획이나 지도 방법에 대한 고려 없이 교사별로 다양하게 이루어지고 있으나 효율적으로 이루어지지는 못하고 있는 실정이다.

11. 외국어로서의 한국어 교육을 위한 어휘 교육

국제화 시대에 외국어로서의 한국어 교육을 위한 어휘 교육은 외국인에게 국어 어휘를 가르치는 것이기 때문에 자국어 교육과 외국어 교육의 차이에 따른 어휘 교육의 조건, 외국어로서의 한국어 교육용 어휘 선정의 조건 등이 고려되어야 한다. 한국어 국제화 방안으로는 "1) 언어적인 면으로는 '공통 국어' 문제, 간략화된 표준 문법 문제, 기초 어휘 문제"가 있으며 "기초 어휘 문제"로는 "생존에 필요한 어휘, 한국의 문화를 이해하는 데 필요한 어휘, 교육을 받는데 필요한 어휘, 학문을 하는 데 필요한 어휘 등 어휘 분류, 어휘 빈도수 등이 종합적으로 고려되어 기초 어휘가 선정되고, 난이도에 따라 단계적으로 배울 수 있는 어휘의 체계화도 이루어져야 할 것(박영순, 1995 : 18)"이라고 하였다. 이와 같이 외국어로서의 한국어 교육에서 갖는 어휘 교육의 중요성에 비추어 볼 때 이제까지의 어휘 선정 및 지도법에서의 연구는 이 부분에 별다른 성과를 갖고 있지 못하고 있다. 자국어 교육과 외국어 교육의 차이에 따른 어휘 교육의 조건이나, 외국어로서의 한국어 교육용 어휘 선정의 조건 등 많은 연구가 필요한 부분이다.

"15. "외국어로서의 한국어 교육"을 위한 어휘 교육을 위하여 제일 필요한 것"에 대한 응답은 "어휘 교육용 교재 개발 33 명(30%), 어휘 지도 방법의 개발 33 명(30%), 교육용 (기초) 어휘의 선정 23 명(20.9%), 어휘 사용 실태 파악 19 명(17.3%), 무응답 2 명(1.8%)"이었다. 이는 일반적인 어휘 교육에 필요한 것을 외국인을 위한 어휘 교육에도 적용시켜야 한다고 생각하는 것으로 "자국어 어휘 교육과 외국어 어휘 교육의 차이에 대한 고려"에 대한 언급이 전무하다는 것은 외국어로서의 한국어 어휘 교육에 대한 인식이 별로 없음을 보여 주는 것이라 하겠다.

12. 남북 통일과 어휘 교육

남북 통일 후의 국어 교육에서 어휘 교육을 어떻게 하여야 할 것인가는 남북한의 언어 차이 중 가장 두드러진 차이가 어휘의 차이라는 것을 전제로 할 때 그 중요성이 매우 크다고 할 수 있을 것이다. 따라서 통일에 대비한 어휘 교육에 대한 준비가 있어야 할 것이고, 이 준비의 하나로서 국어 교육을 담당할 사범대 국어교육과 학생들에 대한 남북한 어휘에 관한 교육이 필요할 것이다.[5] 그러나 통일과 관련한 어휘 교육은 다음과 같은 것을 전제로만 가능하다. 1) 통일의 방법 : 어떠한 형태의 통일인가가 문제되는데 본고는 북한이 남한에 흡수 통일되는 즉, 남한의 모든 체제 아래 북한 출신 주민이 생활하게 되는 것에 한정한다. 2) 교육의 시기 : 통일 이전의 교육(이 경우는 남북한 주민 모두에게 통일에 적응하기 위한 국어 교육을 시행하는 것)과 통일 이후의 교육(이 경우는 통일 이후 남북한 출신 모든 국민에게 서로의 문화에 적응하도록 하는 국어 교육을 시행하는 것) 가운데 어느 것인지를 밝혀야 하는데 본고는 통일 이전과 이후의 교육에 모두 적용한다. 3) 교육의 대상 : 앞의 1)과 2)가 전제된 경우에도 교육의 대상이 모든 남북한 주민인지 남북한 학생만인지가 정

---

5) 통일에 대비한 국어 교육에 대한 논의는 한국국어교육연구회의 '통일을 대비한 국어 교육' 발표회(1998. 8)에서 많은 도움을 얻었다.

해져야 하는데 본고는 남북한 출신 학생에만 국한한다. 따라서 본고는 북한이 남한에 흡수 통일되는 것을 대비하여 통일을 전후하여 남북한 출신 모든 학생에게 제도 교육으로서의 국어 교육을 시행함에 있어 어휘 교육에 관한 부분만을 논하는 것이다. 남북한 통일이 갑자기 이루어질 경우와 점진적으로 이루어질 경우 등 여러 경우에 따라 그 교육 방법이 달라질 것이나 본고는 더 이상 나누어 기술하지 않는다. 상세한 기술은 다른 글에서 논하게 될 것이다.

통일에 대비한 어휘 교육을 위해서는 양측 어휘의 차이에 대한 이해를 돕는 것이 우선 필요하다. 남북한의 어휘 차이는 제도의 차이에서 빚어진 것, 지역 방언이 문화어가 된 것, 말다듬기로 차이가 나게 된 것, 어의 변화로 차이가 나게 된 것, 표기가 달라 차이가 나게 된 것, 발음이 달라 차이가 나게 된 것, 표기와 발음이 다 같이 차이가 나는 것과 같은 것이 있다. 이 밖에 전문 용어로 국어 교육의 용어, 교수 학습의 용어도 차이가 나 통일에 대비한 대책을 강구해야 한다(박갑수, 1998 : 52). 이를 위하여 남북한의 국어학자와 국어교육학자들이 공동으로 기본 어휘와 교육용 어휘 목록을 작성하여 그것을 활용하여 국어 교과서를 개발하고 교육하도록 하여야 한다(이주행, 1998 : 74). 또한 남북한 어느 측의 어휘도 더 좋은 것이거나 덜 좋은 것이 아니라는 사실을 주지하도록 하여야만 할 것이다. 어느 쪽에서 생활하였던 상대측의 어휘나 언어 생활 모두를 객관적으로 이해할 수 있는 교육이 필요하며 다만 사용 어휘로 어느 어휘가 더 유리한가에 대한 이해를 돕도록 해야 할 것이다. 이런 수준의 논의는 극히 기초적인 논의에 그쳤지만 앞으로 남북한 전문가의 본격적인 공동 연구가 필요할 것으로 보인다.

이와 같은 통일에 대비한 국어 교육에 대한 국어교육자의 관심은 아직은 미미한 실정이다. "16. 개론서로서의 '어휘 교육론'의 내용 구성에 필요한 것"에 대한 응답 중 "남북한 어휘의 비교"에 관한 응답이 1명인 것이 이를 반영해 준다

III. 정리

본고는 '어휘 교육의 이론과 실제'를 밝히기 위하여 "1. 어휘 교육, 2. 어

휘, 3. 어휘력, 4. 어휘 교육과 국어 교육, 5. 아동 발달과 어휘, 6. 지도 어휘의 선정, 7. 어휘 지도법, 8. 어휘 교재, 9. 어휘 교육과 국어 교과서, 10. 각급 학교별 어휘 교육의 실상, 11. 외국어로서의 한국어 교육을 위한 어휘 교육, 12. 남북 통일과 어휘 교육"을 다루었다.

본 연구의 방법은 문헌 조사, 현장 조사, 설문 조사 방법을 이용하였다. 설문 응답자는 초등 학교 교사 32 명, 중학교 교사 33명, 고등 학교 교사 40 명, 대학 국어교육과 교수 5 명으로 모두 110 명이다. 설문의 주요 응답은 다음과 같다.

1. 응답자의 대부분이 어휘 교육의 필요성과 어휘 교육론의 필요성을 인식하고 있었다. 또한 어휘력이 언어 사용 능력과 큰 상관을 맺으며, 어휘 교육은 국어 교육의 기초·기본이 된다는 데 대해서 공감하고 있었다.

2. 어휘에 대한 국어 교육자의 이해는 어휘 교육의 정상화를 위해 필요하다. 그러나 "교육에 중요한 어휘"와 "어휘의 특성"에 대한 응답으로 미루어 볼 때 현장 교사의 관심과 이해는 깊지 않다고 할 수 있다. 이는 학습자의 발달 단계와 어휘 교육과의 관련, 지도 어휘의 선정, 어휘 교재의 필요성, 외국어로서의 한국어 교육을 위한 어휘 교육, 남북 통일과 어휘 교육 등에 대한 인식은 미미한 실정이었다.

3. "효과가 좋았던 어휘 지도법"으로는 "짧은글 짓기, 문맥 추정법, 사전 확인, 시각 어휘법, 예문법" 순이었으나 초등 학교에서는 즉물 시청각법(실물 제시법)이 많이 사용되고 있었다. "이용해 본 어휘 지도 방법"은 "같은 말 찾기, 가리키며 이름 말하기, 동사의 어휘 변화, 문장 만들기" 순인데 "효과가 좋았던 어휘 지도법"과 차이가 나는 것은 수업시의 지도가 수월한 지도법을 많이 사용하기 때문으로 보인다. 또한 국어 교과서는 어휘 교육을 위한 고려가 제대로 이루어지지 않았다고 하였다. 그리고 초·중·고 교육 과정에서는 문장 만들기, 낱말 뜻 알기, 낱말 관계가 중시되었으나, 각급 학교의 어휘 교육은 다양한 방법이 이용되고 있으나 체계적이지 않았다.

　본 연구는 국어 교육에서의 어휘 교육 현실, 특히 어휘 교육 담당자의 인식을 고찰함으로써 어휘 교육의 이론과 실제의 차이를 살필 수 있었다. 국어 교육의 질이 국어 교사의 질을 넘어 설 수 없는 것이라면 국어 교사의 양성 과정에서 어휘 교육론을 가르치는 것은 어휘 교육의 선결 과제이며, 이의 개선은 국어 어휘에 대한 폭 넓은 이해와 어휘 교육을 보다 효과적으로 발전시킬 수 있을 것이다.

항상 국어 교육에 깊은 관심과 노력을 기울여 주셔서 감사합니다.

본 설문지는 사범 대학의 국어교육과 학생에게 가르칠 '어휘 교육론'을 개발하기 위한 기초 자료로 사용할 예정입니다. 국어 교육의 발전과 어휘 교육론 개발을 위하여 선생님의 의견을 듣고자 합니다.

본 설문은 학술적인 목적에만 사용할 것입니다. 번거로우시더라도 선생님께서 생각하시는 대로 답해 주시기 바랍니다.

관동 대학교 국어 교육과 이충우 올림
주소 : 강릉시 내곡동 522 번지 관동 대학교 사범 대학 국어 교육과

다음 중 해당하는 항목에 ○ 표를 해 주십시오. 기타에 해당하는 답은 그 내용을 기술해 주십시오.

1. 선생님께서 근무하시는 학교는?
   1) 초등 학교   2) 중학교   3) 고등 학교   4) 대학교   5) 기타

2. 선생님께서 국어 교육에 종사하신 기간은?
   1) 5 년 미만   2) 5 년부터 10 년까지   3) 10 년 초과 20 년까지
   4) 20 년 초과   5) 기타

3. 선생님의 출신 학과는?(해당란 모두 표해 주십시오.)
   1) 교육 대학(사범 학교 포함.)   2) 대학 국어 교육과
   3) 대학 국어 국문학과   4) (교육)대학원 국어 교육과
   5) 대학원 국어 국문학과   6) 기타

4. 국어과 교육에서 어휘 교육의 필요성은?
   1) 매우 필요하다.   2) 필요하다.   3) 그저 그렇다.
   4) 필요 없다.   5) 모르겠다.

*1), 2)에 응답하신 경우 어휘 교육이 필요한 정도는?
   1) 독립된 영역(초 · 중)이나 교과(고교의 선택 교과)가 필요하다.
   2) 독립된 단원이 필요하다.

3) 각 단원의 내용이나 학습 문제 속에서 다루어야 한다.

4) 모르겠다.

5) 기타

5. 예비 국어 교사인 사범대 국어 교육과 학생에게 '어휘 교육론'을 가르칠 필요
성은?

1) 매우 필요하다.　　　2) 필요하다.　　　　　3) 그저 그렇다.

4) 필요 없다.　　　　　5) 기타

6. 국어 어휘의 특성으로 제일 먼저 생각나는 특성은?(간단히 적어 주십시오.)

7. '옥수수나무'는 사전 수록어입니다. 그러나 옥수수는 나무가 아니라 풀에 속
합니다. 이와 같은 경우는?(잘못된 단어들이 생각나면 적어 주십시오.)

8. 선생님께서 생각하시는 어휘 교육에 필요한 내용은?(중요한 순으로 번호를 적
어 주십시오.)

〈보기 : 1. 어휘의 종류, 2. 어휘의 특성, 3. 어휘의 사용 방법, 4. 어휘의 의
미, 5. 기타 〉

9. 선생님께서 어휘 교육시 효과가 좋았던 어휘 지도법은?(중요한 순으로 몇 가
지만 번호를 적어 주십시오.)

〈보기 : 1. 시각 어휘법, 2. 즉물 시청각법(실물 제시법), 3. 행동 · 극화법, 4.
문맥 추정법, 5. 유추법, 6. 개념 환기법, 7. 대치법(환치법), 8. 구조 분석법, 9.
예문법, 10. 환언법, 11. 짧은글 짓기, 12. 어휘 정리법, 13. 사전 확인〉

10. 다음 어휘의 종류 중 교육에 중요하다고 생각하는 것을 순서대로 번호를 적
어 주십시오.

1) 1. 고유어 2. 한자어 3. 외래어 4. 혼종어

　답 :

2) 1. 동의어(유의어) 2. 반의어(반대어) 3. 관계어 4. 전문어 5. 일반어

　6. 상하위어

　답 :

3) 1. 고어(古語) 어휘 2. 문학 어휘 3. 비유 어휘 4. 감각 어휘 5. 방언 어휘

　6. 구어 어휘 7. 과학 어휘(전문 어휘)

답 :

  4) 1. 체언 2. 수식언(관형사, 부사) 3. 관계언(조사) 4. 독립언(감탄사)

     5. 용언

     답 :

  5) 1. 단일어 2. 파생어 3. 합성어 4. 축약어와 생략어

     답 :

11. 어휘에 대한 능력과 언어 사용 능력의 상관은?

    1) 매우 크다.   2) 크다.   3) 보통이다.   4) 적다.   5) 없다.

12. 어휘 교육과 국어 교육의 관계는?(간단히 의견을 제시해 주십시오.)

13. 초등 학교에서 가르쳐야 할 어휘(전 교과서에 제시되는 신출 단어)의 적절한
    양은?

    1) 1만 어   2) 2만 어   3) 3만 어   4) 5만 어   5) 기타

14. 현 국어 교과서의 어휘 교육을 위한 고려는?

    1) 매우 잘 되어 있다.   2) 잘 되어 있다.   3) 그저 그렇다.

    4) 아니다.   5) 모르겠다.

15. "외국어로서의 한국어 교육"을 위한 어휘 교육을 위하여 제일 필요한 것은?

    1) 교육용(기초) 어휘의 선정   2) 어휘 지도 방법의 개발

    3) 어휘 사용 실태 파악   4) 어휘 교육용 교재 개발

    5) 기타

16. 어휘 교육을 위한 개론서로서의 '어휘 교육론'의 내용 구성에 필요한 것
    은?(생각나는 대로 제시해 주십시오.)

17. 선생님께서 재직하고 계신 학교(초, 중, 고, 대)의 어휘 교육에 대한 의견을
    간단히 제시해 주십시오.

18. '쉴 새 없이'를 가르치기 위해서는 '쉬다', '사이', '없다', '쉴 새 없이'를
    모두 가르쳐야 한다고 생각하십니까?

    1) 매우 그렇다.   2) 그렇다.

  3) ‘쉴 새 없이’만 가르치면 된다.   4) 모르겠다.

  5) 기타

19. ‘대한 사람’은 애국가에 나옵니다. 그러나 우리 일상 생활에서는 별로 쓰이
   지 않습니다. ‘한국 사람’을 ‘한국인’이라 한다면 ‘대한 사람’은 ‘대한인’이
   라 할 수 있습니다. 그럼에도 ‘대한인’이란 말을 잘 사용하지 않는다면 그
   이유는?(간단히 의견을 제시해 주십시오.)

20. ‘대한 민국’의 준말은 ‘대한’과 ‘한국’입니다. 그러나 우리는 ‘대한’이라는
   말보다 ‘한국’이라는 말은 더 많이 사용하고 있습니다. 그 이유는? (〈대만,
   프랑스, 월남, 일본〉 등은 ‘-국’이란 명칭을 사용하지 않습니다. 〈미국, 영
   국, 한국〉은 ‘-국’이란 명칭을 사용합니다. 〈일본〉은 ‘일본국’이나 ‘일본’
   으로 사용할 수 있는데, 우리 나라는 ‘대한국’이란 용어는 사용하지 않습니
   다. 선생님의 의견을 간단히 제시해 주십시오.)

21. 〈을씨년스럽다〉는 말의 의미는 “1) 보기에 탐탁하지 아니 하고 매우 쓸쓸하
   다.(바다도 하늘도 잔뜩 찌푸리고 있어 몹시 을씨년스런 날씨였다.) 2) 보기
   에 살림이 가난하다.(을씨년스럽던 살림살이가 ~.)”입니다. 이러한 의미 설
   명의 문제는 정확한 표현이나 이해가 어렵다는 것입니다. 이에 대한 의견을
   간단히 제시해 주십시오.)

22. 다음 중 선생님께서 이용해 보신 어휘 지도 방법은?(해당되는 것은 ○표해
   주십시오.)
   〈1) 가리키며 이름 말하기, 2) 같은 말 찾기, 3) 동사의 어휘 변화, 4) 말 만
   들기, 5) 문장 만들기, 6) 말 모으기, 7) 어울리는 말 찾기, 8) 말들의 같은
   점 찾기, 9) 높임말, 낮춤말 익히기, 10) 단어를 사전에서 찾기, 11) 반대말,
   상대말 찾기, 12) 한자 어휘 늘리기〉

〈설문에 응해 주셔서 감사합니다.〉

2 | 국어 어휘 교육론 교재의 내용[1]

Ⅰ. 도입

언어 사용 능력은 어휘에 대한 정확한 이해와 적절한 사용에 영향을 받는다. 따라서 말하기, 듣기, 읽기, 쓰기에 대한 기능을 향상시키려면 제일 먼저 어휘력을 길러야 한다. 어휘력을 기르기 위해서는 어휘 교육이 필요하고, 어휘 교육론의 개발이 이루어져야 어휘 교육이 정상화될 수 있다면 어휘 교육론의 개발이야말로 국어 교육을 위해 시급한 과제이다.

선진국에서는 자국어의 어휘를 풍부하게 하려는 노력의 전개로 어휘력 증진을 위한 다양한 교재 및 어휘집들이 개발되었는데 우리 나라는 일반 대중이나 외국인을 위한 어휘력 증진 프로그램이나 서적 등이 많지 않은 실정이다. '어휘 교육론'이 국내에서는 단행본으로 나온 것이 없지만 외국의 경우 다음과 같은 것들을 볼 수 있다.

V. F. Allen(1983), *Techniques in teaching vocabulary*. Oxford University
　　Press, Oxford..
Donald Carter & M. McCarthy(1988, 1991), *Vocabulary and Language*
　　Teaching, Longman, London.

---

1) '국어 어휘 교육론 개발을 위한 기초 연구(Ⅱ)', 「국어교육학연구 9」(국어교육학회, 1999), 부분(원제 : '어휘 교육론의 내용').

　　E. Dale, J. O' Rourke & H. A. Bamman(1971), *Techniques of teaching vocabulary*, Field Educational Publications, Inc., New Jersey.

　　E. Hatch and C. Brown(1995), *Vocabulary, Semantics, and Language Education*, Cambridge University Press, N.Y.

　　D. Johnson and P. D. Pearson(1984), *Teaching reading vocabulary*, Holt, Rinehart & Winston, N.Y.

　　I. S. P. Nation(1990), *Teaching and Learning Vocabulary*, Heinle & Heinle Publishers, Boston.

　　M. J. Wallace(1982), *Teaching vocabulary*, Heinemann.

　본 연구는 이런 어휘 교육의 불모지인 현실을 개선하기 위하여 어휘 교육론의 개발을 위한 기초 연구로서 어휘 교육론의 기본 구성 요소를 파악하고 분석하여 어휘 교육론의 내용을 밝히고 기초를 다지는 것을 목적으로 하였다.

　본고는 개론서 '어휘 교육론'의 필요성을 살피고, 이어서 '어휘 교육론'을 구성하는 내용에 대한 고찰을 통하여 대학 교재로서의 개론서인 '어휘 교육론'의 내용을 제시할 것이다.

II. 개론서 '어휘 교육론' 의 내용

1. 개론서 '어휘 교육론' 의 필요성

　우리는 초등 학교 입학 연령의 어린이가 모어의 통사나 음운을 거의 습득한 것에 비해 어휘는 극히 미미한 정도만을 습득하고 있는 것과, 언중이 언어의 표현이나 이해에서 어려움을 갖는 경우의 대부분이 통사나 음운의 문제가 아니라 어휘의 문제 때문임을 고려한다면 의도적인 언어 교육에서 어휘 교육의 중요성은 무엇보다도 중요하다고 할 수 있다. 또한 우리는 어머니가 어린 아이 '유아'에게 언어를 가르칠 때 음운이나 통사를 가르치는 것이 아니라 음운과 어휘를 동시에 가르치면서 실제적으로 어휘소의 음운과 의미를 강조하는 것을 통하여 언어 생활에서 어휘 교육이 얼마나 중요한 것인가를 확인할 수 있다. 이 때 어린 아이가 어머니로부터 배운 어휘소를 안다는 것은 어휘소의 음운과 의미를 안다는 것을 뜻한다. 우리는 학교 교육과 사회 생활에서 많은 어휘를 습득·학습함으로써 언어 사용 능력을 기르고 많은 지식을 얻게 되는 것이다.

현직 국어 교육 담당 교원(초·중등·대)들은 '어휘 교육론'을 가르칠 필요성에 대해 대다수가 필요하다고 인식하고 있다.[2]

그러나 현재의 국어과 교육에서 어휘 교육에 대한 중요성은 말하기, 듣기, 읽기, 쓰기, 언어 영역의 교육에서 다루어지고 있는데 대부분의 경우가 읽기 영역에서 다루어지고 있을 뿐이다(이충우, 1996). 어휘 교육의 중요성을 고려할 때 이들 국어 교육의 여러 영역(말하기, 듣기, 읽기, 쓰기, 언어, 문학)과 동등하게 '어휘 영역'을 독립시키는 방안도 고려해 볼 수 있다.[3]

이처럼 중요한 어휘 교육이 효과적으로 이루어질 수 있으려면 먼저 어휘 교육을 담당할 교사가 어휘 교육에 대한 이론과 실제를 익혀야 한다. 국어 교육을 담당하고 있는 국어 교사가 국어 어휘 교육을 하고 있지만 이들은 체계적으로 '어휘 교육론'을 배울 기회가 없는 실정이다. 따라서 국어 어휘 교육을 담당할 국어 교사나 국어 교사가 될 사범 대학 국어교육과 학생들에게 국어 어휘 교육을 담당할 수 있는 이론과 실제를 익혀 국어 어휘 교육을 담당할 능력을 기를 수 있으려면 이에 대한 '어휘 교육론'의 개발이 필요한 것이다. 우리 나라의 경우 국어 어휘론은 몇 권의 연구서가 나와 있지만 어휘 교육론은 전무한 실정이다. 특히 사범 대학의 국어교육과 학생과 현장 국어 교사에게 필요한 '어휘 교육론'의 개발은 국어 교육의 정상화를 위해서도 매우 필요하다고 할 수 있다.

---

2) 이충우(1998)의 설문 조사 응답자는 초등 학교 교사 32 명, 중학교 교사 33 명, 고등 학교 교사 40 명, 대학 국어교육과 교수 5 명으로 모두 110 명이다.(응답자 숫자와 ( )의 %는 설문 응답자 110 명을 분석한 것이다. 이후 모든 응답자의 통계는 110 명(100%)로 처리한다) "5. 예비 국어 교사인 사범대 국어 교육과 학생에게 '어휘 교육론'을 가르칠 필요성"에 대한 응답은 "매우 필요하다 20 명(18.2%), 필요하다 85 명(77.3%), 그저 그렇다 3 명(2.7%), 필요 없다 1 명(0. 9%), 기타 1 명(0.9%)이었다. 이를 분석하면 105 명(95.5%)이 (사범대)국어 교육과에서 어휘 교육론을 가르쳐야 한다고 인식하고 있다.

3) 국어과 교육을 여러 영역으로 세분하는 것이 여러 영역을 통합하는 것보다 어떤 경우에나 효율적일 수는 없다. 교육의 여건에 따라 세분하거나 통합해야 할 것이다. 여러 영역이 타 영역과 독립한 성격을 갖는 것이 아니기 때문이다. 다만 본고에서는 국어 교육의 다른 영역과 마찬가지로 어휘 영역이 중요하다는 것을 밝히고자 하는 것이다.

2. '어휘 교육론'의 내용 구성

(1) '어휘 교육론'의 내용을 어떻게 구성할 것인가에 대한 연구는 '어휘 교육론'이 어휘 교육을 담당할 사범대나 교육대 국어 교육과 학생이나 국어 교육을 담당하는 현직 초·중등 국어 교사에게 어휘에 대한 기초 지식과 어휘 교육에 관한 지식과 교수 학습 능력을 길러줄 수 있어야 할 것을 전제로 한다. 초·중등 국어 교사가 어휘 교육을 적절하게 할 수 있도록 어휘 교육과 관련한 이론과 실제를 충실하게 소개할 수 있는 '어휘 교육론'으로, 국어 교사가 될 학생들을 대상으로 하는 대학 교재로서의 개론서 '어휘 교육론'은 어휘 교육을 연구하는 전문가를 위한 내용이기 보다는 실제에 적용할 수 있는 기초 이론과 지침이 되어야 한다. 따라서 개론서 '어휘 교육론'은 어휘에 대한 기초 지식으로는 어휘론이, 어휘 교육에 관한 지식(이론)과 교수 학습 능력을 기르기 위해서는 어휘 교육에 관한 이론과 실제가 필요할 것이다.

기존의 국내 연구로는 어휘론에 관한 단행본은 몇 권 있으나 어휘 교육론에 관한 것으로는 김광해(1993)가 있을 뿐이다. '어휘 교육론'의 내용을 어떻게 구성할 것인지를 고찰하기 위하여 기존의 관련 단행본들의 내용을 보면 다음과 같다.

1) 어휘론 부분

- 이희승(1955) : 어휘론 — 1. 단어 (ㄱ. 단어의 정의, ㄴ. 의의意義 요소와 형태 요소, ㄷ. 단어의 분류, ㄹ. 단어의 생성·변천, ㅁ. 음운의 변화), 2. 어의의 연구(어의론) 〔ㄱ. 의의(의미)의 본질, ㄴ. 어의의 변화, ㄷ. 어의 변화의 이법理法, ㄹ. 어원 탐구(어원론), ㅁ. 어원에 관한 문헌〕, 3. 단어의 구성(어형론) (ㄱ. 단음절어와 다음절어, ㄴ. 단일어와 합성어), 4. 음상과 어의·어감 (ㄱ. 모음의 음상, ㄴ. 자음의 음상), / 5. 어의의 계급성 (ㄱ. 평어와 경어, ㄴ. 평어와 비어) 4장과 5장이 2 장에 편입된다면 이 어휘론의 체계는 1) 단어의 정의·분류 및 형태의 변화 2) 단어 의미의 정의·양상·변화·어원 및 의미 변화의 원리 3) 단어의 구조(조어론)으로 된다.(심재기, 1982 : 12)
- 심재기(1982) : 1. 총설, 2. 어휘 자료론, 3. 어휘 의미론, 4. 어휘 형성론
- 김종택(1992) : 1. 어휘 자료론, 2. 어휘 체계론, 3. 어휘 형태론, 4. 어휘

형성론, 5. 어휘 어원론, 6. 어휘 의미론, 7. 어휘 변천사

- 김광해(1993) : 1. 총설, 2. 어휘의 계량, 3. 어휘의 체계, 4. 어휘의 양상
  (1), 5. 어휘의 양상(2), 6. 어휘소의 공시적 관계, 7. 어휘소의 통시적 관
  계, 8. 어휘력과 어휘 교육, 9장 사전
- 田中章夫(1978/1988) : 1. 어휘와 어휘론, 2. 어휘의 체계와 구조, 3. 어
  휘의 계량, 4. 어휘량과 기본 어휘, 5. 어휘의 유형과 대응, 6. 어휘의 분
  류, 7. 어휘의 양적 구성, 8. 어휘의 양상, 9. 어휘의 위상차, 10. 어휘의
  변화, 11. 어휘의 팽창과 정리, 12. 국어 어휘의 특징
- 佐藤喜代治 편(1982, 1988) : 1 어휘, 2 어형 · 어 구성, 3. 어의, 4. 어감,
  5. 어원, 6. 위상론, 7. 유아어, 6. 고유 명사, 8. 어휘의 체계, 9. 어휘의
  계량, 10. 기본 어휘, 11. 어휘와 문법, 12. 어휘와 문체, 13. 사전辭書
- Leonard Lipka(1992) : 1. General Problems, Words, Words, Words, 2.
  The Linguistic Sign. What's in a Word, 3. The Internal Structure of Words,
  Word-Formation, Features, and Componential Analysis, 4. The Structure of
  the Lexicon, Relations between Words, 5. The Function of Words. Co-Text,
  Context, and The Mental Lexicon, 6. Summary and Conclusions.

2) 어휘 교육 부분

- 김광해(1993) : 어휘력과 어휘 교육 — 1. 어휘와 어휘력 2. 어휘력의 중
  요성 3. 어휘력의 구조 4. 어휘 교육의 방법. 5. 어휘의 습득과 학습 6.
  어휘와 민족 정신
- I. S. P. Nation(1990) : 1. Introduction, 2. The Goals of Vocabulary
  Learning and Vocabulary Size, 3. What is Involved in Learning a Word? 4.
  Communicating Meaning, 5. Assessing Vocabulary Size, 6. Vocabulary and
  Listening, 7. Vocabulary and Speaking, 8. Vocabulary and Reading, 9.
  Vocabulary and Writing, 10. Learner Strategies, 11. Simplification of
  Reading Material, 12. Directions in Vocabulary Studies. / Appendix 1.
  Words from The General Service list Which Are Not Likely to Be Well-
  known, 3. A Passage with Words of Various Frequency Levels Omitted, 4.
  Words in Context, 5. To Examine the Vocabulary of a Textbook, 6.
  Conjuction Relationships, 7. Vocabulary Levels Test.

이들 관련 문헌 이외의 현직 국어 교육 관계자의 의견을 보면 다음과 같다.

  '어휘 교육론'의 내용 구성에 필요한 것에 대한 국어 교육학자들의 관심을 알기 위한 설문[4] "어휘 교육을 위한 개론서로서의 '어휘 교육론'의 내용 구성에 필요한 것은?(생각나는 대로 제시해 주십시오.)"에 대한 설문 대상자 110명 중 무응답자 28명(25.5%)을 제외한 응답자 82명(74.5%)의 의견으로는 "지도 어휘의 선정 14명(12.8%)>어휘 지도 방법 12명(12.8%)>어휘 사용 방법 9명(8.2%)>어휘 의미의 체계 8명(7.3%)>어휘의 종류 7명(6.4%)>어휘 교육의 중요성 6명(5.5%)/어휘의 특성 6명(5.5%)>조어론 5명(4.5%)>어휘 교육의 이론 : 개념, 지식, 원리, 체계 등 3명(2.7%)>평가 방법/어휘의 중요성/어휘 교재 개발/우리말의 유래 각 2명(1.8%)>기본 개념어와 그것의 확충-활용 어휘의 증대/어휘 순화/어휘 습득법/어휘와 사고력 신장 각 1명(1.8%)으로 나타났다. 또한 "선생님께서 생각하시는 어휘 교육에 필요한 내용은?(중요한 순으로 번호를 적어 주십시오.) 〈보기 : 1. 어휘의 종류, 2. 어휘의 특성, 3. 어휘의 사용 방법, 4. 어휘의 의미, 5. 기타〉"이었는데 무응답자 7명(6.4%)을 제외한 응답자 103명(93.6%)은 "어휘의 의미 49명(44.5%)>어휘의 사용 방법 25명(22.7%)>어휘의 특성 16명(14.5%)>어휘의 종류 13명(11.8%)"이었다. 이들은 '어휘 교육론'의 내용 구성에 대한 국어 교육 관련자의 평소 생각으로서 가능한 한 '어휘 교육론'의 내용으로 반영해야 할 것이다.

  (2) '어휘 교육론'은 어휘를 교육하는 것이므로 어휘를 다루기 위한 어휘의 이해가 필수적이다. 따라서 어휘에 대한 기본 이해를 도울 수 있도록 어휘론에 대한 내용이 어휘 교육론에 포함된다. 또한 '어휘 교육론'의 주요 내용인 어휘 교육의 기초 이론과 주요 어휘 교육 관련 내용을 다루기 위해서는 '어휘 교육론'이 대학의 교재임을 고려하여 지나치게 전문화된 지식이 아니면서 이를 교육받은 학생이 국어 교사로 어휘 교육을 담당할 수 있는 기초 지식을 학습할 수 있어야 할 것이다. 따라서 어휘 교육에서 필요한 부분이

---

4) 이충우(1998)의 설문 문항 중 해당 문항은 다음과 같다.

8. 선생님께서 생각하시는 어휘 교육에 필요한 내용은?(중요한 순으로 번호를 적어 주십시오.)

〈보기 : 1. 어휘의 종류, 2. 어휘의 특성, 3. 어휘의 사용 방법, 4. 어휘의 의미, 5. 기타〉

16. 어휘 교육을 위한 개론서로서의 '어휘 교육론'의 내용 구성에 필요한 것은?(생각나는 대로 제시해 주십시오.)

빠지지 않도록 관련 이론을 고루 다루어야 할 것이다. 그러나 대학의 교재가 주로 한 학기의 강의에서 다루어져야 하는 만큼 그 양이 지나치게 많아서는 안 될 것이다. 따라서 이들 조건(대학의 교재, 어휘 교육을 다룰 교사가 필요한 지식, 한 학기 강좌용 교재 등)을 맞추도록 배려해야 하는 것은 필수적으로 고려되어야 한다.

(3) '어휘 교육론'도 대다수의 교재처럼 제일 먼저 강좌의 개괄적인 이해를 돕는 총설로서 어휘론과 어휘 교육의 기초 이론을 다룬다면 이에는 어휘 교육의 위상과 어휘 교육과 관련되는 기본적인 개념들을 소개하는 것이 필요할 것이다. 어휘 교육의 위상에서는 어휘 교육이 차지하고 있는 위치를 확인하고 중요성을 알게 함으로써 어휘 교육의 기초 지식을 갖게 하기 위하여 어휘 교육의 정의, 필요성, 역사 등을 다룬다. 또한 관련 학습을 돕기 위하여 어휘와 어휘 교육에 관련된 기본적인 개념들에는 어휘의 습득과 학습, 어휘력, 기초 어휘 · 기본 어휘 · 교육용 어휘, 어휘 창고(1. 책 사전, 2. 기계 사전, 3. 머릿 속 어휘 목록Mental Lexicon, 4. 기계 속 어휘 목록Machine-Readable Lexicon)[5], 어휘의 계량에 관한 것이 간략히 소개될 수 있을 것이다. 이들 중에서 '어휘 창고'는 어휘 교육과 관련을 맺는 인접 학문의 이해에 도움이 될 뿐 아니라 과학의 발달로 "기계 속 어휘 목록Machine-Readable Lexicon"을 사용한 어휘 교육의 가능성의 이해에도 도움이 될 수 있다. 이들 '어휘 창고'와 관련하여 '사전 편찬학'이 필요할 수도 있으나 대학 교재로서의 '어휘 교육론'에서는 내용 구성에서 제외하는 것이 좋을 것이다. 왜 그런가 하면, 사전 편찬학은 어휘 교육과 관련되는 분야이긴 하여도 개론서로서 다룰 수 있을 만큼 간략하게 기술하여 학습자가 필요로 하는 만큼의 지식을 얻을 수 있게 하기가 쉽지 않

---

5) 어휘 창고Word-Store는 사전Dictionary과 어휘 목록Lexicon이 있으며, 사전은 책 사전Book Dictionary과 기계 사전Machine Readable Dictionary으로, 어휘집은 머릿속 어휘 목록Mental Lexicon과 기계속 어휘 목록Machine-Readable Lexicon으로 나눌 수 있다. 이들의 차이는 아래와 같다.

(1) Word Store(J. Handke, 1995 : 49)

(book) dictionary ← → reference word-book

machine-readable dictionary ← → electronic book dictionary

machine-readable lexicon ← → natural language word-store on machine

mental lexicon ← → natural language word-store in the mind

을 것이다. 또한 '어휘 교육과 인접 학문'으로서 교육학, 언어학, 심리학, 사회학, 전산학, 사전 편찬학 등이 내용으로 구성되어야 할 것 같지만 이들 인접 학문과의 관련은 연구가 미미할 뿐 아니라 그 내용이 전문적인 지식을 요구하는 것이므로 학부 교재용의 '어휘 교육론'의 내용으로서는 그 정도를 벗어난다고 볼 수 있다. 따라서 이러한 내용은 대학원 수준의 교재에서나 다루어야 할 것으로 생각하여 '어휘교육론'의 내용으로 구성하는 문제는 유보하였다. 어휘의 계량에 대한 기본적인 개념 이해는 교육용 어휘를 선정하거나 어휘 사용 현상을 이해하는 기초 지식으로서 필요하다.

이들을 고려하여 총설은 어휘 교육을 이해하기 위한 어휘론과 어휘 교육의 기초 이론으로서 다음의 것들을 다룰 수 있을 것이다.

◆ 어휘 교육의 이해

1. 어휘 교육의 위상

2. 기본적인 개념들

　1) 어휘의 습득과 학습

　2) 어휘력

---

(2) Mental and Machine-Readable Lexicon.(J. Handke, 1995 :   295)

Mental Lexicon	Machine-Readable Lexicon
Speech perception	ASR : rudimentary
Perception of written language	OCR : possible
Roots as access units	possible
Partitioning of lexical specification(Form/Lemma)	possible
Administration of	
-frequency effect	via file systems
-contextual effect	via contextual statistics
-length effect	-possible in discrimination networks
-lexicality effect	-possible in discrimination networks

*ASR :   Automatic Speech Recognition

*OCR :   Optical Character Recogniton

*Form :   form-related feature → morphological specification / phonological specification

*Lexical Pointer → lexical specification

*Lemma :   content-related feature → syntactic specification / conceptual specification

3) 기초 어휘 · 기본 어휘 · 교육용 어휘

4) 어휘 창고

5) 어휘의 계량

(4) '어휘 교육론'은 어휘를 다루는 것이므로 학생에게 어휘를 이해시키기 위하여 어휘론을 다루어야 한다. 다만 어휘론은 깊은 지식을 필요로 하는 것이 아니라 어휘 교육에 대한 일부분으로서 필요한 정도만을 내용으로 해야 할 것이다. 또한 어휘론의 내용 중 어휘 사용과 밀접한 관련이 없는 부분은 중요성에서 어휘 사용과 관련이 있는 부분에 뒤지기 때문에 제외시켜야 할 것이다. 따라서 '어휘 교육론'에서 다루어질 어휘론은 언어 사용에 도움이 되는 어휘 교육 관련 어휘론만이 '어휘 교육론'의 내용으로 구성되어야 하는 것이다. 이 때의 어휘론은 기본적인 것으로서 어휘 교육론의 일부를 차지할 수 있을 뿐이다. 어휘론의 내용은 기본적으로 어휘 · 어휘소의 정의 · 특징 · 분류 및 형태의 변화(1. 어휘 · 어휘소의 정의, 2. 의의 요소와 형태 요소, 3. 어휘소의 분류, 4. 어휘소의 생성 · 변천, 5. 음운의 변화)를 시작으로 의미의 정의 · 양상 · 변화 · 어원 및 의미 변화의 원리(1. 의의의 본질, 2. 어의의 변화, 3. 어원론, 4. 음상과 어의 · 어감, 5. 어의의 위상차, 6. 어휘와 문법, 7. 어휘와 문체, 8. 의사 소통 의미)를 다루는 어휘 의미론과, 어휘 · 어휘소의 구성(1. 단음절어와 다음절어, 2. 단일어와 합성어)을 다루는 어휘 형성론으로 구성될 수 있다.[6]

이들은 다음과 같다.

◆ 어휘의 이해

1. 어휘 · 어휘소

2. 어휘 의미론

3. 어휘 형성론

---

6) '어휘 형성론'에서는 언중이 흔히 사용하는 신어가 형성되는 경향에 대해서도 다룰 수 있을 것이다. 이들은 학생들이 언어 생활에서 정확하고 적절한 어휘 선택을 할 수 있을 뿐만 아니라 창조적인 어휘를 이해하고 생산하는 방법을 알 수 있게 해 줄 것이기 때문이다〔이종철(1999 : 11) 참조〕.

(5) '어휘 교육론'은 어휘를 교육하는 것이기 때문에 어휘 교육의 이론과 실제를 소개할 어휘 교육 각론을 다루어야 한다. 또한 이는 '어휘 교육론'에서 제일 중요한 부분을 차지하는 것이기도 하다. 따라서 어휘 교육의 계획에서부터 교수·학습·평가에 이르기까지의 모든 과정에 필요한 주요 각론을 상세하게 다루어야 할 것이다. 그러기 위하여는 어휘 교육의 실제 과정과 관련된 모든 부분을 어휘 교육을 하는데 필요한 만큼 가르치도록 내용을 충실하게 하여야 할 것이다. 이러한 점들을 고려하면 어휘 교육이 국어 교육 안에서 이루어지는 것이고 국어 교사가 국어 어휘 교육을 담당하는 것이기에 어휘 교육과 국어 교육, 즉, 어휘 교육과 언어 사용 기능과의 관련을 검토해야 하는데 여기서는 어휘 교육과 듣기, 어휘 교육과 말하기, 어휘 교육과 읽기, 어휘 교육과 쓰기 등 언어 사용 기능과의 관련을 상세하게 다루는 것으로서 그 비중으로만 본다면 '어휘 교육과 국어 교육'이 '어휘 교육 각론'의 나머지와 분리되어 다루어질 수도 있다. 그러나 비중에 관계 없이 성격에 따라 분류하면 모두 '어휘 교육 각론'으로 구성될 수 있는 것이다. 다음으로 어휘 교육의 과정과 교육용 어휘의 선정[7]을 우선적으로 다루어야 할 것이다. 그런 후에 교육 과정에 의해 씌여지는 어휘 교과서와 기타 어휘 교육 교재를 다루어야 할 것이다. 교과서·교재로 교수·학습하는 절차에 따라 어휘 교육의 방법을 다루어야 할 것이며[8] 교수·학습의 결과를 평가하기 위한 어휘력 평가를 다루어야 할 것이다.

이외에도 외국인이 한국어를 배울 때 필요한 외국어로서의 한국어 교육을 위한 어휘 교육을 다루는 것은 우리 국민이 우리 어휘 교육을 받는 것이 아닌 외국인이 우리의 어휘 교육을 받을 경우를 대비한 것이며 이는 언어 교육자, 어휘 교육을 담당하게 될 국어 교육 담당자에게 필요한 지식으로 쓰일

---

7) 교육용 어휘의 선정과 관련하여 많은 오해가 보인다. 절충적 방법(경험적 방법)에 의한 어휘 선정은 객관적 방법에 의한 어휘 선정의 기준인 고빈도 어휘나 광범위 어휘가 아니면서도 교육에 필요한 어휘를 주관적 방법으로 선정하여 주관적 방법과 객관적 방법의 단점을 보완하는 것이다. 따라서 절충적 방법에서 선정 기준끼리의 상충되는 경우에는 우선되는 기준에 해당되지 않는 어휘를 보완하여 선정하기 위한 기준이거나 선정된 것이라도 제외하기 위한 기준인 것이다. 따라서 어휘 선정 방법에 대한 이해가 제대로 이루어지지 않을 경우 어휘 교육에 혼동이 올 수 있기 때문에 어휘의 선정에 대한 이론은 어휘 교육에서 중요하다고 하겠다.

8) 어휘 교육의 방법론에 대한 최근의 논의는 마광호(1998 : 110~115), 주세형(1999) 등이 있다.

것이다. 또한 미래의 남북 통일에 대비하여 남북한의 어휘 차이를 극복하고 통일 후 어휘를 효율적으로 교육할 수 있도록 '남북 통일과 어휘 교육'을 다루는 것도 바람직하다고 하겠다. 또한 어휘와 민족 정신과의 관계와 국어 순화에 관련한 것도 '어휘 교육 각론'에서 다룰 수 있을 것이다.

이를 정리하면 다음과 같다.[9)]

◆ 어휘 교육 각론
1. 어휘 교육과 국어 교육
2. 어휘 교육 과정과 교육용 어휘의 선정
3. 어휘 교재
4. 어휘 교육의 방법
5. 어휘력 평가
6. 외국어로서의 한국어 교육을 위한 어휘 교육
7. 남북 통일과 어휘 교육
8. 어휘 교육과 민족 정신

(6) '어휘 교육론'의 부록은 2.5.의 "어휘 교육 각론"이 내용으로 구성될 경우 이들에 대한 이해를 돕기 위하여 필요할 것이다. "1. 어휘 교육과 국어 교육"과 관련한 국어과 교육 과정에 나타난 어휘 교육 관련 내용, "2. 어휘 교육 과정과 교육용 어휘의 선정"과 관련하여 교육용 어휘가 선정되어 있다면 '교육용 어휘 목록', "3. 어휘 교재"와 관련하여 어휘 교육을 위하여 여러 교재의 내용 예시, "4. 어휘 교육의 방법"과 관련한 자료 제시, "5. 어휘력 평가"와 관련한 평가 방법과 평가 문항의 예시, "6. 외국어로서의 한국어

---

9) '어휘 교육 각론'을 세분하여 둘로 나눌 수도 있을 것이다. 즉, 1, 2, 3, 4, 5와 6, 7, 8을 구분하여 앞 부분을 주요 각론으로 하고 뒷 부분을 기타 각론으로 다루는 것인데 이는 지나치게 '어휘 교육론'의 각론을 혼란스럽게 하거나 뒷부분인 6, 7, 8의 비중이 작게 여겨질 수 있다. 이들 5, 6, 7, 8의 비중이 작게 다루어질 수 있는 이유는 어휘 교육의 본질에 대한 견해차에 근거한다. 4. 어휘 교육의 방법이 '어휘 교육론'의 주요 부분이라고 보는 사람들에게는 4만으로 독립된 기술이 필요하다고 여길 수 있으며 나머지 1, 2, 3을 합친 것 이상의 중요성이 4에 있다고 여기게 할 것이다. 본고에서는 개론서에서 다루어져야 할 내용이라면 그 중요성의 크고 작음에 구분을 두지 않고 함께 다루어야 하며, 중요성의 차이는 기술의 양으로써 구분될 수 있을 것으로 본다.

교육을 위한 어휘 교육”에 관한 ‘한국어 생활 기본 어휘 목록’, “7. 남북 통일과 어휘 교육”에 관한 것으로서 ‘남북한 어휘 비교를 위한 내용’, ‘8. 어휘와 민족 정신’에 관한 것으로서 ‘살려 쓸 만한 고유어 목록’, ‘순화 어휘 목록’ 등이 부록으로 다루어질 수 있을 것이다. 이들 부록의 내용은 관련 ‘각론’에서 다루어지기에는 그 양이 많거나 내용의 기술에 혼란을 초래할 가능성이 있으나 어휘 교육에 참고할 가치가 있는 것으로서 강의 시간에 직접 다루지 않으면서도 학생들이 참고로 활용할 수 있게 하기 위하여 필요하다 하겠다.[10) 가능하다면 어휘 교육 관련 전문 용어의 해설도 부록으로 다루는 것도 바람직하다. 이외에도 주요 접사 · 어근 목록, 주요 관용어 목록, 고빈도 어휘 목록 등이 필요하다.

◆ 부록

어휘 교육과 관련된 각종 내용(1. 국어과 교육 과정에 나타난 어휘 교육 관련 내용, 2. 교육용 어휘 목록, 3. 어휘 교육 교재의 예, 4. 어휘 교육의 방법별 자료, 5. 어휘력 평가 방법과 평가 문항의 예, 6. 한국어 생활 기본 어휘 목록, 7. 남북한 어휘 비교 · 대조 목록, 8. 살려 쓸 만한 고유어 목록, 순화 어휘 목록, 9. 어휘 교육 관련 전문 용어의 해설, 10. 주요 접사 · 어근 목록, 11. 주요 관용어 목록, 12. 고빈도 어휘 목록 등)

2.7. ‘어휘 교육론’의 전체 내용은 다음과 같이 구성할 수 있다. ‘어휘 교육론’의 총설에 해당하는 ‘어휘 교육의 이해’는 그 성격상 어휘 교육 전반에 대한 이해와 기본적인 개념들을 소개하는 것으로 전체 분량의 20% 내외를 차지할 수 있을 것이다. 어휘 교육에 필요한 ‘어휘의 이해’는 총설과 ‘어휘 교육의 이해’와 비슷한 분량을 차지할 수 있을 것이다. 이 부분이 지나치게 강조되면 ‘어휘 교육론’이 ‘어휘론’처럼 비쳐질 수 있다. ‘어휘 교육론’의 본 내용에 해당하는 ‘어휘 교육 각론’은 분량이나 중요성으로 비추어 볼 때

---

10) 부록이 본문에서 다루어질 수 있는 양이거나, 부록으로 다루어지는 것보다 본문 내용으로 다루어지는 것이 보다 효율적으로 여겨질 경우도 있을 것이다. 그러나 부록은 그 특성상 참고할 가치는 있으나 내용에서 다루기에는 문제가 있는 것을 부록으로 다루는 것이다. 부록은 나름대로의 가치가 있고 내용으로 다루는 것보다 부록으로 다루는 것이 장점이 많기 때문에 본문 내용으로 다루지 않는 것이다.

‘어휘 교육의 이해’나 ‘어휘의 이해’와 같은 정도로 반영한다면 ‘어휘 교육 각론’을 ‘어휘 교육과 국어 교육’을 독립시키고 ‘2, 3, 4, 5’를 하나로 묶고, ‘6, 7, 8’을 또 하나로 묶어서 다룰 수 있을 것이다. 이럴 경우 ‘어휘 교육 각론’이 셋으로 나뉘며 ‘어휘 교육론’ 전체가 다섯으로 나뉜다. 이렇게 각론이 나뉘면 전체적인 혼란스러움을 피할 수 없기 때문에 전체적인 조화를 갖기 위해서는 셋으로 나누는 것이 보다 간결하고 조화롭게 보이기 때문에 전체를 셋으로 나누어 구성하였다.

이는 실제로 집필하고 교육하는 과정에서 많은 부분이 삭제되거나 첨가될 것이지만 대체로 꼭 필요한 내용이라고 보이는 것으로 대학의 한 학기 강좌용으로 구성한 것이다. 대학의 강의가 15~16주이거나, 1주일에 2시간 강의이거나 3시간 강의이거나에 상관이 없이 강의 담당 교수가 적절하게 조절하여 교육한다면 별 무리가 없을 것으로 보인다.

I. 어휘 교육의 이해

　1. 어휘 교육의 위상

　2. 기본적인 개념들

　　1) 어휘의 습득과 학습

　　2) 어휘력

　　3) 기초 어휘 · 기본 어휘 · 교육용 어휘

　　4) 어휘 창고

　　5) 어휘의 계량

II. 어휘의 이해

　1. 어휘 · 어휘소

　2. 어휘 의미론

　3. 어휘 형성론

III. 어휘 교육 각론

　1. 어휘 교육과 국어 교육

　2. 어휘 교육 과정과 교육용 어휘의 선정

3. 어휘 교재

4. 어휘 교육의 방법

5. 어휘력 평가

6. 외국어로서의 한국어 교육을 위한 어휘 교육

7. 남북 통일과 어휘 교육

8. 어휘와 민족 정신

◆ 부록

어휘 교육과 관련된 각종 내용 (1. 국어과 교육 과정에 나타난 어휘 교육 관련 내용, 2. 교육용 어휘 목록, 3. 어휘 교육 교재의 예, 4. 어휘 교육의 방법별 자료, 5. 어휘력 평가 방법과 평가 문항의 예, 6. 한국어 생활 기본 어휘 목록, 7. 남북한 어휘 비교·대조 목록, 8. 살려 쓸 만한 고유어 목록, 순화 어휘 목록, 9. 어휘 교육 관련 전문 용어의 해설, 10. 주요 접사·어근 목록, 11. 주요 관용어 목록, 12. 고빈도 어휘 목록 등)

위 '어휘 교육론'의 내용에는 '2.1.'의 국어 교육 관련자의 '어휘 교육론 내용'에 대한 의견이 다음 〈표-1〉과 같이 반영되었다.

〈표-1〉 국어 교육 관련자의 의견과 '어휘 교육론'의 내용 구성 비교

국어 교육 관련자의 의견(응답 크기 순)	어휘 교육론의 내용
지도 어휘의 선정	Ⅲ-2
어휘 지도 방법	Ⅲ-4
어휘 사용 방법	Ⅱ-2
어휘 의미의 체계	Ⅱ-2
어휘의 종류	Ⅱ-1
어휘 교육의 중요성	Ⅰ-1
어휘의 특성	Ⅱ-1
조어론	Ⅱ-3
어휘 교육의 이론 : 개념, 지식, 원리, 체계 등	Ⅰ. Ⅱ. Ⅲ
평가 방법	Ⅲ-5
어휘의 중요성	Ⅰ-1
어휘 교재 개발	Ⅲ-3
우리말의 유래	Ⅱ-2
기본 개념어와 이의 확충-활용 어휘의 증대	Ⅱ-2

국어 교육 관련자의 의견(응답 크기 순)	어휘 교육론의 내용
어휘 순화	Ⅲ-8
어휘 습득법	Ⅲ-4
어휘와 사고력 신장	Ⅰ-1

* '어휘 교육론의 내용'란의 숫자는 목차 번호임.

위의 설문 응답자의 의견으로 제시되지 않았더라도 '어휘 교육론'에 필요한 내용은 당연히 내용으로서 반영되어야 한다. "어휘 교육의 이론 : 개념, 지식, 원리, 체계 등"이라는 의견은 지나치게 포괄적인 응답이라서 나머지 의견들과 필자의 의견이 대부분 이 의견에 속하게 된다.

III. 정리

본고는 어휘 교육론 교재의 내용을 다루었다.
설문의 '어휘 교육론의 내용' 관련 주요 응답은 다음과 같다.

1. 응답자의 대부분이 어휘 교육의 필요성과 어휘 교육론의 필요성을 인식하고 있었다. 또한 어휘력이 언어 사용 능력과 큰 상관을 맺으며, 어휘 교육은 국어 교육의 기초·기본이 된다는 데 대해서 공감하고 있었다.

2. 응답자들은 '어휘 교육론'의 내용 구성에 필요한 것으로 "지도 어휘의 선정〉어휘 지도 방법〉어휘 사용 방법〉어휘 의미의 체계〉어휘의 종류〉어휘 교육의 중요성/어휘의 특성〉조어론〉어휘 교육의 이론 : 개념, 지식, 원리, 체계 등〉평가 방법/어휘의 중요성/어휘 교재 개발/우리말의 유래〉기본 개념어와 그것의 확충·활용 어휘의 증대/어휘 순화/어휘 습득법/어휘와 사고력 신장"을 들었다. 이러한 '어휘 교육론'의 내용에 대한 국어교육 관련자의 의견은 가능한 한 '어휘 교육론'의 내용으로 반영해야 할 것이다.

'어휘 교육론'의 내용을 어떻게 구성할 것인가에 대한 연구는 '어휘 교육론'이 어휘 교육을 담당할 사범대나 교육대 국어교육과 학생이나 국어 교육을 담낭하는 현직 초·중등 국어 교사에게 어휘에 대한 기초 지식과 어휘 교육에 관한 지식과 교수 학습 능력을 길러줄 수 있어야 할 것을 전세로 힌다.

초·중등 국어 교사가 어휘 교육을 적절하게 할 수 있도록 어휘 교육과 관련한 이론과 실제를 충실하게 소개할 수 있는 '어휘 교육론'으로 국어 교사가 될 학생들을 대상으로 하는 대학 교재로서의 개론서 '어휘 교육론'은 어휘 교육을 연구하는 전문가를 위한 내용이기 보다는 실제에 적용할 수 있는 기초 이론과 지침이 되어야 한다. 따라서 개론서 '어휘 교육론'은 어휘에 대한 기초 지식으로는 어휘론이, 어휘 교육에 관한 지식(이론)과 교수 학습 능력을 기르기 위해서는 어휘 교육에 관한 이론과 실제가 필요할 것이다. 따라서 대학의 한 학기 강좌용으로 구성한 '어휘 교육론'의 내용은 다음과 같다.

I. 어휘 교육의 이해 : 1. 어휘 교육의 위상, 2. 기본적인 개념들
II. 어휘의 이해 : 1. 어휘·어휘소, 2. 어휘 의미론, 3. 어휘 형성론
III. 어휘 교육 각론 : 1. 어휘 교육과 국어 교육, 2. 어휘 교육 과정과 교육용 어휘의 선정, 3. 어휘 교재, 4. 어휘 교육의 방법, 5. 어휘력 평가, 6. 외국어로서의 한국어 교육을 위한 어휘 교육, 7. 통일에 대비한 어휘 교육, 8. 어휘와 민족 정신
　부록 : 어휘 교육과 관련된 각종 내용

　어휘 교육론'의 내용은 어휘 교육에 필요한 것이 무엇인가에 따라 구성되어야 한다. 어휘 교육이 어휘를 교육하는 것이기에 어휘에 대한 기초적인 이해가 우선적으로 필요하고 어휘를 교육하는 데 필요한 모든 기본 이론을 빠짐없이 다루어야 하기 때문에 자칫하면 교재로서의 간결함을 잃을 수 있다. 본고에서의 'Ⅲ. 어휘 교육 각론'의 외국어로서의 한국어 교육을 위한 어휘 교육, 통일에 대비한 어휘 교육, 어휘와 민족 정신 등은 특수한 경우에만 필요로 하는 내용으로서 다른 각론에 비해 중요도가 적다고 할 수 있다. 또한 '어휘 습득 및 학습'에 대한 것은 심리적인 기제를 명확히 알기 어려운 점 때문에 피상적으로 기술할 수밖에 없을 것이며, '어휘 교육의 방법'도 많은 실험 연구의 결과가 있어야 하는데 아직까지는 어떤 방법이 어떤 학습자에게 얼마나 효과가 있는지에 대하여 알려진 바가 많지 않다. 이런 여러 문제가 해결이 되어야 '어휘 교육론'이 보다 충실하게 기술될 수 있을 것이다. 혹자는 어휘 교육에 관한 이론의 정립이 완성되지 않은 상태에서의 '어휘 교

육'이나 " '어휘 교육론'의 개발"이 시기 상조라 생각하기도 한다. 그러나 이러한 조건이 완성된 후에 어휘 교육을 시도하거나 '어휘 교육론'을 개발한다면 '잘 차려진 음식을 먹으려다 굶어 죽는 현상'이 나타날 것이다. 모자라면 모자라는 대로 부족한 현실을 최대한 극복하는 국어 교육, 어휘 교육이 이루어져야 하는 이유가 여기에 있는 것이다. 우리는 아직도 '국어 교육'의 성격에 대하여 논란을 거듭하고 있지만 예전보다는 효율적으로 적절한 국어 교육을 하고 있는 것에서도 '어휘 교육론'의 개발과 어휘의 교육이 정당화될 수 있는 것이다.

어휘 교육에 대한 이제까지의 연구 결과만으로는 훌륭한 '어휘 교육론'이 쓰여질 수 없다. 이런 까닭에 우리는 어휘 교육에 대한 깊은 이해와 폭 넓은 고찰을 통하여 개론서로의 '어휘 교육론'의 내용을 효율적일 수 있도록 검토하여야 할 것이다. 어휘 교육에 대한 실험 연구와 '어휘 교육론' 집필과 교육의 과정을 거쳐 더 좋은 '어휘 교육론'이 나올 수 있도록 관련 학자들의 끊임 없는 노력이 있어야 할 것이다.

국어 교육의 질이 국어 교사의 질을 넘어 설 수 없는 것이라면 국어 교사의 양성 과정에서 어휘 교육론을 가르치는 것은 어휘 교육의 선결 과제이며, 이의 개선은 국어 어휘에 대한 폭 넓은 이해와 어휘 교육을 보다 효과적으로 발전시킬 수 있을 것이다. 어휘 교육은 그 중요성에 비추어 볼 때 범국가적인 지원과 많은 학자들의 연구가 있어야 할 것이다.

5

국어 어휘 교육용 사전

1 | 국어 교육과 한국어 교육용 사전[1]

Ⅰ. 도입

우리는 이제까지 한국어 교육[2]을 해 오면서 " '한국어 교육'은 외국인에게 '외국어로서의 한국어'를 가르치는 것"이기 때문에 외국어 교육의 이론과 국어 교육의 이론을 적절하게 절충하여 교수 방법을 개발하고 교육을 실시하며 교육에서 나타나는 문제점을 찾아내어 개선해 왔다. 현재까지 '한국어 교육'에 대한 많은 연구가 이루어졌으며, 한국어 교육도 많은 발전을 이루어 왔다. 앞으로도 우리는 '국어 교육'과 '한국어 교육'의 공통점과 차이점을 찾아내어 이를 바탕으로 새로운 '한국어 교육'의 효율적인 방법을 개발해야 할 것이다.

언어 교육에서 언어간의 관련은 언어 간섭이나 중간 언어의 문제로 나타

---

1) '국어 교육과 한국어 교육의 사용 언어 -교육용 사전을 주로', 「국어교육 112호」(한국국어교육연구회, 2003)

2) 본고에서의 '한국어 교육'은 '외국어로서의 한국어 교육'을 나타낸다. '국어 교육'은 우리 국어 화자에게 '모어 교육으로서의 국어 교육'으로, '한국어 교육'은 외국인이나 재외 동포를 대상으로 한 '외국어 교육으로서의 한국어 교육'으로 사용하는 관례를 따른 것이다. 흔히 국어 교육을 '모국어로서의 (한)국어 교육'이라고 하기도 하지만 본고에서는 '모국어로서의 (한)국어 교육'은 재외 동포가 모국(대한 민국)의 언어를 배우는 경우만으로 구분하고자 한다. 따라서 '국어 교육'은 우리 나라 국민이 배우는 '(한)국어 교육'으로, '한국어 교육'은 외국인이 배우는 '외국어로서의 한국어 교육'으로, '모국어 교육'은 재외 동포의 '모국어로서의 (한)국어 교육'으로 구분하고자 한다.

나는데 이는 언어 교육에 긍정적으로 작용할 수도 있고 부정적으로 작용할 수도 있다. 따라서 이들의 문제에서 긍정적인 것을 고려한다면 외국어 교수에서 모어나 학습자가 이미 알고 있는 외국어를 사용하여 모르는 외국어를 학습하게 하는 교수법을 이용하고, 부정적 면을 고려하면 가능한 한 목표 언어로만 학습하는 교수법을 이용하게 된다. 그러나 여러 이론이 있음에도 불구하고, 본고에서는 외국어 학습에서 차지하는 모어나 기 습득 외국어가 새로운 외국어를 학습하는 데 긍정적으로 작용하는 면에 바탕을 두어 언어 교육에서 둘 이상의 언어가 사용되는 경우에 관하여 기술한다.

본고는 국어 교육과 한국어 교육에서 사용되는 교수 언어는 어떻게 같고 어떻게 다른가를 밝히고 이와 관련된 실제 문제를 언어 교육에서 필수적으로 사용하는 교육 보조 자료인 '교육용 사전'을 예로 분석 고찰하고자 한다. 따라서 본고의 구성은 먼저 국어 교육과 한국어 교육의 차이를 밝히고, 이에 사용되는 언어의 문제에 대하여 교수법과 관련지어 기술한다. 그리고 '교육용 사전'으로 단일 언어를 사용한 경우(교육용 단일 언어 사전)와 두 언어 이상을 사용한 경우〔교육용 이중(다중) 언어 사전〕의 문제를 고찰한다. 이 경우 기존의 사전이 갖는 문제점과 이를 해결하기 위한 방안도 제시하고자 한다.

II. 국어 교육과 한국어 교육의 사용 언어

1. 국어 교육과 한국어 교육

국어 교육과 한국어 교육은 (한)국어를 가르치기 때문에 교육 대상 언어는 같다고 할 수 있다. 그러나 교육의 목표와 방법 등 여러 면에서 공통점 못지않게 차이점이 많기 때문에 우리는 국어 교육과 한국어 교육의 차이에 주목해야 한다. 이를 간단히 살펴보면 다음과 같다.

1) 누가?

국어 교육은 대개의 경우 국어를 모어로 하는 화자인 학생에게 국어를 모어로 하는 국어 교육 전문가인 교사가 국가가 만든 국어과 교육 과정에 바탕을 두고 국어를 가르치는 것이다. 이에 비해 '한국어 교육'은 대개의 경우 한국어를 외국어로 하는 학생에게 한국인 또는 외국인 교사가 나름대로의 판단에 의하거나 특정 교육 과정에 바탕을 두고 외국어로서의 한국어를 가르치는 것이다. 국어 교육을 받는 학생은 기본적인 국어 생활을 영위하는 데 별 문제가 없을 정도의 국어 능력[3]을 갖추고 있지만 한국어 교육을 받는 학생은 자신의 모어에 대한 언어 능력은 가지고 있지만 한국어 능력은 기초도 갖추지 못하고 있다. 한국어 교육은 한국어에 경험이 없는 학습자가 한국어에 능통하지 못한 교사(한국어 모어 화자가 아닌 외국인 교사)거나 학습자와 모어가 다른 교사(한국인 모어 화자인 교사) 사이에 이루어진다.

2) 무엇을?

국어 교육에서는 '모어'를, 한국어 교육에서는 '외국어'를 교육한다. '모어'와 '외국어'의 차이는 '이미 기초적으로 알고 사용하는 언어'와 '기초적인 것도 모르거나 조금은 알고 있더라도 별로 사용하지 않는 언어'라 할 수 있다. 대개의 경우 위와 같이 '사용하는 언어'와 '사용하지 않는 언어'의 차이는 언어 교육에서 많은 고려를 필요로 한다. 따라서 국어 교육에서는 취학 전 어린이의 언어는 포함될 필요가 없을 수도 있으나 한국어 교육에서는 취학 전 어린이의 언어(예 : 기초 어휘)도 포함된다.

3) 언제?

국어 교육은 아이 때부터 습득된 언어인 국어를 학교에서 체계적으로 배우는 것이기 때문에 그 대상은 주로 '어린이, 소년'이지만 한국어 교육은 (한)국어가 아닌 언어를 사용하는 사람으로 주로 성인이 되어서 한국어를 배우게 된다. 국어 교육의 교육 시기는 목표 언어인 국어를 사용할 줄 아는 때이고 한국어 교육의 교육 시기는 한 언어(모어)를 알고 있으면서 목표 언어인 한국어를 알지 못하는 때이다.

---

3) 모어 화자는 10세 정도면 10,000여 어를 이해할 수 있다. 그러나 외국어 학습자는 대개의 경우 목표 언어의 어휘를 거의 모르는 상태에서 외국어 학습을 시작한다. 또한 모어 화자는 음운이나 문법에 대하여 많이 알고 있으나 외국어 학습자는 어휘와 마찬가지로 음운이나 문법에 대하여도 아는 것이 거의 없다.

4) 어디서?

국어 교육은 국어가 생활 언어로서 24시간 노출되어 쓰이는 환경에서 교육이 이루어진다. 따라서 교실에서 배우는 것보다 많은 언어 경험이 교실 밖에서 이루어진다. 그러나 한국어 교육에서는 이런 경우(국내에서의 한국어 교육)와 이렇지 않은 경우(외국에서의 한국어 교육, 또는 국내의 외국인 사회에서만 거주하는 자에 대한 한국어 교육)가 있다. 24시간 목표 언어에 노출되느냐 아니냐는 언어 교육의 효과나 방법에 큰 영향을 준다.

5) 왜?

국어 교육이 이미 사용하고 있는 언어를 가르치는 것이기 때문에 창의적인 언어 사용 능력 신장, 고등 사고 능력 신장 등 상위의 목표를 설정[4]하는 데 비해 한국어 교육은 언어 교육의 기본, 기초가 의사 소통 능력 신장(말과 글을 통한 표현과 이해의 능력 신장)이 주요 교육 목표가 된다. 대다수의 한국어 교육은 외국인 학습자에게 의사 소통 능력을 길러주기 위한 것이다. 교육 목표의 수준이 국어 교육의 경우가 한국어 교육보다 높다.

6) 어떻게?

국어 교육이 이루어지는 교실의 언어는 국어로만 이루어진다. 이렇게 목표 언어로만 이루어지는 언어 교육은 모어 교육일 경우 지극히 당연한 것으로 아무 이론이 제기되지 않는다. 그러나 한국어 교육의 경우 대다수 외국어 교육의 방법처럼 여러 가지 방법으로 언어 교육이 이루어진다. 교수 언어는 단일어로 한국어만 사용될 수도 있고, 이중 언어로 학습자의 모어와 목표 언어인 한국어로 이루어질 수 있다. 경우에 따라서는 학습자의 모어와 교사의 언어가 서로 다르고 둘 다 제3의 언어를 사용할 수 있는 경우 목표 언어(한국어 교육의 경우 한국어)와 제3의 언어(예를 들어, 교사와 학생이 모두 영어를 알고 있을 경우 영어)가 사용되어 한국어 교육이 이루어진다.[5] 우리 나라에서 이루

---

4) 국어 교육의 주된 목표는, "① 말과 글을 통한 표현과 이해의 능력 신장, ② 언어 및 국어 및 그 사용에 대한 이해, ③ 문학 작품의 감상과 이를 통한 삶의 이해"로 요약될 수 있다. 그러나 한국어 교육의 목표는 ① 한국에서의 생활을 위한 의사 소통, ② 한국어 연구, ③ 전문적인 한국어 번역이나 통역이다.

어지는 한국어 교육에서 서로 다른 언어를 모어로 사용하는 외국인들에게 한국어와 영어를 사용하여 한국어를 교육하는 경우이다.

2. 교육에서 사용하는 언어

1) 언어 교육과 사용 언어

언어 교육은 언어를 통하여 이루어진다. 언어로 언어를 가르치고 배운다는 점에서 국어 교육과 한국어 교육은 같다고 할 수 있지만 국어 교육에서의 사용 언어와 한국어 교수에서의 사용 언어는 다르기 때문에 언어 교육에서의 언어 문제가 국어 교육과 한국어 교육에서의 사용 언어에서 더욱 중요한 논의의 대상이다. 국어 교육에서는 교사와 학습자가 모두 국어를 모어로 하기 때문에 사용 언어는 당연히 국어이고 다른 언어를 사용할 필요성이 거의 없다. 그러나 한국어 교육은 한국어를 모어로 하는 교사(한국인 교사)나 한국어를 외국어로 하는 교사(외국인 교사)가 한국어를 외국어로 하는 학습자에게 외국어인 한국어를 가르치는 것이기 때문에 한국어만을 사용하거나 다른 언어와 함께 사용해야 한다. 이 때 한국어 이외에 사용하는 다른 언어는 교사에게 외국어이거나(한국인 교사의 경우거나 외국인 교사로 자신의 모어가 아닌 다른 언어로 교수하는 경우), 모어이며(외국인 교사의 경우) 학생에게는 모어이거나 외국어이다(학생이 모어가 아닌 다른 언어로 교사와 의사 소통하는 경우).

2) 단일 언어 사용

외국어 교수는 외국어로만 이루어져야 한다는 교수법(예 : 청화법)에서는 단일 언어만을 사용해서 교육이 이루어진다.[6] 전적으로 목표 언어(외국어)로만 교사가 강의하면 학습자가 알아듣는 데 어려움이 많으나, 학습자가 알고

---

5) 콜린 베이커Colin Baker(1996)는 이중·다중 언어 교육의 유형들을 종합하여 크게 소극적 모델과 적극적 모델로 대별하고, 하위 분류하였고 이는 박영순(1997)에서 소개되었다. 이 논문에서의 이중(다중) 언어의 사용은 모어와 외국어의 상황이 아니고 'minority language'와 'majority language'의 사용이다.

6) 외국어(제2 언어) 학습의 초기 단계의 특징은 상당히 많은 모어(제1 언어)에서 온 언어간 전이가 발생한다는 것이다. 이 언어간 전이는 긍정적인 경우와 부정적인 경우로 나눌 수 있으나 부정적인 언어간 전이로 각종 오류가 발생하는 것을 줄이기 위한 외국어 교수법에서는 목표 언어만을 사용하는 단일 언어 학습을 강조하게 되었다.

있는 언어를 이용해서 목표 언어를 학습하는 경우에 나타날 수 있는 언어의 간섭을 방지할 수 있기 때문에 결과적으로는 보다 효과적인 언어 교수가 가능하다고 생각하는 것이다. 그러나 이 경우 명확한 의미 파악이 어렵고 학습자의 언어로 설명하면 빨리 이해할 수 있는 것을 많은 시간을 들여야 이해하게 되는 단점이 있다. 물론 단일 언어를 사용한 외국어 교육이 갖는 장점도 있다. 학습자가 모어에 의존하지 않고 목표 언어에 모든 것을 의지하다보면 보다 많은 노력을 목표 언어로 하게 되기 때문이다. 반드시 목표 언어만 사용해야 한다는 단일 언어 사용 교수법은 알아듣지 못하며 짐작에 의존하는 시간 낭비의 위험이 있다.

3) 이중(다중) 언어 사용

전통적인 외국어 교수법은 문법-번역식 교수법이다. 이는 어휘와 문법을 모어로 설명하고 문장을 번역하는 것으로 외국어 교수에서 문법의 중요성이 강조된 교수법이다. 지나치게 문법을 강조하다 보면 의사 소통에 필요한 듣기, 말하기의 학습에 소홀할 수밖에 없기 때문에 많은 문제점이 제기되었다. 그럼에도 불구하고 초기 외국어 학습에서 문법-번역식 외국어 교수법이 갖는 장점이 쓸모 없는 것은 아니다. 목표 언어에 대한 문법적 이해는 목표 언어의 습득에 긍정적으로 작용하기 때문이다. 우선 책에서 문법 설명을 하고 본문에 나온 문장 하나 하나의 뜻을 번역하며 파악한 후에 청화법으로 공부하면 실제 외국어 사용 환경에서 잘 적응할 수 있었다는 사례들이 있다. 물론 너무 모어만 사용하면 말이 배워질 리 없으니, 점차 목표 언어만 쓰게 해야 하는 것은 사실이다(김영기, 1991 : 61).

단일 언어 사용을 강조하는 외국어 교수법은 직접 교수법The Direct Method, 청화 교수법The Audio-Lingual Method 등이며, 이중 언어가 사용되는 외국어 교수법은 문법-번역 교수법The Grammar-Translation Method, 침묵 교수법The Silent Way, 암시 교수법Suggestopedia, 공동체 언어 학습법Community Language learning 등으로 이 때 모어의 번역은 대화의 의미를 분명히 하는데 사용된다.[7] 전신 반응 교수법The Total Physical Response Method은 모어로 소개되지만 소개 이후에는 모어가 거의 사용되지 않는다. 의사 소통 접근법The Communicative Approach에서는 모어는 특별한 역할을 하지 않는다(Diane Larsen-Freeman, 1985/조명원 · 선규수 억, 1992).

참고로 대부분의 한국어 교육에서는 이중 언어를 사용하고 있다. 서울대, 연세대, 서강대, 경희대 등의 한국어 교재는 번역문을 첨부하였는데 이는 대다수 우리 나라 한국어 교육 기관의 한국어 강의에서 이중 언어를 사용하고 있다는 것을 보여 준다. 이중 언어의 사용은 단일 언어 사용에서 해결하지 못하는 외국어 학습의 문제를 보완할 수 있다.

III. 교육용 사전에서의 사용 언어

1. 국어 교육과 한국어 교육에서의 어휘 교육

국어 교육과 한국어 교육은 교육의 대상인 언어가 같다는 공통점은 있지만 어휘 교육에서는 여러 차이가 존재한다. 국어 교육의 학습자는 일상 생활에 큰 불편 없는 어휘력을 소유하고 있을 뿐 아니라 표현 어휘보다 이해 어휘의 양이 훨씬 많다. 그러나 외국어로서의 한국어 교육의 학습자는 초기 학습자의 경우 표현 어휘량이 이해 어휘량과 큰 차이가 없다. 이는 어휘 교육에서 어떻게 어휘의 의미를 기술하느냐에 큰 영향을 미친다. 모어 교육인 국어 교육에서 어휘 의미에 대한 기술은 학습자의 이해 어휘량이 많기 때문에 별로 제한을 받지 않는다. 이에 비해 한국어 학습자는 이해 어휘량이 적기 때문에 한국어 학습자용 어휘 의미에 대한 기술은 제한된 어휘를 사용하여야만 한다.

한국어 학습자가 어휘의 의미를 알기 위하여 주로 사용할 수 있는 방법으로는 사전 이용법이 있다. 대개의 외국어 학습자는 사전을 이용하는데 사전 이용법에서의 차이, 문제, 해결책 등에 대한 연구는 한국어 교육의 효과를 높이기 위해서도 중요한 문제이다.

한 연구에 의하면 외국어(제2 언어)로서의 영어 교육을 위한 대부분의

---

7) 외국어 학습자가 외국어를 배우는 이유 중의 하나는 L2/L1 번역(외국어의 수용으로 외국어의 듣기나 읽기)이거나 L1/L2 번역(외국어로 표현하는 것으로 말하기나 쓰기)이다. 이 경우 L2/L1 번역이나 L1/L2 번역은 이중 언어를 사용하는 것이다. 이 부분에 대한 학습은 단일 언어로 외국어 학습을 하는 것으로는 해결할 수 없는 부분이다.

ESL/EFL 교재는 1,500~2,000를 포함하고 있으며 이것을 첫 3년에 가르치고 있다(Fox, 1987). 영문을 읽는 데 필요한 최소한의 어휘는 일반 영문의 경우 7,000~10,000어가 필요하고, 미국 대학생들이 인식하는 어휘 수준에 도달하기 위해서는 50,000어를 배워야 한다〔Long · Richards(1987). 김인석(1998 : 47)에서 재인용〕. 이를 볼 때 모어로서의 국어 학습자는 위의 10,000어를 알고 있지만 외국어로서의 한국어 학습자는 이보다 적게 알고 있기 때문에 어휘 교육의 필요성이 더욱 크다고 할 수 있다.

어휘를 강조하는 외국어 교수법은 문법 · 번역 교수법The Grammar-Translation Method, 직접 교수법The Direct Method, 전신 반응 교수법The Total Physical Response Method, 의사 소통 접근법The Communicative Approach 등이다. 이들 교수법은 어휘가 다른 요소들에 비해 중요시되고 있으며, 이는 어휘가 갖는 의미 전달 기능을 중시한 것이라 할 수 있다. 이들 교수법에 비해 청화 교수법The Audio-Lingual Method과 침묵 교수법The Silent Way에서는 어휘가 학습 초기에는 약간 제약된다(Diane Larsen-Freeman, 1985/조명원 · 선규수 역, 1992 참조). 그러나 우리는 이들 외국어 교수법의 방법에 상관 없이 모든 언어 교육에서 어휘의 중요성을 도외시할 수 없다. 교수법의 특성상 더 강조하는 부분과 덜 강조하는 부분이 있을 뿐이기 때문이다. 의미 전달의 기본 단위가 되는 어휘를 배우지 않고는 어휘력이 길러질 수 없으며 어휘력이 부족한 상태에서 바람직한 언어 사용이 이루어질 수 없기 때문이다. 특히 언어 사용 능력이 저급 단계일수록 어휘의 중요성은 크다 하겠다.

2. 언어 교육을 위한 교육용 사전

1) 언어 교육에서의 교육용 사전

언어 교육에서 어휘의 사용에 대하여 학습하는 것은 어휘가 언어의 주요 요소이기 때문이다. 그리고 어휘 학습을 위하여, 언어 교육을 위하여 사전 이용은 필수적이다.

우리는 국어를 학습하면서 국어 사전을 이용하고 영어를 학습하면서 영어 사전을 이용한다. 대다수의 학생은 국어를 공부할 때 국어 사전을 이용하는 것보다 영어를 학습하면서 영어 사전을 이용하는 경우가 훨씬 많다고 여기고 있다. 영어 공부를 할 경우 영어 사전을 지참하지만 국어 공부를 할 경우 국어 사전을 지참하는 경우는 거의 없는 것이다. 이로 미루어 볼 때 모어로 서의 국어 교육을 위한 국어 교육용 사전의 중요성보다 한국어 교육을 위한 한국어 교육용 사전의 중요성이 더욱 절실하다고 할 수 있다. 그런데 아직까지 한국어 교육용 사전에 대한 연구와 출판 수준은 초보 단계에 머물러 있는 것으로 보인다.

국어 교육과 외국어로서의 한국어 교육에 필요한 사전의 차이에 대한 연구는 영성하다. 언어 전문가들은 모어 화자용 사전인 미국의 다양한 웹스터 Webster 사전들이나 영국의 옥스퍼드Oxford 사전과 같이 외국어로서의 영어 학습자용 롱맨Longman 사전이나 이중 언어 사전에 대하여 관심을 기울여 왔다. 그들은 사전을 편찬함에 있어 무엇을 어떻게 해야 하는가에 대하여, 즉, 연구 목적, 사전의 문제점, 외부 요소, 내부 요소, 기타 파생 문제 등에 관심을 기울여 왔다. 우리도 한국어 교육용 사전에 관한 많은 연구가 이루어져야 할 것이다.[9]

2) 교육용 사전의 사용 언어

사전에 사용되는 언어는 단일 언어의 경우와 둘 이상의 언어가 사용되는 경우로 나눌 수 있다. 모어 교육(국어 교육)에 사용되는 사전은 단일 언어 사전이다. 이는 국어 표제어를 국어로 뜻매김하는 것으로 국어만 사용하여 국어 사전을 편찬하는 것이다. 학습자는 모어인 국어에 대해 문법, 음운 등을 많이 알고 있으며 이해 어휘량이 많기 때문에 뜻매김된 어휘에 별 어려움이 없이 사전을 이용할 수 있다. 그러나 외국어로서의 한국어 학습자를 위한 한국어 교육용 사전의 경우에 학습자는 한국어에 대한 이해 어휘량이 적기 때문에 사전에서 뜻매김되는 어휘를 학습자가 이해하기 쉬운 기초 어휘로 한정해야 한다.

---

9) 사전 관련 연구는 그 역사가 오래되었지만 '외국어로서의 한국어' 학습자를 위한 사전에 관한 연구는 이상섭 외(1992)와 서상규(2000), 백봉자(2000), 서상규(2002) 등이 있다. 국외에서는 '외국어 학습자를 위한 이중 언어 사전'에 관한 연구가 활발히 이루어지고 있으며, 최근의 주요 연구로는 하르트만 Hartmann(1989, 1999, 2001), 란텐과 멜라메드Lanten and Melamed(1994), 비숍Bishop(1998), 장과 위엔 Jang and Wien(1998), 바이갠트Weigand(1998) 등이 있다(Hartmann, 2001 참조).

어휘력이 낮을수록 사전에 의존할 수 없는 이유는 사전의 표제어에 대한 뜻매김 어휘를 이해하기 어렵기 때문이다. 모어 화자라면 당연히 알 수 있는 사전 뜻매김 어휘를 외국어 학습자는 알기 어렵기 때문에 한국어 교육용 사전은 한정된 어휘로 뜻매김하여 이용자가 사전을 사용하는 것이 가능하도록 해야 한다. 이에 대한 것으로는 롱맨 사전의 예에서 볼 수 있다.[10)]

또한 외국어로서의 한국어를 학습할 사전의 편찬은 외국인 학습자의 특성을 고려하여야 하는데 이 경우 외국인은 모어 화자보다 언어 능력 면에서 열세에 처해 있다. 모어 화자가 사전을 이용할 때에는 음운이나 문법은 많이 알고 있으며 기본적인 어휘력도 갖추고 있지만 외국인 학습자는 음운, 문법, 어휘 어느 부분도 백지에서 시작하는 것이다.

이 때 두 가지 이상의 언어가 사용되는 경우는 1) 한 언어 표제어를 다른 한 언어로 뜻매김(예 : 영한 사전, 한영 사전), 2) 한 언어를 두 가지 언어로 뜻매김하거나〔주(主) 언어로 뜻매김하고 부(副) 언어로 보충 뜻매김(예 : 영영한 사전에서 단어의 의미를 영어로 뜻매김하고 한국어로 보충 뜻매김하는 경우)하거나 두 언어를 같은 수준으로 뜻매김(두 언어로 동등한 수준으로 뜻매김)〕하는 이중 언어 사전[11)]과 여러 언어를 사용하여 뜻매김하는 다중 언어 사전으로 나눌 수 있다(이에 대하여는 Hartmann, 2001)을 참조할 것).

(1) 교육용 단일 언어 사전

모어 학습자가 사용하는 모어만으로 이루어진 단일 언어 사전은 외국어 학습자를 위한 단일 언어 사전과 같을 수는 없다. 즉, 우리의 국어 사전은 우리 국민이 우리말에 대한 정확한 의미와 사용법을 알기 위해 사용하는 것으

---

10) 롱맨 현대 영어 사전(Longman Dictionary of Contemporary English, LDOCE, 1978)은 언어 교육학적 원칙에 의거하여 특히 외국인 학습자의 필요를 적극 참조하여 편찬했다. 랜돌프 쿼크Randolph Quark는 서문에서 사전 편찬의 핵심은 사용자의 필요를 충족시킬 최선의 방법을 고안하는 것이며, 사용자가 주로 영어를 외국어로 하는 사람들인 경우 일은 훨씬 까다로워지는데 그 이유는 사용자의 능력, 나이, 민족 배경, 그 밖의 변수들이 엄청난 문제를 야기할 것이기 때문이라고 하였다. 그리고 이 사전은 "편찬자들은 명쾌한 뜻매김 어휘를 개발하였는 바, 이는 두 면에서 사용자에게 도움을 줄 것이다. 첫째로, 약 2,000 개의 낱말만 알면 사전의 모든 낱말의 뜻매김을 이해할 수 있다는 것이고, 둘째로, 뜻매김 어휘의 철저한 사용으로 말미암아 새롭고도 중요한 의미 분석을 낳은 경우가 허다하다."고 하였다〔LDOCE(1978 : vii), 이상섭(1992)〕.

로 다른 언어로 뜻매김될 필요가 없이 국어만으로 이루어진 단일 언어 사전이다. 그러나 외국어로서의 한국어 학습자를 위한 한국어 교육용 단일 언어 사전은 국어 모어 화자를 위한 국어 교육 단일 언어 사전과 같아서는 안된다. 영어 사전에서는 이 둘이 구분되어 출간되고 있으며, 이는 외국어 학습자의 어휘력과 모어 학습자의 어휘력의 차이, 이용 목적 등이 다르기 때문이다. 사용자가 다르고 사용 목적이 다르다면 학습자를 위한 교육용 자료는 다를 수밖에 없는 것이다. 따라서 우리 나라에서도 외국어로서의 한국어 교육용 단일 언어 사전 개발의 필요성이 커지고 있다. 이와 관련된 최근의 연구로는 배주채·곽용주(2000), 서상규(2000) 등이 있다.

한 언어의 외국어 학습자에게 학습 자료가 되는 단일 언어 사전은 단일 언어를 사용하는 외국어 교수법의 이론에 근거한 것이다. 그런데 이 경우 목표 언어로만 뜻매김된 사전의 내용을 이해하는 데는 많은 한계가 있다. 대다수의 외국어 학습자는 극히 제한된 어휘력을 가지고 있을 뿐이나 단어를 설명한 목표어의 뜻매김은 학습자에게 더 많은 사전 찾기를 요구하고 끝내는 명확하지 않은 이해와 의미의 혼란을 가져다 줄 뿐이다.[12] 그래서 우리는 외국어 교육용 사전으로 이중 언어 사전을 이용한다. 사전 사용자의 사전 사용에 대한 한 조사(Tomaszczyk, 1979 : 449명 조사)에 의하면 외국어 학습의 초보자뿐만 아니라 외국어 교사나 교수들조차 목표어 단일 언어 사전을 사용할 수 있음에도 불구하고 이중 언어 사전에 거의 의존하고 있다(Tomaszczyk, 1983 : 46).

(2) 교육용 이중(다중) 언어 사전

외국어 교수법에서 목표 언어만을 사용하는 단일 언어 사용 교수법 이외에 이중 언어 사용 교수법이 있듯이 언어 교육용 사전에서의 사용 언어에 따

---

11) 본고에서의 이중 언어 사전은 하르트만Hartmann(2001)의 bilingual dictionary와 bilingualised dictionary 를 구분하지 않고 '두 언어가 사용된 사전'으로서 '이중 언어 사전'을 가리키는 말이다.

12) 예를 들면, '잉어'를 뜻하는 'carp'를 'a type of large FRESHWATER fish that lives in lakes, pools, and slow-moving rivers and is believed to live a long time' 이라고 뜻풀이한 영영 사전(LDOCE)으로는 무엇인지 모른다. 그러나 '잉어'라는 한국어로 대조하면 더 이상의 설명이 없이 분명하게 의미가 파악되는 것이다. 마찬가지로 '진달래'를 뜻하는 'azalea'도 'a type of bush with bright usu, strong-smelling flowers' 라는 뜻풀이보다는 '진달래'가 훨씬 분명하고 빠른 이해를 줄 수 있다.

라 단일 언어 사전 이외에 이중(다중) 언어 사전 등이 있다.[13]

이중 언어를 사용하여 편찬된 사전은 사전의 목적이 어휘에 대한 정보를 제공하는 것이고 그 정보를 알기 위해서는 사용자가 알고 있는 언어로 설명되어야 한다는 데 바탕을 둔다. 외국어 학습자는 모어 학습자와는 달리 이해 어휘량이 적기 때문에 한정된 어휘로 단어의 뜻매김을 하지 않을 경우 사용자가 사전을 이용하는 데 어려움이 있다. 학습자가 알고 있는 언어로 설명하면 단 한 마디로 가능한 것을 목표 언어로만 뜻매김하여 오랜 시간과 노력을 들여 단어 의미를 이해하게 할 이유가 없기 때문이다. 물론 단일 언어 사전이 갖는 강점도 있기 때문에 두 가지 교육용 사전 즉, 단일 언어 사전과 이중(다중) 언어 사전이 존재하는 것이다.[14] 이들 두 가지 사전의 문제점을 절충한 사전으로 단일 언어 사전에 다른 한 언어로 보충해 주는 사전(bilingualised dictionary, 예 : 한한영 사전, 영영한 사전)도 있으나 엄격한 의미로는 단일 언어 사전이 아니기 때문에 본고에서는 세분하지 않고 이중(다중) 언어 사전으로 처리하였다.

3. 한국어 교육용 사전 편찬의 과제

대다수의 '외국어로서의 한국어' 학습자는 '한영 사전 · 영한 사전, 한중

---

13) 하르트만Hartmann(2001)은 Bilingual dictionary, Bilingualised dictionary, Interlingual dictionary, Monolingual dictionary, Learner's dictionary, Multilingual dictionary, Polyglot dictionary, Pedagogical dictionary 등에 대하여 기술하고 있다.

14) 외국어를 학습하는 데 외국어 단일 언어 사전으로는 완전하지 못하며 이 불완전함은 이중 언어 사전을 이용하여 보완할 수 있는 것이다. 이중 언어 사전인 L1/L2 사전의 경우, 사전 편찬자는 L1 화자가 L2로 텍스트를 생산할 수 있도록 하기 위해 L1/L2 사전을 편찬한다. 그러나 이 경우 L1 화자가 이 사전을 이용하여 L2로 텍스트를 생산했을 경우 이를 L2 화자가 분석해 보면 의미가 통하기는 하겠지만 불완전하다. 토마슈칙Tomaszczyk은 폴란드인 영어 학습자를 위한 Polish-English 사전을 이용하여 학습자들이 생산한 영어 텍스트를 영어 모어 화자에게 분석하게 한 결과 그 텍스트는 영어다운 영어English look English가 아닌 폴란드식 영어Polish-English였다는 것을 확인하였다(Tomaszczyk, 1983 : 42). 우리가 한영 사전을 가지고 영작을 하는 경우도 영어 화자가 보면 한국식 영어Korean-English가 될 수 있다. 우리는 동시에 두 가지 사전을 이용하여 L1/L2 사전(이중 언어 사전)으로는 L1 단어에 해당하는 L2 단어를 알고, 단일 언어 사전(예 : 영영 사전)으로는 L2 단어에 대한 통사 정보나 정확한 정의definitions에 관한 정보를 얻음으로써 보다 완전한 단어 정보를 얻게 된다(Tomaszczyk, 1983 : 48 참조).

사전·중한 사전'과 같은 이중 언어 사전을 사용하여 한국어를 배우고 사용한다. 그런데 우리 나라에서 발간된 이 이중 언어 사전은 국어를 상용하는 우리 나라 사람들을 위하여 만든, 다시 말하면 한국어를 학습하거나 사용하기 위한 것이 아니라 한국어를 아는 사람들이 다른 외국어를 학습하거나 사용하기 위한 것이다. 예를 들면, 우리 나라의 '영한 사전'은 우리 나라 사람들에게 우리가 모르는 영어를 국어로, '한영 사전'은 우리가 아는 국어를 영어로 설명한 것이다. 따라서 전자는 '영어의 뜻'을 알기 위하여, 후자는 우리말을 '영어로 옮기기' 위하여 사용한다. 그러나 외국어로서의 한국어 학습자는 우리와 반대로 사용하게 된다. 즉, 전자는 '한국어로 옮기기' 위하여 후자는 '한국어의 뜻을 알기 위하여 사용하는 것이다.[15]

이 때 우리 나라 사람과 한국어 학습자가 사용하는 이중 언어 사전은 같을 수 있는지, 같아야 되는지, 달라야 한다면 어떻게 달라야 하는지를 밝힐 필요가 있다.

사용 목적이 다르고, 사용자의 (제1) 언어가 다르면 그 뜻매김 방법은 달라야 할 것처럼 보인다. 만일 달라야 하는 것이라면 어떻게 달라야 하는가를 밝힐 필요가 있다. 그래야만 한국어 학습자가 이중 언어 사전을 적절하게 이용하여 한국어를 배울 수 있을 것이다. 언어가 다르면 한 언어에는 있는 단어가 다른 언어에는 없거나 그 반대의 경우가 있을 수 있다. L2 언어에는 있지만 L1 언어에는 없는 단어의 경우 L1에 이 단어 항목을 만들어 넣어야 하고, L1 단어에는 있지만 L2 언어에는 없는 단어는 L2에 이 단어 항목을 만들어 넣어야 한다(Tomaszczyk, 1983 : 50). 문화가 다른 언어간의 교수·학습을 위한 이중 언어 사전은 문화의 대조 분석이 뒤따라야 한다.[16]

따라서 한국어 학습자가 적절하게 이용할 수 있는 한국어 관련 이중 언어 사전을 뜻매김하는 데 필요한 기본 문제가 무엇인지를 밝히고 이를 해결하는 방법을 모색하는 것이 필요하다.

---

15) 한국어 학습자에게는 영한 사전이 목표 언어로 생산(표현)하기 위한 사전(Productive dictionary, L1/L2)이고, 한영 사전이 목표 언어를 수용(이해)하기 위한 사전(Receptive dictionary, L2/L1)이다.

IV. 정리

　이제까지 국어 교육과 한국어 교육에서 사용되는 언어의 공통점과 차이점을 밝히고 이를 언어 교육에서 필수적으로 사용하는 교육 보조 자료인 '교육용 사전'을 예로 고찰하였다. 이는 다음과 같다.

　(1) 국어 교육과 한국어 교육은 교육의 대상인 언어가 (한)국어로서 대상 언어는 같다고 할 수 있다. 그러나 교육의 목표와 방법 등 여러 면에서 공통점 못지 않게 다른 점이 많다.

　(2) 언어 교육은 언어를 통하여 이루어진다. 국어 교육은 단일 언어로 교육이 이루어지나 외국어 교육에서 단일 언어나 이중(다중) 언어가 사용된다. 우리 나라의 한국어 교육에서는 대부분 이중 언어를 사용하고 있다.

　(3) 잘 표현된 말과 글은 적절한 어휘 사용 없이는 불가능하다. 그렇기 때문에 어휘력은 언어 사용에서 중요하고, 어휘력을 길러 주는 어휘 교육은 언어 교육에서 중요한 것이다. 어휘력을 길러 주기 위한 어휘의 정보를 제공할 수 있는 교육용 사전의 중요성 또한 크다.

　(4) 국어 교육의 학습자는 일상 생활에 큰 불편 없는 어휘력을 소유하고 있을 뿐만 아니라 표현 어휘보다 이해 어휘의 양이 훨씬 많다. 그러나 외국어로서의 한국어 학습자는 초기 학습자의 경우 표현 어휘량의 크기가 이해 어휘량의 크기와 큰 차이가 없다. 그래서 외국인을 위한 교육용 사전은 뜻매김에 사용되는 어휘가 기초적인 것이어야 한다. 이는 한국어 교육 현장에서도 적용되어야 한다.

　(5) 한국어 교육을 위한 교육용 사전은 한국어만으로 편찬한 단일 언어 사전과 학습자의 모어와 한국어를 사용한 이중 언어 사전으로 나뉜다. 이 때 단일 언어 사전으로 해결할 수 없는 부분을 이중 언어 사전을 이용해 해결할

---

16) 예를 들면 일반적, 보편적, 비문화적인 어휘 항목lexical items이라도 문화에 연관되어 있기 때문에 우리는 L1이나 L2 단일 언어 사전으로는 목표 언어의 문화를 나타내는 텍스트를 생산하거나 번역할 수 없다. 결국 문화간 의사 소통은 일방적인 것이 아니다. 따라서 외국어 교육에 사용되는 일반적인 사전들은 이중 언어 사전(L1/L2)이어야 하고 이런 어휘에 대한 연구는 문화의 대조 분석이 따라야 한다〔Tomaszczyk(1983 :　43), 권순희(1996) 참조〕.

수 있다. 이는 한국어 교육에서 한국어만을 사용하는 경우의 단점을 이중 언어(학습자의 사용 언어와 목표 언어)를 사용하여 교육함으로써 보완할 수 있는 것이다. 이는 사전의 사용법에서도 찾아 볼 수 있다.

모어 학습자가 사용하는 모어만으로 이루어진 단일 언어 사전은 외국어 학습자를 위한 목표어 단일 언어 사전과 같을 수는 없다. 외국어로서의 한국어 학습자를 위한 한국어 단일 언어 사전은 국어 모어 화자를 위한 국어 교육 단일 언어 사전과 같아서는 안 된다. 영어 사전에서는 이 둘이 구분되어 출간되고 있으며, 이는 외국어 학습자의 어휘력과 모어 학습자의 어휘력의 차이, 이용 목적 등이 다르기 때문이다. 사용자가 다르고 사용 목적이 다르다면 학습자를 위한 교육용 자료는 다를 수밖에 없는 것이다. 따라서 우리 나라에서도 외국어로서의 한국어 교육용 단일 언어 사전 개발의 필요성이 커지고 있다.
대다수의 '외국어로서의 한국어' 학습자는 이중 언어 사전을 사용하여 한국어를 배우고 사용한다. 그런데 우리 나라에서 발간된 이 이중 언어 사전은 국어를 상용하는 우리 나라 사람들을 위하여 만든 것이 대부분이며 한국어를 학습하기 위한 것이 아니다. 사용 목적이 다르고, 사용자의 (제1) 언어가 다르면 그 기술 방법은 달라야 할 것이다.
국어 교육과 한국어 교육에서 사용하는 언어도 사전 편찬에서와 같이 언어 사용의 차이가 고려되어야 한다. 그래야만 한국어 학습자가 이중 언어 사전을 적절하게 이용하여 한국어를 배울 수 있을 것이다. 따라서 한국어 학습자가 적절하게 이용할 수 있는 한국어 관련 이중 언어 사전을 편찬하는 데 필요한 기본 문제가 무엇인지를 밝히고 이를 해결하는 방법을 모색하는 것이 필요하다.

2 | 중국인 한국어 학습자를 위한 한국어 교육용 사전[1]

Ⅰ. 도입

본 연구는 중국어를 모어로 하는 한국어 학습자(이하 '중국인 한국어 학습자'라 한다.)가 사용할 한국어 교육용 사전의 뜻매김을 어떻게 하는 것이 보다 효율적인가를 밝히기 위한 것이다. 이를 위하여 '외국어로서의 한국어 교육용 이중 언어 사전', '중국인 한국어 학습자용 한국어 교육용 사전'에 관한 문제를 고찰하여 해결 방안을 찾는다. 또한 중국인 한국어 학습자가 한국어 어휘를 학습하는 과정에서 겪을 수 있는 문제를 L1과 L2의 관계에서 두 언어의 비교 대조를 통한 학습으로 해결할 수 있는지 알아본다.

본고에서 '비교'라는 용어를 사용하는 이유는 한국어 한자 어휘와 중국어 어휘가 같은 한자로 만들어진—같은 기원에서 각기 다른 발전을 한 어휘로 보기 때문이며, 중국계 한자 어휘가 아닌 한국 고유 한자 어휘와 중국어에만 있는 어휘는 계보적, 시간적, 지리적 요소에 관계가 없다고 보아 '대조'라는 용어를 사용하며 이들을 함께 다룰 때는 '비교 대조'라는 용어를 사용한다.[2] 또한 '중국어'와 '한국어'는 '언어'를, '중국어 어휘'와 '한국어 한자

---

1) '중국인 한국어 학습자를 위한 한국어 교육용 사전', 「중국에서의 한국어 교육」, 이중언어학회 · 고려학회 · 북경 대학교 합동 학술 대회 자료집(2003)

2) 다음에서 비교, 대조, 대비의 차이를 볼 수 있다.

  (1) 비교(比較) : 서로 견주어 봄. 둘 이상의 사물을 견주어 그 관계를 고찰하는 일. comparative. 取兩種以上的事物, 較量其優劣, 或辨別其異同

어휘’는 ‘어휘’를 구분하기 위하여 사용한다.

대다수의 ‘외국어로서의 한국어’ 학습자는 ‘한영 사전 · 영한 사전, 한중 사전 · 중한 사전’과 같은 이중 언어 사전을 사용하여 한국어를 배우고 사용한다. 한국의 이중 언어 사전에는 ‘외국어로서의 한국어 학습 사전’과 한국어를 상용하는 한국인을 위하여 만든, 한국어 모어 화자가 ‘다른 외국어를 학습하거나 사용하기 위한 사전’이 있다. 이들 사전을 사용하는 목적이 다르고, 사전 사용자의 (제1) 언어가 다르면 표제어의 뜻매김이 달라야 할 것처럼 보인다. 만일 달라야 하는 것이라면 어떻게 달라야 하는가를 밝힐 필요가 있다. 그래야만 한국어 학습자가 이중 언어 사전을 적절하게 이용하여 한국어를 배울 수 있을 것이다.

한국어 한자 어휘와 중국어 어휘의 관련성은 중국인 한국어 학습자에게 한국어를 설명할 때 아주 중요한 문제일 수 있다. 따라서 본 연구는 중국어 어휘와 한국어 한자 어휘의 비교 대조 연구 결과를 이용해 ‘중국인을 위한 한국어 교육용 사전의 효율적인 뜻매김 방안’을 제시할 수 있을 것이라는 데서 출발한다.

Ⅱ. 한국어 교육용 사전의 사용 언어

1. 사용 언어와 뜻매김

사전에 사용되는 언어는 단일 언어의 경우와 둘 이상의 언어가 사용되는

---

(2) 대비(對比) : 서로 맞대어 비교함, 또는 그 비교. contrastive. 以兩種殊異的事物對立, 如黑如白, 大與小, 使其特徵更加明顯, 叫做對比

(3) 대조(對照) : 둘 이상의 대상을 맞대어 봄. 서로 반대적으로 대비됨, 또는 그러한 대비. contrastive. 互相對比照應

우리는 위 (1), (2), (3)의 표제어나 중국어 뜻매김의 어휘는 우리에게 한국어 한자 어휘와 중국어 어휘가 거의 형성소(한자), 의미에서 같다는 것을 알 수 있게 한다. 따라서 같은 한자어 형성소로 이루어진 대부분의 한국어 한자 어휘와 중국어 어휘는 ‘대비 또는 대조’보다는 ‘비교’를 하는 것이 타당해 보인다. 물론 중국어의 의성어나 음차어와 한국어의 고유 어휘나 고유 한자 어휘는 ‘대조’를 하는 것이 타당할 것이다. 언어학에서 사용하는 ‘비교’나 ‘대조’의 용법과 한 · 중 · 일 한자어 관련 ‘비교 · 대조’의 차이에 대하여는 후일 상술할 것이다.

경우로 나눌 수 있다. 모어 교육(국어 교육)에서 사용하는 사전은 단일 언어 사전이다. 이는 국어 표제어를 국어로 뜻매김하는 것으로 국어만 사용하여 국어 사전을 편찬하는 것이다. 학습자는 모어인 국어에 대해 문법, 음운 등을 많이 알고 있으며 이해 어휘량이 많기 때문에 뜻매김된 어휘에 별 어려움이 없이 사전을 이용할 수 있다. 그러나 외국어로서의 한국어 학습자를 위한 한국어 교육용 사전의 경우에는 학습자의 한국어에 대한 이해 어휘량이 적기 때문에 사전에서 뜻매김되는 어휘를 학습자가 이해하기 쉬운 기초 어휘로 한정해야 한다.

어휘력이 낮을수록 사전에 의존할 수 없는 이유는 사전의 표제어에 대한 뜻매김 어휘를 이해하기 어렵기 때문이다. 모어 화자라면 당연히 알 수 있는 사전 뜻매김 어휘를 외국어 학습자는 모를 수 있기 때문에 한국어 교육용 사전은 한정된 어휘로 뜻매김하여 이용자가 사전을 사용하는 것이 가능하도록 해야 한다. 이에 대한 것으로는 롱맨Longman 사전의 예에서 볼 수 있다. 우리도 이와 같은 연구가 이루어져 뜻매김할 어휘를 선정할 필요가 있다.

또한 외국어로서의 한국어 교육용 사전의 편찬은 외국인 학습자의 특성을 고려하여야 하는데 이 경우 외국인은 모어 화자보다 언어 능력 면에서 열세에 처해 있다. 모어 화자가 사전을 이용할 때에는 음운이나 문법은 많이 알고 있으며 기본적인 어휘력도 갖추고 있지만 대부분의 외국인 학습자는 음운, 문법, 어휘 중 어느 것도 잘 알지 못하는 상태에서 사전을 이용한다. .

외국어 학습자에게 학습 자료가 되는 목표어(외국어)로만 이루어진 단일 언어 사전은 단일 언어를 사용하는 외국어 교수법의 이론에 근거한 것이다. 그런데 이 경우 목표 언어로만 뜻매김된 사전의 내용을 이해하기에는 많은 한계가 있다. 대다수의 외국어 학습자는 극히 제한된 어휘력을 가지고 있을 뿐이나 단어를 설명한 목표어의 뜻매김은 학습자에게 더 많은 사전 찾기를 요구하고 끝내는 명확하지 않은 이해와 의미의 혼란을 가져다 줄 뿐이다.

그래서 우리는 외국어 교육용 사전으로 이중 언어 사전을 이용한다. 사전 사용자의 사전 사용에 대한 한 조사(Tomaszczyk, 1979 : 449명 조사)에 의하면 외국어 학습의 초보자뿐만 아니라 외국어 교사나 교수들조차 목표어 단일 언어 사전을 사용할 수 있음에도 불구하고 거의 이중 언어 사전에 의존하고 있었다(Tomaszczyk, 1983 : 46).

두 가지 이상의 언어가 사용되는 경우는 1) 한 언어 표제어를 다른 한 언어로 뜻매김(예 : 중한 사전, 한중 사전), 2) 한 언어를 두 가지 언어로 뜻매김하거나〔주(主) 언어로 뜻매김하고 부(副) 언어로 보충 뜻매김(예 : 한한중 사전에서 단어의 의미를 한국어로 뜻매김하고 중국어로 보충 뜻매김하는 경우)하거나 두 언어를 같은 수준으로 뜻매김(두 언어로 동등한 수준으로 뜻매김)〕하는 이중 언어 사전과 여러 언어를 사용하여 뜻매김하는 다중 언어 사전으로 나눌 수 있다.

2. 이중 언어 사전

외국어 교수법에서 목표 언어만을 사용하는 단일 언어 사용 교수법 이외에 이중 언어 사용 교수법이 있듯이 언어 교육용 사전은 사용 언어에 따라 단일 언어 사전과 이중〔다중〕 언어 사전이 있다.

이중 언어를 사용하여 편찬된 사전은 사전의 목적이 어휘에 대한 정보를 제공하는 것이고 그 정보를 알기 위해서는 사용자가 알고 있는 언어로 설명되어야 한다는 데 바탕을 둔다. 외국어 학습자는 모어 학습자와는 달리 이해 어휘량이 적기 때문에 한정된 어휘로 단어의 뜻매김을 하지 않을 경우 사용자가 사전을 이용하기에는 어려움이 있다. 학습자가 알고 있는 언어로 설명하면 단 한 마디로 가능한 것을 목표 언어로만 뜻매김하여 오랜 시간과 노력을 들여 단어 의미를 이해하게 할 이유가 없기 때문이다. 물론 단일 언어 사전이 갖는 강점도 있기 때문에 두 가지 교육용 사전 즉, 단일 언어 사전과 이중(다중) 언어 사전이 존재하는 것이다. 이들 두 가지 사전의 문제점을 절충한 사전으로 단일 언어 사전에 다른 한 언어로 보충해 주는 사전(bilingualised dictionary, 예 : 한한중 사전, 중중한 사전)도 있으나 엄격한 의미로는 이중 언어 사전이다.

언어가 다르면 한 언어에는 있는 단어가 다른 언어에는 없거나 그 반대의 경우가 있을 수 있다. 이중 언어 사전의 경우 L2 언어에는 있지만 L1 언어에는 없는 단어의 경우 L1에 이 단어 항목을 만들어 넣어야 하고, L1 단어에는 있지만 L2 언어에는 없는 단어는 L2에 이 단어 항목을 만들어 넣어야 한다(Tomaszczyk, 1983 : 50). 따라서 문화가 다른 언어의 교수·학습을 위한 이중 언어 사전은 문화의 대조 분석이 뒤따라야 한다.

Ⅲ. 중국인용 한국어 교육용 사전

1. 중국어 어휘와 한국어 한자 어휘의 관련성

1) 한국어 한자 어휘

아래 〈표-1〉은 일상 생활에 자주 쓰이는 한자어로 이들은 다른 한자 어휘와 결합하여 많은 한자 복합어를 생성한다.

〈표-1〉 한자어와 복합어(이충우, 1994 : 65)

한자어	국어연		사전	한자어	국어연		사전	한자어	국어연		사전
	1	2			1	2			1	2	
經營	48	11	32	大學	81	17	26	資本	66	15	56
經濟	128	22	93	文化	118	29	53	政策	82	7	3
科學	50	8	27	問題	50	9	13	政治	115	27	49
關係	59	8	21	思想	46	6	7	制度	76	27	49
敎育	74	22	67	社會	146	21	146	株式	91	4	15
國家	71	7	60	産業	53	7	56	地方	46	15	61
國際	72	7	333	生活	51	17	50	行政	118	26	69
企業	86	30	32	外交	61	11	29	會社	81	15	10
技術	67	9	24								

* 국어연구소(1985)와 신기철 · 신용철(1986)을 분석함.
* 국어연 1 : 해당 한자어가 나타난 어(어두 한자별 한자어 및 출처의 모든 어)임
  (예 : 經營- 1) 經營改善, 2)企業經營 등 모두).
* 국어연 2 : 한자별 한자어 모음'에 나타난 어근임(예 : 經營- 經營科, 經營權, 經營大, 經營人 등임).
* 사전(신기철 · 신용철, 1986) : 대표 한자어가 어두에서 결합된 경우

〈표-1〉의 25어와 복합어를 이루는 어는 국어연 1에서 1936어로 평균 77 (77.44) 어이며, 국어연 2에서는 355어로 평균 14(14.20)어이다. 또한 사전에 어두 표제어로 나온 어는 1,338어로 평균 56(53.52)어이다. 따라서 이들 복합어를 많이 이루는 어휘를 알면 이들의 합성어의 의미를 유추하기 쉽다. 그런데 이들 중 중국어 한자어와 다르게 쓰이는 "회사(중국 한자어 '公司')"를. 제외한 나머지는 모두 동형 동의(同形同意, 같은 한자와 같은 의미) 한 · 중 어휘

이다. '株式'은 일본어계 한자어이지만 한·중·일 삼국 모두 쓰이는 동형 동의어이다. 이와 같이 주요 한국어 한자 어휘와 중국어 어휘가 동형 동의로 쓰이는 것이 많다는 것은 중국인에 대한 한국어 어휘 교육에서 한자 어휘를 이용한 중국인 한국어 어휘 교육 방법을 개발할 필요가 있음을 나타내는 것이다.

이들을 사전에 수록된 표제어와 이의 복합어의 수로 보면 〈표-2〉와 같다.

〈표-2〉 사전 표제어와 이의 복합어 수(이충우, 1994 : 56)

經濟(93/22), 共同(74/6), 空中(56/1), 敎育(67/22), 國家(60/7), 國民(77/6), 國際(333/7), 軍事(46/9), 機械(52/6), 勞動(80/4), 獨立(46/5), 動物(49/5), 文化(53/29), 放射(59/5), 社會(146/21), 産業(56/7), 酸化(60/3), 生産(59/14), 生活(50/51), 世界(66/11), 植物(61/3), 信用(21/3), 言語(47/4), 營業(47/4), 完全(46/2), 外國(49/9), 宇宙(49/6), 原子(67/5), 二重(62/3), 人間(56/12), 一般(51/7), 自己(56/2), 自動(75/6), 自然(124/20), 自由(102/9), 資本(56/15), 電氣(147/3), 政治(49/27), 精神(70/8), 第一(53/6), 中間(46/5), 中央(60/6), 地方(61/15), 直接(47/0), 特別(80/5), 航空(75/7), 行政(69/26), 化學(59/5), 回轉(63/3)

*사전 표제어(신기철·신용철, 1986/국어연구소, 1985)

위의 53(사전 표제어 수 46 이상) 어를 보면 사전에 나타난 복합어는 총 3,634 어가 복합되어 1 어에 68(68.56) 어의 복합어가 나타나고, 국어연-2는 '한자별 한자어 모음 총어휘'로 총 어휘 454 어가 나타나 평균 8(8.56) 어가 나타난다. 이들은 복합어를 이루는 주요 어근이라 할 수 있는데 절대적인 것은 아니다. 사전과 사용 실태 조사서가 절대적이 아니기 때문이다. 그러나 복합어로 사용된 경우가 많았고 사전 수록된 어가 많다는 것은 이들의 중요성을 인정할 수 있게 한다.

이들 가운데 '言語'는 '語言, 話'로, '中間'은 '不大不小'가 중국어 어휘이며 나머지는 한국어의 의미와 용법이 중국어에서도 같다. '二重'은 '兩重, 雙重'이 중국어이지만 '二重 國籍'이란 단어를 사용하기 때문에 한국어의 쓰임과 같다고 볼 수 있다.

이로 미루어 한국어 한자 어휘와 중국어 어휘의 비교 대조 연구는 중국인 한국어 학습자를 위한 한국어 교육 방법을 개발하는 데에 도움이 되며 특히 어휘 교육, 사전 개발에 그 필요성이 크다 하겠다.

2) 한·중 한자 어휘의 비교 대조와 한국어 교육[3]

(1) 비교 대조 조사의 필요성

한국어 기초 어휘에서의 고유 어휘의 비율은 전문 어휘보다 높지만 전문 어휘에서는 한자 어휘의 비율이 고유 어휘보다 높다. 한자 어휘는 고유 어휘로 대치가 힘든 경우가 많으며 경어나 완곡어로 쓰이기도 하고, 특히 전문어로 많이 사용되기 때문에 국어 어휘에서의 중요성은 매우 크다. 이들 한자어는 중국의 백화문에서 온 '多少(얼마나), 報道(알리다), 十分(가장, 잘), 自由(제마음대로 하다), 點檢(살피다), 從前(예전부터), 合當(마땅하다)'과 같은 한자 어휘와 중국 고전에서 들어 온 한자 어휘(예 : 妻子, 上下, 父母, 立身, 百姓, 富貴 −〈孝經〉), 불교계 한자 어휘, 일본계 한자 어휘, 한국 고유 한자 어휘 등이 있다. 이중 중국어 어휘와 한국어 한자 어휘는 어떻게 같고 어떻게 다른가에 대한 비교 대조를 통하여 한국어 어휘의 뜻매김을 하는 것은 중국인 한국어 학습자가 한국어 한자 어휘를 학습할 때 도움을 줄 수 있을 것이다. 따라서 한·중 한자 어휘의 비교 대조 조사는 한국어 어휘 교육을 위한 방법을 찾아

---

3) 성원경(1977)은 '한·중 현용 한자 어휘를 비교하여 1) 중국 고전에 근거를 두고 있는 한자 어휘 중에는 현재 중국에서 사용되지 않을 뿐 아니라 오히려 외래어 취급을 하는 경우. 2) 한자는 같으나 의미는 전혀 다른 경우(예 : 東西), 3) 표현이 다른 경우(예 : 감기 : 着涼, 感冒, 吹風), 4) 어순의 차이(예 : 實證 : 證實), 5) 고사성어의 차이(예 : 四分五裂 : 八花九裂)에 대하여 고찰하였으며, 우리의 순수 고유어라고 하는 말 중에도 어원을 살피면 한자로 표기할 수 있고, 복합어 중에도 일부가 한자로 된 것이 많다고 하였다.

김영춘(1977)은 한국어, 일본어, 중국어에서 같은 한자로 이루어진 한자 어휘이지만, 의미가 다른 경우, 외국어를 공부할 때에 틀리기 쉽기 때문에 많은 주의가 필요하다고 하였다.

程崇義(1987)는 한국어 한자 어휘는 보다 보수성·고정성이 강하고 중국어 어휘는 보다 발전성이 있어 둘 사이에 다양한 차이가 있으며, 이로써 기원이 같은 한자어가 한국어에서는 아직 상용하고 있으나 중국어에서는 사라진 현상을 설명할 수 있을 것이라고 하였다.

김병운(1999)은 중국인에게 한국어 한자 어휘를 가르칠 때에 한국어 어휘에 대응되는 중국어 어휘를 제시하되 두 어휘 사이에 의미 면의 차이점 유무를 확인하고 설명해야 한다고 하였다.

崔金丹(2001)은 한·중 어휘를 同形同素對等語, 異形不完全同素對等語, 同形同素異義語, 逆順同素對等語로 분류 대비한 연구로 이에 의하면 한·중 대비 대상 어휘에서 同形同素對等語 유형은 71.79%나 차지한다(14). 또, 한자어 교수에서 한중 동형 이의어의 경우, 중국 학생은 중국어 어휘와 한국어 한자 어휘의 일대다 대응을 일대일 대응으로 간주하기 때문에 어휘 사용에서 오류가 많다면서 한국어와 중국어는 어휘 구조는 물론 의미 구조도 서로 다름을 명기시켜야 한다고 하였다.

이들 이외에 한중 어휘 비교 연구인 강보유(2002), 유영기(2000)와 한자어 교육을 위한 한자 교육의 문제를 다룬 손연자(1986), 정승혜(1997), 김중섭(1997), 임숙주(1997), 강현화(2001), 강보유(2002) 등이 있다.

내거나 한국어 교육용 사전에서 뜻매김하는 데 중요한 자료가 된다는 데서 그 필요성을 찾을 수 있다.

(2) 고빈도 한국어 한자 어휘에 대응하는 중국어 어휘의 분석

우리는 언어 교육에서 대상 언어의 수 많은 어휘를 모두 교육할 수는 없기 때문에 보다 중요하다고 생각되는 일부 어휘를 선정하여 교육하고 있다. 이를 어휘의 선정 또는 어휘의 통제라 하는데 중국인을 위한 한국어 어휘 교육에서 어휘를 통제하기 위해서는 통제 대상 어휘를 선정하는 기준이 있어야 한다. 객관적 선정 기준에서 제일 중요한 것은 빈도와 분포가 얼마나 높고 넓은가이다. 따라서 우리는 자주 사용되는 고빈도 어휘를 어휘 선정의 첫째 기준으로 꼽는다.

고빈도 한국 한자 어휘에 대응하는 중국어 어휘의 분석은 우리가 중국인을 위한 한국어 교육용 사전의 뜻매김에 어떻게 중국어 어휘를 이용할 것인가에 대한 실마리를 제공해 줄 수 있을 것이다. 따라서 고빈도 한국 어휘에 해당하는 중국어 어휘를 1) 동형 동의어, 2) 동형 이의어, 3) 동형 유의어 4) 역순어(같은 형성소로 이루어졌으나 순서가 바뀐 어휘) 등에 대한 조사가 이루어져야 한다.

2) 중국인 한국어 학습자용 한국어 교육용 사전의 효율적인 뜻매김

'한국어 교육용 이중 언어 사전의 필요성'이 일반적인 필요성이라면, '중국인 한국어 학습자용 한국어 교육용 사전의 효율적인 뜻매김 방안 제시의 필요성'은 보다 특수한 필요성이라 할 수 있다. 중국인 한국어 학습자에게 필요한 이중 언어 사전으로서의 한국어 교육용 사전은 중국인 한국어 학습자의 한국어 학습 목적과 학습 환경, 양국 언어 차이가 고려되어야 하는 것으로서 앞의 일반적 한국어 교육용 사전의 필요성 이외에 중국인의 한국어 학습과 관련된 특별한 필요성을 고려한 것이어야 한다. 이런 면에서 한국어 교육용 사전의 표제어에 대한 뜻매김에서 한국어로 뜻매김하는 것과는 별도로 한국어 고빈도 한자 어휘와 동형 동의인 중국어 어휘로도 뜻매김한다면 사전 이용자(중국인 한국어 학습자)에게 보다 분명하게 한국어 어휘 정보를 제공할 수 있을 것이다. 이는 한한중 이중 언어 사전으로서의 중국인을 위한 한국어 교육용 사전을 개발하는 기초 연구로서 매우 필요하다 하겠다.

Ⅳ. 정리

중국인 한국어 학습자가 한국어를 학습할 때 이용하게 되는 한국어 교육용 사전의 뜻매김을 어떻게 할 것인가는 사전을 이용한 어휘 교육 방법에서 매우 중요하다. 본고는 중국어 어휘와 한국어 한자 어휘가 같은 한자 형성소로 이루어지고, 같은 의미를 가진 것이 많다는 데서 이를 이용한 중국인용 한국어 교육용 사전의 편찬에서 고려해야 할 문제를 제시하였다. 다른 언어 사용자와 달리 중국어 사용자나 일본어 사용자가 한국어를 배울 때 한국 한자 어휘를 이해하는 것이 쉬울 수 있다는 데서 출발한 이 가설은 구체적인 '사전 이용 어휘 교육 방법'의 개발과 현장 실험을 통한 검증을 필요로 한다. 또한 동형 이의 한자어의 처리 문제, 다의어 처리 문제 등에 대한 많은 연구가 필요할 것이다.

6

국어 어휘 교육의 미래

1. 국어 어휘 교육의 개선 방향

1 | 국어 어휘 교육의 개선 방향[1]

Ⅰ. 도입

어휘 교육은 언어 교육에서 중요하다고들 한다. 그러나 어휘 교육이 외국인을 위한 한국어 교육에서 듣기, 말하기, 읽기, 쓰기와 함께 '어휘·문법' 영역으로 다루어지는 것에 비해 국어 교육에서는 어휘 영역이 따로 독립해 있지도 않을 뿐 아니라 어휘에 대한 지식 교육이 '문법'에서 다루어지거나 '독서'에서 다루어지며 국어 교과 모든 영역에서 그때그때의 필요에 따라 조금 다루어지고 있을 뿐이다. 따라서 대부분의 사람들은 어휘 교육은 국어 교과 영역 중에서 어디에 속하는 것인가에 확신을 갖지 못하기도 한다.

언어 교육과 언어의 이해와 표현은 어휘력 없이는 제 기능을 유지할 수 없음에도 불구하고 어휘에 대한 교육은 교육 과정에서 체계적으로 반영되었다고 할 수 없는 정도이며 국어 교육의 다른 영역에서 일부 반영되었을 뿐이다.

어휘 교육은 국어 교육에서만 필요한 것이 아니라 전문 지식의 교육을 위해서도 필요하다. 전문 지식을 전달하는 방법은 전문 개념을 나타내는 전문 용어를 통해 지식을 전달해야 하기 때문이다. 따라서 어휘 교육의 발전은 다른 교과 교육을 위해서도 필요한 것이며 이러한 주장의 근거는 지식의 전수가 주로 언어를 통하여 이루어지고 개념을 나타내는 언어가 전문 어휘로 이

---

1) '어휘 교육의 개선 방향', 「국어교육학연구 24」(국어교육학회, 2005)

루어졌음에서 찾을 수 있다.

　어휘 교육이 잘 이루어져 국어 교육에 많은 도움을 줄 수 있으려면 지금의 문제점을 해결하여 더 적절한 어휘 교육이 이루어지도록 개선되어야 한다. 어휘 교육의 개선은 국어 교육에 종사하는 교사에게 어휘를 보다 효율적으로 가르칠 수 있게 할 것이며, 국어 학습자에게는 어휘를 보다 효율적으로 학습할 수 있도록 해 줄 것이다.

　본고는 어휘 교육을 위한 선결 과제인 교육용 어휘의 선정과 활용, 제도권 어휘 교육인 초중고의 어휘 교육, 어휘 교육의 기반이 되는 어휘 교육에 관한 여러 분야의 연구 문제를 고찰한 후 이의 개선 방안을 제시할 것이다.

II. 교육용 어휘의 선정과 활용

　어휘의 교육은 학습자의 어휘(어휘량) 발달 조사에 바탕을 둔 교육용 어휘의 선정과 이를 반영한 교육 과정에 의해 이루어져야 한다. 어휘 교육은 여러 요인에 따라 그 내용이 달라질 수 있는데 교육용 어휘가 어떻게 선정되어 활용되는가에 따라 어휘 교육의 과정과 결과가 달라질 수 있기에 교육용 어휘의 선정과 활용에 대한 문제들을 살펴보고 이의 개선책을 제시한다.

1. 교육용 어휘의 필요성

　학습 자료에 쓰인 어휘를 모르고는 그 자료의 이해가 불가능하므로 지식 습득이 불가능하기 때문에 어휘력은 모든 학습의 기본 능력으로 기능한다. 따라서 읽기나 듣기를 통하여 모든 교과의 지식을 얻기 위해서는 관련되는 어휘의 이해력이 필요하고, 관련 교과의 이해를 위한 어휘력은 바로 관련 교과의 기초 능력으로 작용하는 것이다.

　모든 교육을 위한 언어 자료는 학습자의 어휘 발달 수준을 고려하여 편찬하여야 한다. 아무리 내용이 좋더라도 이를 전달하기 위한 언어의 기본 요소인 어휘가 학습자의 발달 수준에 적절하지 못하다면 학습자는 이 언어 매체인 학습 자료를 이해할 수 없거나 많은 노력을 기울여야만 이해할 수 있기 때문에 학습 효율이 떨어진다.

　우리가 영어 교과서를 편찬할 때 중학교 교육용 800여 어나 고등 학교 교육용 1,200여 어를 선정·제시하고 모든 글을 이 어휘만 사용하게 하였던 것은 학습자의 수준에 따라 교과서의 어휘를 통제하는 좋은 본보기이다. 교육을 제대로 하기 위하여 학습자의 발달 정도를 고려하는 것 중의 하나가 학습자의 언어 발달을 고려하는 것이고 이 중에서 학습자의 어휘 발달 실태를 알아서 이에 맞게 교과서를 편찬해야 한다는 것은 언어 교육자들이 모두 인정하는 일이다. 그러나 아직까지 우리 나라 어휘 교육의 현실은 이를 충분히 고려하지 못하고 있다.

2. 어휘량 조사

　교육용 어휘를 선정하기 위해서는 학습자의 어휘력이 어느 정도인가를 먼저 알아야 하고 어떠한 어휘가 교육에 필요한가를 정하여야 한다. 따라서 교육용 어휘를 선정하기 이전에 전 국민의 어휘량 조사가 전제되어야 한다. 전 국민을 지역별, 계층별, 연령별로 나누어 이 중 일정 비율의 대상자를 선정하여 성별, 연령별, 계층별 어휘량을 밝혀야 한다. 그리고 이를 바탕으로 교육용 어휘를 선정하여 교육 과정에 반영하여 교과서도 만들고 예상 독자들의 어휘력에 바탕을 둔 도서를 출간하여야 하는 것이다. 이러한 어휘량 조사는 항상 학습자의 어휘량과 어휘력 수준도 변하기 때문에 일정 기간마다 다시 이루어져야 한다. 따라서 막대한 비용과 인력이 필요한 어휘량 조사는 국가나 단체의 지원이 있어야 가능하다. 물론 이를 전담할 조사 요원의 훈련도 필요하며, 이를 학교 교육과 일반 출판물(특히 유아용과 청소년용)에 반영하는 제도적인 장치와 교육·출판계 인사들의 인식 제고가 필요하다.

　이러한 조사 연구는 그 조사 방법이 적절해야 한다. 이제까지의 조사 방법은 주로 빈도와 분포를 이용하여 수집된 어휘 뭉치를 분석하는 것이었으나 그 빈도의 처리에 대한 구체적인 방안이 미비하였다. 예를 들면 다의어의 처리를 어떻게 할 것인가와 문맥에 따라 달리 쓰인 어휘소를 어떻게 처리할 것인가에 대한 체계적인 연구가 이루어지지 않았다. 또한 단어 형성 원리에 따라 어휘 조사 단위를 어떻게 하는 것이 좋은지, 조사 단위가 겹치는 부분은 어떻게 처리할 것인지 등에 관한 구체적인 연구도 찾아보기 어렵다.[2] 국어 어휘의 특성에 따라 체계적인 어휘 조사 방법을 개발하여야 할 것이다. 또한 저빈도어의 중요성이나 어휘 조사 범위에 대한 연구도 이루어지지 못하고 있다. 이들 어휘량 조사에 관한 연구가 많이 이루어져야 적절한 어휘 조사 방법으로 적절한 어휘량 조사를 수행할 수 있기 때문이다.[3]

따라서 어휘량 조사에 앞서 어휘량 조사 방법에 대한 연구가 이루어져야 하며, 개선된 조사 방법에 의해 전국적인 어휘량 조사가 이루어져야 한다.

3. 교육용 어휘 선정과 활용

어휘량 조사가 성공적으로 이루어진 후 이를 기초로 교육용 어휘를 선정 해야 한다. 어휘의 선정은 기준을 정하고 그 기준에 맞추어 선정하여야 한다.

학습자의 효율적인 학습을 위하여 필요한 교육용 어휘의 선정은 국어 사용자의 어휘량이 어떠한가에 대한 조사가 선행되어야 하고, 이 조사 결과를 바탕으로 교육용 어휘를 선정해야 한다. 그리고 선정된 교육용 어휘 목록에 바탕을 두고 교육 과정 제정과 교과서 편찬이 이루어지고, 유아용과 청소년 용의 도서가 출간되어야 한다. 이를 위하여 정부나 기관의 지원으로 어휘량 조사와 교육용 어휘의 선정이 이루어져야 할 것이다.

어휘 교육을 위하여 어휘를 평정評定한 후 이에 따라 지도 어휘를 선정할 수 있다. 가장 쉬운 어휘를 1차 어휘, 좀 어려운 어휘가 2차 어휘, 그리고 더 어려운 순서로 3차 어휘, 4차 어휘로 평정할 수 있다. 이는 어휘소의 기 본도의 높음(1차 어휘가 2차 어휘보다 기본도가 높다. 따라서 숫자가 적을수록 보 다 기초적이고 저학년용 어휘가 되는 것이다.)을 표시하는 방법으로 어휘 교육의 필수적인 절차가 되며 사전 편찬, 어휘 교육에서의 학습용 기본 어휘 선정

---

2) 빈도 조사의 문제는 "우리, 우리의, 우리말, 돼지 우리 등"을 어떻게 처리할 것인가에 따라 빈도 조사 결과 가 달라져 어휘소의 중요도가 높아지거나 낮아질 수 있다는 문제뿐만이 아니라 이들을 분석하여 별도로 어휘량을 측정할 경우 중복되는 어휘량 측정의 문제와 분포도 측정의 문제도 또한 달라져야 한다는 점에 서 다양한 경우를 고려한 조사 방법이 나와야 할 것이다.

3) 모어 학습에서 새로운 어휘 학습은 주로 저빈도 어휘에 집중된다. 일 년 동안 만나게 되는 특정 단어에 대 한 학습자의 의식 고양은 많은 시간을 필요로 하지 않는다(Nation, 2001 : 156, 7).

등에 활용되어야 어휘 교육에 반영되는 것이다. 초등 학교용 지도 어휘는 중등 학교용 지도 어휘보다 기본도가 높을 것이고 한정된 전문 용어와 사용 빈도가 극히 낮은 어휘는 기본도가 낮다고 볼 수 있다. 그러나 기본도가 극히 낮은 어휘라도 교육용으로 가치가 높으면 등급을 상향 조정해야 한다.

이렇게 어휘를 선정하는 과정에서 우리는 조어력이 높은 접사, 어근 등을 '대표 어휘'로 선정해야 한다.[4] 단어 형성에 관한 기초 지식을 알면 다음으로 조어력이 강한 어휘 형성소를 배움으로써 많은 어휘의 의미를 추측할 수 있다. 합성법에 의한 단어의 형성과 합성어의 유형, 파생법에 의한 단어의 형성과 파생법의 유형을 교육하는 것은 어휘 교육에 큰 도움이 된다. 따라서 복합어의 특성을 고려한 대표 어휘를 선정하여 교육하면 어휘력을 확장하는 데 효과적이다(이충우, 1994). 파생어의 의미를 아는 데는 파생어를 이루는 접사의 의미를 알면 효과적이고, 합성어의 의미를 아는 데는 합성어를 이루는 어근의 의미를 알면 효과적이다. 이는 고유어와 한자어 모두에 적용된다. 우리는 이미 알고 있는 어휘의 의미에서 모방과 유추로 모르는 어휘의 의미를 파악하고 새로운 어휘를 만들어 내는 것이다. 따라서 복합어를 이루는 조어력이 큰 어휘소를 대표 어휘로 정할 수 있다. 대표 어휘로는 대표 어근, 대표 접사, 대표 한자어 형성소 등이 있을 수 있는데 이들을 선정하는 기준으로 '조어력이 큰 어휘 형성소'라는 공통된 기준이 우선적으로 필요하다. 물론 교육용으로 쓰이는 어휘 선정 기준이 함께 필요하다.

선정된 어휘 목록의 활용 방안은 각종 출판물의 어휘 통제용으로 활용하는 것이 필요하다. 독자의 수준과 출판물의 가독성 수준이 비슷해야 교수 학습이 효율적으로 이루어질 수 있고 지식의 학습을 위한 각종 출판물의 사용 어휘가 독자의 어휘 수준에 맞게 됨으로써 독서 효율도 높일 수 있기 때문에 각종 출판물의 어휘 지수 또는 가독성 지수 측정에 교육용 어휘 목록을 활용하는 것이 필요한 것이다.

---

4) "대표 어휘(소)"라는 용어는 이충우(1994)에서 사용한 것으로서 보다 정확한 표현은 "조어력이 큰 대표적인 어휘(소)"이다. 즉, 복합어를 형성할 때 자주 사용되는 접사, 어근, 접사처럼 쓰이는 한자어 중에서 특히 그 사용 빈도가 높아 대표적이라 할 만한 어휘이다.

Ⅲ. 초 · 중 · 고의 어휘 교육

어휘 교육은 다양하게 이루어질 수 있으나 그 중심은 제도 교육에 있다. 따라서 제도 교육인 초 · 중 · 고의 어휘 교육은 어휘 교육의 주요 내용이 된다. 제도권의 어휘 교육은 어떻게 발전해야 하는가를 교육 과정, 교재, 지도 방법, 교사 양성을 중심으로 기술하면 다음과 같다.

1. 교육 과정

교육 과정에 어휘 교육을 반영하는 일은 국어 교육 전문가에 의해 어휘 교육의 내용과 전체 계획이 이루어져야 정상적이며 소기의 목적을 달성할 수 있는 어휘 교육이 이루어질 수 있는 것이다. 어휘 교육의 목표가 무엇이냐에 따라 교육의 내용이 달라지고 교육의 방법도 달라진다. 어휘 교육의 목표에 대한 연구에 따라 어휘 교육의 목표가 달라질 경우 어휘 교육의 범위가 지금보다 넓어질 수 있다.[5]

어휘 교육 과정은 어휘 능력의 신장에 두어야 하고 이를 위해 교육 과정과 교과서가 편찬되어야 할 것이다. 그러기 위하여 학교 급별, 학년별 교육용 어휘가 선정되어 교육 과정에 명시되어야 한다. 또한 이들 어휘를 교육할 교과 목표 · 학습 목표 및 내용 · 지도 및 평가 상의 유의점 등에 어휘 능력을 신장할 수 있는 고려가 있어야 한다. 따라서 어휘 교육을 위한 각급 학교의 교육 과정은 수준, 영역, 범위, 분량 등이 일관성 있고 계열성 있게 구성되어야 한다. 나아가 타 교과 학습에 도움을 줄 수 있는 방안도 강구할 수 있으면 좋을 것이고, 국어과의 각 영역에서 필요한 어휘의 교육이 이루어지도록 교육 과정에 반영되어야 하며, 필요하다면 어휘 영역이 독립된 영역으로 다루어질 수도 있을 것이다.

---

5) 어휘 교육의 목표에 대한 연구가 어떻게 이루어지냐에 따라 어휘 교육의 목표는 달라질 수 있다. 다만 현재의 어휘 교육의 목표인 '어휘 사용 능력, 어휘력의 확장'이 없어지는 것은 아닐 것이며, 더 넓은 범위의 어휘 교육의 목표가 이루어질 수 있다.

2. 어휘 교재

　어휘 교육을 위한 교재를 편찬하기 위한 선결 과제로 어휘 선정, 어휘 지도 방법의 개발, 교육 과정의 제정, 교재에 대한 연구가 필요하다. 어휘 교육을 위한 교재는 모든 영역에 걸쳐 어휘 학습을 위한 세심한 배려가 필요하다. 듣기, 말하기, 읽기, 쓰기를 가르치는 가운데 필요한 어휘를 자연스럽게 습득시킬 수 있는 교과서의 편찬, 적은 수의 단어를 배우고도 많은 단어의 의미를 알 수 있도록 하는 교재의 편찬은 잘 이루어진 교육 과정과 잘 선정된 지도 어휘에 의한 체계적인 편찬 노력에 의해 이루어진다.

　어휘 교육을 위한 교재 편찬은 교육용 어휘의 목록이 제정된 후 이에 따라 교재의 어휘 교육에 대한 체계와 구조가 결정되어야 할 것이다. 즉, 기본 어휘를 조사, 목록화하여 사용해야 하며 기본 음운 현상을 참작하여 문자와 음성의 차이를 학습자가 혼동하지 않도록 제시해야 한다.

　어휘 교육을 위한 교재 개발에서 이제까지 제대로 이루어지지 않았던 온라인 교재를 개발하는 것도 중요하다. 정보화 사회의 학습자들은 컴퓨터 앞에 앉아서 모든 일을 컴퓨터를 이용하여 처리하려는 경향이 있다. 따라서 종이 사전을 찾기 보다는 전자 사전이나 인터넷 사전을 즐겨 사용하는 것이다. 온라인 사전, 온라인 교재의 장점은 보다 많은 정보를 다양한 방법으로 학습자에게 제공할 수 있을 뿐만 아니라 수시로 내용의 첨삭이 가능하다는 점이다. 또한 온라인 교재는 하이퍼 텍스트를 이용하여 필요한 경우 무한한 어휘 정보를 제공할 수 있다. 인터넷 사전, 인터넷 교재의 장점이 워낙 강하기 때문에 앞으로의 어휘 교육용 교재는 이에 대해 많은 연구가 필요하다.

　어휘 교육의 현실은 어휘 교육을 제대로 하기 위하여 교과서가 제대로 편찬되어야 하는데 교과서를 편찬하기 위한 기초 작업은 거의 이루어지지 않았다고 할 수 있다. 따라서 어휘의 사용 실태 조사, 어휘의 선정, 교육 과정의 개발, 어휘 지도 방법의 개발, 교과서 편찬에 대한 연구 등도 하루 빨리 이루어져야 한다.

3. 어휘 지도 방법

학교에서의 어휘 교육이 성공적으로 이루어지려면 학교 현장에 적절한 어휘 지도 방법이 개발되어야 한다. 좋은 어휘 지도법은 교사가 보다 효율적으로 어휘를 학습자에게 가르칠 수 있도록 한다. 어휘의 지도는 단순한 몇 가지 방법으로 이루어질 수 있는 것이 아니기 때문에 학습자의 발달 단계나 교사의 자질, 지도 대상 어휘의 특성, 교육의 목표와 내용, 교육 자료, 교육 환경 등 제반 여건을 고려하여 지도법을 개발하여야 한다.

어휘 지도 방법은 어휘 습득의 단계와 원리를 알고 어휘 확충의 방법을 안 연후에 이에 적절하게 개발하여야 할 것이다. 어휘 습득 과정을 안다는 것은 어휘 지도 방법을 개발하는데 도움이 되기 때문에 어휘 습득에 관한 연구는 어휘 지도 방법의 개발에 앞서 필수적으로 이루어져야 한다.

따라서 어휘 지도 방법을 개발하기 위한 학습자의 어휘 습득 과정에 대한 연구, 어휘 지도에 관한 다양한 방법 개발이 필요하다. 그러기 위하여 어휘 종류와 어휘 특성, 학습자의 다양성, 다양한 교수·학습 환경, 한국어 어휘 의 특성에 따라 다양한 어휘 지도 방법의 차이를 규명하여야 할 것이다. 또 한 정보화 사회에 적절한 인터넷을 이용한 온라인 어휘 지도 방법의 개발도 필요하다. 이를 위하여 어휘 교육 전문가와 정보 관련 전문가의 학제적 연구 가 필요하다.

4. 교사 양성 교육

국어 교육은 국어 교사에 의해 이루어진다. 초등 학교 교사도 국어 교육을 담당하기 때문에 교사 양성과 관련한 기술은 초등 학교 교사를 양성하는 교 육 대학과 중등 국어 교사를 양성하는 사범 대학, 그리고 소수이지만 외국어 로서의 한국어 교육 교사를 양성하는 '외국어로서의 한국어 교사 양성 과 정'인 몇몇 대학의 한국어학과 등이 본고에서 다룰 대상이다. 그러나 본고는 주로 사범 대학 국어교육과의 교사 양성과 관련하여 기술하며, 이외의 교사 양성 관련 부분은 사범 대학의 경우를 준용하면 될 것이다.

국어 교사로서 어휘 교육을 제대로 수행할 수 있는 전문성은 국어 어휘 교 육의 배경에 관한 지식과 이를 교육할 수 있는 수행 능력으로 나눌 수 있다. 배경 지식은 1) 어휘 교육의 교육 과정에 관한 지식, 2) 어휘 교육의 교수·

학습에 관한 지식, 3) 어휘 교육 평가에 관한 지식, 4) 어휘 교육의 내용 지식, 5) 어휘 교육 학습자에 관한 지식 등으로 나눌 수 있고, 수행 능력은 1) 어휘 교육 계획 수립 능력, 2) 어휘 교육 도구 개발 능력, 3) 어휘 교육 시행 능력, 4) 어휘 교육 결과 분석과 해석 능력 등으로 나눌 수 있을 것이다. 이와 같은 배경 지식과 수행 능력을 교사에게 길러주기 위해서 사범 대학의 학생들에게 어휘 교육과 관련된 강좌가 독립적으로 이루어지는 것이 바람직하다. 어휘 교육에 대한 체계적인 전문 지식과 능력이 갖추어지지 않고서는 어휘 교육의 발전을 기대할 수 없기 때문이다. 이와 같은 어휘 교육은 초등 교사나 한국어 교사가 될 학생들에게도 필요하다. 따라서 어휘 교육에 관한 기초 이론을 익힐 수 있도록 '어휘 교육론' 강좌를 개설해야만 한다.

개론서 '어휘 교육론'은 어휘 교육을 담당할 사범대나 교육대 국어 교육 관련 학생이나 국어 교육을 담당하는 현직 초·중등 국어 교사에게 어휘에 대한 배경 지식과 수행 능력을 길러줄 수 있어야 한다. 초·중등 국어 교사가 어휘 교육을 적절하게 수행할 수 있도록 어휘 교육과 관련한 이론과 실제를 충실하게 소개할 수 있는 '어휘 교육론', 국어 교사가 될 학생들을 대상으로 하는 대학 교재로서의 개론서 '어휘 교육론'은 어휘 교육을 연구하는 전문가를 위한 내용이기보다는 실제에 적용할 수 있는 기초 이론과 지침이 기술되어야 한다.

어휘 교육의 발전을 위하여 제도권 교육인 초·중·고 학교 교육의 어휘 교육은 목표를 어휘 능력의 신장에 두어야 하고 이를 위해 교육 과정과 교과서가 편찬되어야 할 것이며, 어휘 지도 방법의 개발이 필요하다. 또한 교사 양성 교육에서 어휘 교육 관련 교육이 필요하다. 그리고 현직 교사의 어휘 교육에 대한 연수는 자격 연수와 직무 연수에서 일정 시간 시행하거나 필요할 경우 희망자에 한해 온라인 연수에 참여하게 하면 될 것이다.

IV. 어휘 교육 관련 연구

어휘 교육을 발전시키기 위해서는 어휘 교육에 대한 연구가 많이 이루어져야 한다. 앞에서 기술된 어휘 교육을 위한 어휘 선정이나 제도권 교육의 개선에 관한 것 이외에도 표현·이해 교육으로서의 어휘 교육 관련 연구, 어휘 교육을 위한 사전 편찬과 사전을 이용한 어휘 교육, 외국어로서의 한국어 교육에서의 어휘 교육, 남북한의 통일된 규범 언어로서의 국어에 대한 이해를 돕기 위한 북한 어휘의 교육에 대한 연구 등이 필요하다. 그리고 어휘 교육의 개선을 위한 또 다른 연구의 필요성으로 지식 교육을 위한 어휘 교육 연구, 어휘 교육에 대한 학제적 공동 연구, 어휘 교육을 위한 인터넷 사이트의 개발과 운영에 관한 연구가 필요하다. 이는 다음과 같다.

1. 표현과 이해 교육으로서의 어휘 교육

단순하게 단어의 의미를 교육하는 단어 지도가 아닌 표현과 이해 교육으로서의 어휘 교육에 대한 연구가 이루어져야 한다. 문장과 담화의 표현과 이해는 여러 요소에 의해 이루어지지만 어느 경우에나 어휘가 차지하는 비중은 크기 때문에 표현과 이해 교육으로서의 어휘 교육에 대한 연구가 본격적으로 이루어져야 한다. 즉, 독서 교육과 작문 교육의 기반으로서의 어휘 교육이 이루어져야 하며, 의미 전달 효과 측면에서의 표현의 질과 이해의 질이 적절한 어휘를 선택하여 사용하고 사용된 어휘의 적확한 의미를 이해할 수 있는 능력에 좌우된다는 점에 주목한 연구가 필요하다. 이러한 연구들이 이루어져야 어휘 교육의 질이 향상될 수 있으며, 어휘 교육이 발전할 수 있을 것이다.

말하기와 쓰기, 듣기와 읽기에서 어휘의 사용에 따라 표현과 이해의 질이 달라질 수 있다는 면에서 표현 어휘와 이해 어휘의 문제는 어휘 교육의 주요한 부분이 된다. 언어 사용의 목적에 맞게 적절한 어휘를 표현할 수 있는 능력과 정확하게 어휘를 이해할 수 있는 능력을 길러주는 것은 어휘 교육의 주요 목표가 된다. 표현과 이해의 질을 높일 수 있는 방안으로서의 어휘 사용 능력의 문제를 연구하는 것은 국어 교육의 발전을 위해서만 중요한 것이 아니라 어휘 교육의 발전을 위하여도 중요한 것이다.

심재홍(1991)에 의하면 글의 가독성에 관련되는 요인의 수준에 따라 글의 독해력이 좌우되며, 이는 1) 단어 수준 : 추상 명사의 비율, 한자어의 비율,

함축어의 비율, 5음절 이상 어절의 비율, 1음절 단어의 비율, 어절의 평균 음절수, 2) 문장 수준 : 단문의 비율, 문장의 평균 서술어 수, 문장의 평균 어절 수, 3) 단락 수준 : 접속어의 비율, 지시어의 비율, 인칭 대명사의 비율, 인칭 명사의 비율, 대화 문장의 비율 등이다. 이를 볼 때, 가독성에 관련되는 요인으로 어휘 요인이 차지하는 중요성은 매우 크며 따라서 어휘력이 글의 이해를 보다 잘 할 수 있도록 돕는다는 것을 알 수 있다.[6]

또한 글을 쓸 때 독자의 어휘력을 감안하여 어휘를 선택하여 쓸 수 있는 능력은 글의 작문의 질과 독해의 질을 높일 수 있는 것이다. 독자에게 적절하지 않게 너무 어려운 어휘를 사용하거나 독자의 수준보다 훨씬 낮은 어휘를 사용함으로써 정확한 의미 전달에 문제가 생긴다면 이는 작문의 질을 떨어뜨리는 결과를 가져오기 때문에 어휘와 독서, 작문에 관한 깊이 있는 연구가 또한 필요하다.

2. 어휘 교육을 위한 사전 편찬과 사전을 이용한 어휘 교육

어휘 학습을 위하여 어휘에 대한 정보를 제공하는 사전 이용은 어휘 교육에서 필수적이다. 국어 교육과 외국어로서의 한국어 교육에서 어휘에 대한 정보를 제공하는 방법은 차이가 있을 수 있다(이충우, 2003). 그러나 어느 경우에도 어휘 교육자는 사전을 편찬함에 있어 무엇을 어떻게 해야 하는가에 대하여, 즉, 연구 목적, 사전의 문제점, 외부 요소, 내부 요소, 기타 파생 문제 등에 관심을 기울여야 한다.

사전 편찬에서 표제어 선정과 뜻매김 방법은 어휘 교육과 관련하여 매우 중요하다. 이 부분에 대한 연구가 제대로 이루어져야 어휘 학습자가 사전을 이용하여 어휘 학습을 제대로 할 수 있기 때문이다. 따라서 어휘 학습자가

---

6) 우리 나라의 가독성 공식의 주요 요소들은 거의가 어휘와 관련된 것들로서 1) 문장의 구조와 길이, 한자, 숫자 등을 제외한 1) 단어 의미, 2) 한자어, 3) 외래어, 4) 외국어(로 씌어진 외래어), 5) 약어, 6) 전문 용어 등이 어휘 관련 요소들이다. 영어로 씌어진 글에서 가독성에 영향을 미치는 요인은 1) 단어의 빈도(단어의 친숙성), 2) 단어의 길이, 3) 문장의 길이, 4) 문장의 구조이며, 이외에 가독성 측정의 지표로 사용되는 것은 전치사구, 접사, 대명사, 인칭 대명사, 구두점 분석 등이다.

적절하게 이용할 수 있는 사전의 편찬에서 표제어 선정과 뜻매김하는 데 필요한 기본 문제가 무엇인지를 밝히고 이를 해결하는 방법을 모색하는 것이 필요하다. 예를 들면, 뜻매김에 필요한 어휘를 선정하고 난이도와 중요도에 따른 어휘 등급을 결정하는 것 등에 대한 연구가 필요한 것이다.

어휘 교육을 위해서 사전 이용 어휘 교육법의 개발이 필요하다. 우리는 어휘의 정보를 얻기 위해서는 사전을 이용하며, 외국인이 한국 여행을 할 경우에는 한국어 문법책을 가지고 여행하는 것이 아니라 사전을 더 많이 이용한다는 것과 우리도 외국에 나가 생활하기 위해서는 문법책보다 사전이 더욱 필요하다는 것을 고려할 때, 언어 교육, 어휘 교육에서 차지하는 사전의 중요성을 알 수 있다. 또한, 어휘 교육에서 중요시하는 어휘의 정보는 사전을 통하여 얻는다는 점과 사전을 이용한 어휘 교육이 가능하다는 점을 고려하면 어휘 교육에서 사전의 필요성을 알 수 있다.

어휘 교육의 발전과 사전 편찬 연구는 분리할 수 없다. 따라서 어휘 교육의 발전을 위하여 사전 편찬에 대한 연구, 사전을 이용한 어휘 교육 연구 등 사전을 이용한 어휘 학습법에 대한 연구가 이루어져야 할 것이다. 이러한 연구는 우리 나라보다는 외국에서 더 활발히 이루어진 것으로 보인다.

3. 외국어로서의 한국어 교육의 어휘 교육

국제화 시대에 외국어로서의 한국어 교육을 위한 어휘 교육은 외국인에게 국어 어휘를 가르치는 것이기 때문에 자국어 교육과 외국어 교육의 차이에 따른 어휘 교육의 조건, 외국어로서의 한국어 교육용 어휘 선정의 조건 등이 고려되어야 한다. 우리는 언어 교육 특히 외국어 교육에서 '의미 전달의 기본 요소'인 어휘소의 의미를 알아야 한다는 점을 고려할 때, 한국어 교육은 어휘 선정 및 지도법에서의 연구에서 별다른 성과를 이루지 못하고 있다. 자국어 교육과 외국어 교육의 차이에 따른 어휘 교육의 조건이나, 외국어로서의 한국어 교육용 어휘 선정의 조건 등 많은 연구가 필요하다.

특히 뜻글자인 한자를 알거나 한자어의 의미를 한자의 의미로 유추할 수 있는 한국어 학습자와 그렇지 못한 한국어 학습자의 한자 어휘 학습 차이에 대한 연구도 필요하다. 두 언어가 유사점이 있는 경우(영어 학습에서의 라틴어 지식 여부와 일어 학습에서의 한자 지식, 중국인의 한국어 한자어 학습에서의 한자 지식)의 학습에 대한 객관적인 연구가 필요하다. 또한 중국 어휘와 한국 한자 어휘가 얼마나 같고 다른가와, 이를 한국어 어휘 교육에 반영하는 것에 대한 본격적인 연구가 '중국인의 한국어 학습'에 관한 연구에 도움을 줄 수 있다. 라틴어, 그리스어와 영어의 관계, 한자와 한국 한자어의 관계에서 우리는 어원적으로 관련된 어휘의 교육을 어떻게 하는 것이 효율적인가를 알 수 있을 것이다.

　대개의 중국인에 대한 한국어 교육의 경우 한자는 같으나 의미가 다른 어휘에 주목한 어휘 교육이 필요하다는 생각이 우세하나 어휘 학습 과정에서 특정 시기에서 서로의 같은 점을 이용한 어휘 교육이 필요할 수 있을 뿐만 아니라 전 과정을 통해서도 한자가 의미를 가진 뜻글자임을 고려할 때 같은 한자어로 이루어진 중국, 일본 어휘와 한국 한자어의 관계를 교육하는 것은 중요하다. 이는 라틴어나 그리스어 어원을 영어 어휘 교육에서 활용하는 것과 같은 이치일 뿐 아니라 한자어 실력이 뛰어난 우리 국민이 중국어나 일본어로 씌어진 글을 어느 정도 이해할 수 있는 것으로도, 외국인의 한자어 지식을 이용한 한국 한자어 교육의 중요성을 알 수 있다. 어원적으로 중국이나 일본 한자에서 온 한자어의 교육에서 중국인 한국어 학습자나 일본인 한국어 학습자가 자신의 모어에서 얻은 한자 능력을 어떻게 활용할 수 있는가에 대한 연구는 한국어 교육의 어휘 교육에 많은 기여를 할 것이다.

　이러한 연구는 한자어를 전혀 사용하지 않는 언어를 모어로 사용하는 한국어 학습자의 한자어 교육에서도 한자를 안다는 것과 한자어의 의미를 안다는 것과 관련한 연구가 필요하다는 것을 보여 준다.

4. 북한 어휘의 교육

　국어는 남한과 북한, 그리고 해외 한민족 사회에서 사용하고 있다. 이들 모두를 망라한 국어 어휘 실태 조사와 이를 반영한 어휘 교육은 학습자에게 국어 어휘에 대한 이해를 확대할 수 있으나 그러기 위해서는 많은 노력이 요구된다. 우선 가능한 방법은 재외 동포가 사용하는 한국어 어휘와 북한 어휘에 대한 이해를 돕기 위한 교육을 실시하는 것이다. 북한에 대한 이해와 남북 통일에 대비한 국어 교육, 통일 후의 국어 교육에서 북한 어휘의 교육을 어떻게 할 것인가를 모색하는 기반으로서의 북한 어휘의 교육은, 남북한의 언어 차이 중 가장 두드러진 차이가 어휘의 차이라는 것을 전제로 할 때 그 필요성이 크다.

이러한 필요성을 고려할 때 통일에 대비한 어휘 교육에 대한 준비가 있어야 할 것이고, 이 준비의 하나로서 국어 교육을 담당할 사범대 국어교육과 학생들에 대한 남북한 어휘에 관한 교육이 필요할 것이다. 통일에 대비한 어휘 교육을 위해서는 양측 어휘의 차이에 대한 이해를 돕는 것이 우선 필요하다. 또한 남북한 어느 측의 어휘도 더 좋은 것이거나 덜 좋은 것이 아니라는 사실을 주지하도록 하여야만 할 것이다. 어느 경우에나 상대측의 어휘나 언어 생활 모두를 객관적으로 이해할 수 있는 교육이 필요하며, 어느 어휘가 사용에 더 적절한가에 대한 이해를 돕도록 교육해야 할 것이다. 이런 수준의 논의는 이제까지 극히 기초적인 논의에 그쳤지만 앞으로는 본격적인 남북한 전문가의 공동 연구가 필요하다.

5. 어휘 교육의 개선을 위한 또 다른 연구의 필요성

어휘 교육의 개선을 위한 또 다른 연구의 필요성으로 지식 교육을 위한 어휘 교육 연구, 어휘 교육에 대한 학제적 공동 연구, 어휘 교육을 위한 인터넷 사이트의 개발과 운영에 관한 연구가 필요하다.

어휘 교육의 주요 기능인 지식 교육을 위한 어휘 교육에 관한 연구가 필요하다. 현대는 방대하고도 정확한 지식을 필요로 한다. 나날이 발전하는 세상에 대해 알아야 할 것이 많아지기 때문에 방대하면서도 정확한 지식, 실생활에 유용한 지식들을 학습을 통해 배운다면 이 때 문제가 되는 것은 교수자의 입장에서는 표현력이요, 학습자의 입장에서 보면 이해력이다. 이를 위한 언어 사용의 기본적인 조건을 갖추었더라도 우리가 해당 분야의 어휘력, 전문 용어 지식이 없다면 효율적인 지식의 교수·학습이 이루어지지 못한다. 따라서 지식의 교수·학습을 위한 문식력, 그 문식력 중에서도 어휘력을 기르도록 하기 위한 전문 용어의 통일, 전문 용어의 명료화 등과 함께 이들 전문 용어에 대한 교육 방안이 필요한 것이다. 전문 지식 교육에 필요한 어휘 교육이 제대로 이루어진다면 어휘 교육을 통한 지식 교육이 잘 이루어질 수 있다. 이러한 지식 교육을 위한 어휘 교육에 관한 연구는 어휘 교육의 개선을 위해 필요하다.

어휘 교육을 보다 체계적이고 효율적으로 개선하기 위하여 어휘 교육에 관한 학제적 공동 연구가 필요하다. 보다 효율적인 어휘 교육이 이루어지기 위해서는 어휘에 관한 연구와 어휘 교육에 관한 연구가 이루어져야 한다. 한자 문화권의 3국의 언어학자인 국어학자(어휘론, 사전 편찬론 등의 학자), 중국어학자, 일본어학자의 공동 연구를 통한 한자어에 대한 연구도 필요하고, 통계학자, 정보처리학자, 교육학자 등 인접 학문 학자들과 국어 어휘 교육 관련자의 공동 연구도 필요하다. 기저 학문, 인접 학문 등과 어휘 교육의 관계를 규명하기 위한 학제적 연구가 활발해지면 이제까지 밝혀지지 않았던 많은 부분의 지식이 어휘 교육에 도움을 줄 것이다.

정보화 시대에 맞는 효율적인 어휘 교육을 위하여 어휘 교육 사이트의 개발 운영에 대한 연구와 지원이 필요하다. 오늘 날 우리의 교육 현장은 인터넷을 이용한 온라인 교육이 보편화되어가고 있다. 이제 이러한 시대적 흐름에 맞는 교육이 이루어지기 위해서는 어휘 교육이 가능한 사이트의 개발 운영이 필요하다.

어휘 교육 관련 사이트는 어휘 정보를 제공하는 사이트와 어휘 교수 · 학습을 돕는 사이트로 나눌 수 있다. 어휘 학습자가 이들 사이트에서 검색어를 입력하면 검색어를 표제어로 하여 그것의 기본 의미, 주변 의미, 관련 숙어, 예문, 용법 등을 찾을 수 있게 하거나 자신의 어휘력을 평가할 수 있도록 할 수 있을 뿐만 아니라 하이퍼 링크hyper-link나 하이퍼 텍스트hyper-text를 이용하여 방대한 어휘 정보에 접할 수 있는 것이 어휘 교육 사이트이다.

어휘 교육 관련 사이트의 개발과 운영은 하이퍼 링크, 하이퍼 텍스트의 이용이 자유롭고 이를 이용하여 어원별, 의미 관계별, 용례별, 학교 급별 목록을 제시할 수 있을 뿐만 아니라 동영상 자료의 활용, 최근 자료를 수시로 업데이트할 수 있어 대부분의 교육에서 많은 도움이 된다. 또한 어휘 교육 관련 사이트는 이용자들에게 단계에 맞는 적절한 읽기 자료를 선정하는 최소한의 객관적 기준을 제공하거나 도서의 어휘 지수(도서 지수)를 측정할 수 있게 할 수 있다. 출판사는 출판될 원고를 관련 어휘 측정 프로그램을 이용하여 정상 아동으로서 몇 학년에 해당하는 학생이면 그 글의 몇 퍼센트의 어휘를 이해할 수 있는가를 측정하여 이를 출판물에 표시할 수 있다. 이 방법은 독서 교육에서 도서 지수 측정을 위한 어휘 점수Lexile score 측정 방법으로서 추천 도서 목록을 만드는데 도움이 된다. 이러한 지수 측정 이외에도 독서와 관련한 어휘 교육 연구는 한자어의 한자 표기(병기)나 외래어의 원 철자 표기(병기)의 문제에 대해서도 연구가 이루어져야 한다.

V. 정리

　본고에서는 어휘 교육을 위한 선결 과제인 교육용 어휘의 선정, 제도권 어휘 교육인 초·중·고의 어휘 교육, 어휘 교육 기반이 되는 어휘 교육에 대한 연구의 문제를 고찰한 후 이의 개선 방안을 제시하였다.

　어휘의 교육은 학습자의 어휘(어휘량) 발달 조사에 바탕을 둔 교육용 어휘의 선정과 이를 반영한 교육 과정에 의해 이루어져야 한다. 어휘 교육의 발전을 위하여 제도권 교육인 초·중·고 교육의 어휘 교육은 목표를 어휘 능력의 신장에 두어야 하고 이를 위해 교육 과정 제정과 교과서가 편찬되어야 할 것이며, 어휘 지도 방법의 개발이 필요하다. 그리고 어휘 교육을 담당할 교사 양성 교육에서 어휘 교육에 관련된 교육이 필요하다. 또한 표현·이해 교육으로서의 어휘 교육 관련 연구, 어휘 교육을 위한 사전 편찬과 사전을 이용한 어휘 교육, 외국어로서의 한국어 교육에서의 어휘 교육, 남북한의 통일된 규범 언어로서의 국어에 대한 이해를 돕기 위한 북한 어휘의 교육에 대한 연구들이 필요하다. 그리고 어휘 교육의 개선을 위한 또 다른 연구의 필요성으로 지식 교육을 위한 어휘 교육 연구, 어휘 교육에 관한 학제적 공동 연구, 어휘 교육을 위한 인터넷 사이트의 개발과 운영에 관한 연구가 필요하다.

　모든 교육은 교육의 목표가 무엇이냐에 따라 그 내용과 방법이 달라진다. 지금까지의 연구 성과에 의한 어휘 교육의 목표는 어휘 능력을 신장하여 국어 사용 능력을 신장하는 것이었다. 즉, 국어 교육의 한 부분으로서의 어휘 교육은 국어 교육의 목표를 달성하기 위한 것이기 때문에 국어 교육의 틀 안에서 다루어져 온 것이다. 어휘 교육이 국어 교육의 다른 영역 내에서 다루어지는 것이 아니라 독립된 영역으로서 독립된 교육 목표를 갖게 된다면 어휘 교육의 목표, 내용, 방법이 현재와는 달라져야 하고 개선 방안도 달라질 수 있지만, 어휘 교육의 주된 목표가 어휘 능력의 신장이 아닌 다른 것으로 바뀌지는 않을 것이다.

어휘량 조사, 교육용 어휘의 선정, 어휘 교육 사이트의 개발과 운영 등은 국가 규모의 지원과 연구가 이루어져야 가능하기 때문에 어휘 교육의 발전을 위한 국가 차원의 지원이 필요하다.

참 고 문 헌

1장 1

| 논저 |

고영근, 「국어 형태론 연구」, 서울대 출판부, 1989.

김광해, 「국어 어휘론 개설」, 집문당, 1993.

박영목 · 한철우 · 윤희원, 「국어 교육학 원론」, 교학사, 1996.

고영근, 「국어 형태론 연구」, 서울대 출판부, 1989.

서초순 외, 「중학교 영어 교과의 수업 모형 · 수업 방법 · 평가 방법 및 평가 도구 개발에 관한 연구」,
집문당, 1993.

손영애, '국어 어휘 지도 방법의 비교 연구', 「서울대 박사 논문」, 1992.

심영자, '아동의 어휘력 확장 연구', 「서울대 대학원 석사 논문」, 1984.

원훈의, 「국어과 교육 연구」, 국학 자료원, 1996.

이대규, '낱말 수업의 목표와 방법', 「국어교육 71 · 72」, 한국국어교육연구회, 1990.

이대규, '어휘 지도 －낱말 수업－', 이응백박사 고희기념논문집 간행위원회 편, 「광복 후의 국어 교
육」, 한샘, 1992.

여영택, '말만들갈(조어론)', 「한글학회 50돌 기념 논문집」, 1971.

이상억, '국어 어휘 목록의 형태 · 음운론적 구조 연구 －계량언어학적 표준 조사', 「어학연구 25-1」,
1989.

이용주, '한국어 어휘 체계의 특징', 「국어교육 15」, 1969.

이응백, '언어 발달 단계와 국어 교육', 「국어교육 59 · 60」, 한국국어교육연구회, 1987.

이인섭, , 「아동의 언어 발달」, 개문사, 1986.

이충우, '어휘 교육의 기본 과제', 「국어교육 71 · 72」, 한국국어교육연구회, 1990.

이충우, '국어 교육용 어휘 연구', 「서울대 대학원 박사 논문」, 1992.

이충우, '한국어 어휘 교육을 위한 대표 어휘 선정', 「국어교육 85 · 86」, 한국국어교육연구회,
1994.

이충우, '어휘 교육과 교과서', 「논문집 59」, 한국국어교육연구회, 1996.

최영환, 「국어 교육학 개론」, 삼지원, 1996.

최현섭 외, '한국어 어휘 교육을 위한 대표 어휘 선정', 「국어 교육 85 · 86」, 한국국어교육연구회,
1994.

田中章夫, 「國語語彙論」 (再版), 明治書院, 1978, 1988.

Carter Ronald & M. McCarthy, *Vocabulary and Language Teaching*, Longman, 1988, 1991.

Dale, E., J. O'Rourke & H.A. Bamman, *Techniques of teaching vocabulary*, Field
Educational Publications, Inc., New Jersey, 1971.

Gruber, J.S., *Studies in Lexical Relations*, Indiana Univ. Linguistics Club, Indiana, 1971.

Hartmann, R.P.K.(ed.), *Lexicography: principles and practice*, Academic Press, London,
1983.

Stubbs, M., *Educational Linguistics*, Basil Blackwell, N.Y., 1986.

| 자료 |

국어연구소, '한자 외래어 사용 실태 조사(80년대)',「조사 자료집 I」, 1985.

신기철 · 신용철, '새 우리말 큰 사전'(7차 수정 증보판), 삼성 출판사, 1994.

5 · 6차 국민 학교 · 중학교 · 고등 학교 국어과 교과서, 교육 과정.

2장 1

| 논저 |

고영근,「국어 형태론 연구」, 서울대 출판부, 1989.

김광해,「국어 어휘론 개설」, 집문당, 1993.

김광해,「어휘 연구의 실제와 응용」, 집문당, 1996.

박영목 · 한철우 · 윤희원,「국어 교육학 원론」, 교학사, 1996.

서초순 외,「중학교 영어 교과의 수업 모형 · 수업 방법 · 평가 방법 및 평가 도구 개발에 관한 연구」,
    한국교원대학교 부설 교과교육공동연구소, 1993.

손영애, '국어 어휘 지도 방법의 비교 연구',「서울대 박사 논문」, 1992.

심영자, '아동의 어휘력 확장 연구',「서울대 대학원 석사 논문」, 1984.

원훈의,「국어과 교육 연구」, 국학 자료원, 1996.

이대규, '낱말 수업의 목표와 방법',「국어교육 71 · 72」, 한국국어교육연구회, 1990.

이대규, '어휘 지도 −낱말 수업−' 이응백박사 고희기념논문집 간행위원회 편,「광복 후의 국어
    교육」, 한샘, 1992.

여영택, '말만들길(조어론)',「한글학회 50돌 기념 논문집」, 1971.

이상억, '국어 어휘 목록의 형태 · 음운론적 구조 연구 −계량언어학적 표준 조사',「어학연구 25−1」,
    1989.

이용주, '한국어 어휘 체계의 특징',「국어교육 15」, 1969.

이용주, '언어 발달 단계와 국어 교육',「국어교육 59 · 60」, 한국국어교육연구회, 1987.

이응백, '국민 학교 학습용 기본 어휘 연구',「국어교육 18~20」, 한국국어교육연구회, 1972.

이인섭,「아동의 언어 발달」, 개문사, 1986.

이충우, '어휘 교육의 기본 과제',「국어교육 71 · 72」. 한국국어교육연구회, 1990.

이충우, '국어 교육용 어휘 연구',「서울대 대학원 박사 논문」, 1992.

이충우, '한국어 어휘 교육을 위한 대표 어휘 선정',「국어교육 85 · 86」, 한국국어교육연구회,
    1994.

이충우, '어휘 교육과 교과서',「논문집 59」, 한국국어교육연구회, 1996.

최영환,「합성 명사의 지도에 대한 연구」, 서울대 박사 논문, 1993.

최현섭 외,「국어 교육학 개론」, 삼지원, 1996.

田中章夫,「國語語彙論」(再版), 明治書院, 1978, 1988.

Carter Ronald & M. McCarthy, *Vocabulary and Language Teaching*, Longman, 1988, 1991.

Dale, E., J. O' Rourke & H.A. Bamman, *Techniques of teaching vocabulary*, Field Educational Publications, Inc., New Jersey, 1971.

Gruber, J.S., *Studies in Lexical Relations*, Indiana Univ. Linguistics Club, Indiana, 1970.

Hartmann, R.P.K.(ed.), *Lexicography : principles and practice*, Academic Press, London, 1983.

Stubbs, M., *Educational Linguistics*, Basil Blackwell, N.Y., 1986.

| 자료 |

국어연구소, '한자 외래어 사용 실태 조사(80 년대)', 「조사 자료집 I」, 1985.

신기철 · 신용철, 「새 우리말 큰 사전」(7 차 수정증보판), 삼성 출판사, 1986.

5 · 6차 국민 학교 · 중학교 · 고등 학교 국어과 교과서, 교육 과정.

2장 2

| 논저 |

박갑수, '국어의 표현과 순화론', 「국어와 국어교육의 제문제」, 지학사, 1984.

이용주, '규범의 기준에 관한 문제', 이응백 외, 「국어과 교육 II」, 한국방송통신대학 출판부 : 25~34, 1987.

한국정신문화연구원 편, 「국어의 순화와 교육」, 한국정신문화연구원, 1979.

국어순화추진회 엮음, 「우리말 순화의 어제와 오늘」, 미래 문화사, 1989.

이충우(1992), '국어 교육용 어휘 연구-국민 학교 · 중학교 국어과 교육용 어휘 선정을 중심으로-', 「서울대 대학원 박사 논문」, 1992.

기타 순화 관련 논저.

3장 1

| 논문 및 단행본 |

강경호, '국어과 교육의 변천에 관한 연구 -1945년 이후 초등 국어과 교재를 중심으로-', 「건국대 대학원 박사 논문」, 1990.

강기진, '국어 동음어의 연구', 「동국대 대학원 박사 논문」, 1983.

고영근, '파생접사의 분석 한계', 「어학연구 25-1」: 97~110, 1989.

______, 「국어 형태론 연구」, 서울대 출판부, 1989.

공영일, 'Basic English-교재 자료 통제와 TOEFL 교재 연구의 측면에서-', 「言語敎育 5-2」: 87~103, 1973.

곽병선·이근님 편, 「중학교 교과 교육과정 국제 비교」, 한국교육개발원 1990.

국어연학회 편, 「국어 정화 교본」(제1집, 3판), 한미 문화사, 1958.

권경안, 「한국 아동의 언어 발달 연구–음운 발달 및 어휘 발달을 중심으로–」, 한국교육개발원, 1981.

김계곤, ‘현대 국어 앞가지(접두사, prefix) 처리에 관한 관견’, 「국어국문학 7·8」: 1~31. 부산대 국어국문학과, 1968.

_____ , ‘현대 국어의 뒷가지(접미사, suffix) 처리에 관한 관견’, 「한글 144」: 95~139, 1969.

_____ , ‘현대 국어의 꾸밈씨의 합성법’, 「한글 146」: 153~183, 1970.

김광해, 「유의어 반의어 사전」, 한샘, 1987.

_____ , ‘2차 어휘의 교육에 대하여’, 「난대 이응백교수 정년기념 논문집」: 50~63.

_____ , ‘현대 국어의 유의 현상에 대한 연구 –고유어 대 한자어의 일대다 대응 현상을 중심으로–, 「서울대 대학원 박사 논문」, 1989.

_____ , ‘어휘 교육의 방법’, 「국어생활 22」: 108~125, 1990.

김규철, ‘한자어 단어 형성에 관한 연구’, 「국어연구 41」, 1980.

_____ , ‘단어 형성 규칙의 정밀화’, 「언어 6–2」: 117~133.

김문창, 「국어 문자 표기론」, 문학세계사, 1987.

김봉주, 「개념학」, 한신 문화사, 1988.

김성규, ‘어휘소 설정과 음운 현상’, 「국어연구 77」, 1987.

김승렬, ‘아동의 어휘 습득에 대한 연구’, 「서울사대 국문학 논문집」: 63~88, 1968.

김영채, ‘한국어 어휘 빈도 조사’, 「한국심리학회지 5–3」: 217~285, 1986.

김종택·남성우, 「국어 의미론」, 한국방송통신대학 출판부, 1990.

김종훈, ‘소아어 연구’, 「국어국문학 46」: 47~56, 1969.

_____ , ‘고유 한자어의 어휘론적 고찰’, 「성곡 논총 10」: 222~43, 1979.

김주필, ‘표준어 모음의 심의 경위와 해설’, 「국어생활 22」: 190~207, 1990.

김준호, ‘아동 언어 습득의 단계별 특징 연구–Stage I, II의 경우–’, 「동덕여대 논총 13」: 61~75, 1983.

김지홍, ‘몇 형태성 접미사에 대하여’, 「백록어문 1」, 1986.

김태옥, ‘언어 이론과 문학 연구’, 「영어영문학 36–1」: 111~131, 1990.

김형규, ‘한자·한자어 문제’, 「국어생활 8」: 4, 5, 1987.

김희진, ‘표준어 규정 고시 이후의 몇 문제’, 「국어생활 20」: 58~79, 1990.

김희진, ‘중학교 교육용 어휘에 관한 연구’, 「국어교육 71·72」: 349~409, 1990.

남기심, ‘문법적으로 잘못 된 말들’, 「국어생활 19」: 84~88, 1989.

남광우, 「국어학 연구」, 이우 출판사, 1980.

_____ , ‘국어의 어휘 변화’, 「국어생활 22」: 20~41, 1990.

노대규, ‘국어의 구어와 문어의 특성’, 「매지논총 6」: 1~46, 1989.

노명완, 「국어 교육론」, 한샘, 1988.

노명희, ‘한자어의 어휘형성론적 특성에 관한 연구’, 「서울대 대학원 석사 논문」, 1990.

대한민국학술원, 「국어교육의 이념과 방향」, 1984.

문금현, ‘현대국어 유의어의 연구’,「서울대 대학원 석사 논문」, 1989.

문용 · 이계순 · 조준학, ‘중 · 고교 영어 교과서 어휘 통제 시안’,「언어교육 3-1」: 1-7, 1971.

미승우,「새 맞춤법과 교정의 실제」, 어문각, 1989.

박갑수,「우리말의 허상과 실상」, 한국방송사업단, 1983.

＿＿＿,「국어의 표현과 순화론」, 지학사, 1984.

＿＿＿, ‘방송 언어의 변천 개관’, KBS 한국어연구회 편,「방송 언어 변천사」: 9~46, 한국방송사
　　　업단 1987.

＿＿＿, ‘방송 언어의 어휘 변천’, KBS 한국어연구회 편,「방송　언어 변천사」: 74~103, 1987.

＿＿＿, ‘국어 호칭의 실상과 대책’,「국어생활 19」: 10~32, 1989.

박경현, ‘명사 복합형 기능과 의미 구조’, 이용주 외 : 130~167, 1990.

박병채, ‘국어에서 차지하는 한어의 위치에 대하여’,「고대문화 9」: 113~124, 1968.

＿＿＿, ‘한국 한자음의 모태와 변천’,「국어생활 8」: 6~24, 1988.

박붕배, ‘초등 교육에 있어 우리말 기본 학습 어휘에 관한 조사 연구’,「서울교대 논문집」: 25~166,
　　　1975.

＿＿＿,「국어 교육학 방법론」, 학문사, 1978.

박영섭, ‘국어 한자어의 기원적 계보 연구’,「성균관대 대학원 박사 논문」, 1986.

박희숙, ‘재일교포를 위한 국어 어휘 지도 연구’,「국어교육 23~25」: 249~297, 1975.

배양서, ‘미어가 국어에 미친 영향’,「미국학 논집」9 : 5~20, 한국아메리카학회 · 서울대 미국학
　　　연구소, 1976.

서덕현, ‘기본 어휘의 개념과 기초어휘의 위상 -교육용 어휘를 중심으로-’,「국어교육 71 · 72」:
　　　211~244, 1990.

서정국, ‘국어 기본 어휘의 연구’,「고려대 대학원 석사 논문」, 1968.

＿＿＿, ‘국민학교　국어 1 어휘의 통계분석적 연구’,「홍익공전 논문집 1」, 1969.

＿＿＿, ‘중학교 국어 교과에 쓰인 어휘의 조사 연구(I), (II), (III), (IV)’,「강릉교대 논문집 7, 8, 9, 1
　　　0」, 1975~1978.

서정수, ‘서구 외국말의 문제’,「국어생활 14」: 35~45, 1988.

석경징 외, ‘토론회 언어의 본질과 문학이론’,「영어영문학 36-1」: 189~208, 1990.

성광수, ‘국어의 단어와 조어 -어휘 구조와 어형성 규칙(1)-’,「주시경학보 1」: 88~110, 1988.

성원경, ‘한 · 중 양국에서 현용하는 한자 어휘 비교고(중국어의 특수 어휘를 중심으로)’,「성곡논총
　　　8」: 284~325, 1977.

성환갑, ‘고유어의 한자어 대체에 관한 연구’,「중앙대 대학원 박사 논문」, 1983.

＿＿＿, ‘고유어의 한자어화 과정’,「국어생활 8」: 40~50, 1987.

손영애, ‘국어과 교육 과정 개선 방향 연구’,「국어교육 57 · 58」, 1986.

송　민, ‘어휘 변화의 양상과 그 배경’,「국어생활 22」: 42~57, 1990.

＿＿＿, ‘국어에 대한 일본어의 간섭’,「국어생활 14」: 25~34, 1988.

신익성, ‘국어의 어휘 연구를 위한 언어학의 원리와 방법’,「어학연구 8-1」: 123~146, 1972.

심영자, ‘아동의 어휘력 확장 연구’,「서울대 대학원 석사 논문」, 1984.

심재기, ‘한국어 실용 표현의 화용론적 연구’,「관악어문연구 11」: 27~53, 1986.

______ , '국어 사전에서의 뜻풀이', 「어학연구 23-1」 : 133~144, 1987.

______ , '한자어의 구조와 그 조어력', 「국어생활 8 : 25~39」, 1987.

______ , '국어 어휘의 특성에 대하여', 「국어생활 22」 : 2~19, 1990.

안경화, '한국어 숙어의 유형에 대한 분석적 연구', 「서울대 대학원 석사 논문」, 1987.

안승덕 · 김재윤, '국민학교 국어 교과서의 어휘 조사 연구', 「청주교대 논문집 11」 : 125~181, 1975.

여영택, '말만들갈(조어론)', 「한글학회 50돌 기념논문집」 : 115~144, 1971.

연재훈, '한국어 동사성 명사 합성어(Verbal Noun Compound)의 조어법과 의미 연구', 「서울대 대학원 석사 논문」, 1985.

우형규, 「영어 기본 어휘 연구」, 천인 문화사, 1975.

원훈의, '어휘 지도에 대한 논의', 「춘천교육대학논문집 25」 : 3~16, 1985.

______ , '국어과 음성언어 교육 연구', 「성균관대 대학원 박사 논문」, 1989.

유만근, '외래어 귀화 정책론 −목하 외국어 원음 추종주의에 대한 평가와 대안−', 「동대논총」 10 : 63~81, 1980.

______ , '우리 나라에서의 외래어 애용 양상', 「국어생활 2」 : 44~64, 1985.

유진형, '중간언어 가설', 「영어교육 24」 : 1~20, 1982.

윤희원, '문법교육강좌 모형개발을 위한 연구', 「논문집 33」, 국어교육연구회 : 1~46, 1988.

이광정, '고유어와 한자어의 어휘적 특성', 이용주 외, 「국어의미론」 : 292~312, 개문사, 1990.

이기동, 「언어와 인지」, 한신 문화사, 1983.

이기문, 「당신의 우리말 실력은?」(5 판), 동아 출판사, 1987.

이대규, '창작과 어휘의 선택', 「국어교육 21」 : 103~120, 1973.

______ , '초기 독서 교육의 원리와 실제', 「국어교육 46 · 47」 : 351~378, 1983.

______ , '수사학 교육 : 독서와 작문 교육의 내용과 방법', 「부산대 사대 논문집」 18 : 31~70, 1989.

______ , '낱말 수업의 목표 방법', 「국어교육 71 · 72」 : 245~263, 1990.

이덕호, '언어 규범과 언어 교육', 「언어교육 5-1」, 1973.

이병근, '국어 사전과 파생어', 「어학연구 22-3」 : 389~408, 1986.

이병호, '국어과 교육 변천사 연구', 「성균관대 대학원 박사 논문」, 1986.

이상섭, '낱말 빈도를 추정하기 위한 말뭉치 자료 수집의 실제', 「사전편찬학연구 3」 : 70~76, 1990.

이상섭, '현대 사전편찬학의 이론과 실제', 「사전편찬학연구 3」 : 77~117, 1990.

이상억, '국어 어휘 목록의 형태 음운론적 구조 연구 −계량언어학적 표준 조사−', 「어학연구 25-1」 : 111~129.

이석주, '국어어 구성 연구', 「중앙대 대학원 박사 학위 논문」, 1987.

이성구, 「언어 지도론」, 동문사, 1982.

이순형, '한국 아동의 언어 획득에 관한 연구 II', 「덕성여대 논문집 12」 : 183~203, 1983.

이순형 · 유안진, '한국 아동의 언어 획득에 관한 연구', 「서울대 가정대 논문집 7」 : 51~68, 1982.

이연섭 · 권경안 · 정인실, 「한국 아동의 어휘 발달 연구(1)」, 한국교육개발원, 1980.

이용주, '완곡 어법 소고', 「국어교육 2」 : 35~45, 1960.

_____ , ‘한국 외래어의 특징과 고유어와의 상호 작용’, 「국어교육 9」 : 90~108, 1964.

_____ , ‘한국어에 있어서의 외래어의 영향’, 「운보 이하윤 선생 화갑 기념 논문집」, 1966.

_____ , ‘한국어 어휘 체계의 특징’, 「국어교육 15」 : 45~64, 1969.

_____ , ‘남녀 대학생의 언어 연상에 관한 비교 연구’, 「이세아여성연구(숙대) 9」 : 261~297, 1970.

_____ , ‘한국 한자어의 어휘론적 기능에 대한 연구’, 「서울대 사대 국어국문학여구회」, 1974.

_____ , ‘노소’와 ‘늙다 · 젊다’의 의미, 「이숭녕선생 고희기념 국어국문학논총(대제각, 1983, 국어학 자료 논문집 4」 : 561~574), 1977. ·

_____ , ‘광고 문장의 의미론적 분석 연구’, 「사대논총 17」, 1978.

_____ , ‘일본어 기원론과 한일어 비교에 대하여(II) −기초 어휘의 확률 통계적 연구를 중심으로−’, 「사대 논총 21 : 71~106, 1980.

_____ , ‘재검토되어야 할 국어 교육의 문제들’, 「국어교육 41」 : 193~216, 1982.

_____ , ‘효과적인 국어 사용을 위한 몇 가지 문제’, 「국어교육 51 · 52」 : 275~296, 1985.

_____ , ‘사전 주석에 대하여’, 「국어생활 7」 : 82~1102, 1986.

_____ , ‘초중고교에서의 언어 지식 교육’, 「제5차 국어과 한문과 교육 과정 개정을 위한 세미나 발표 논문집」 : 237~253, 1986.

_____ , ‘국어 교육 개혁을 위한 기본 과제’, 「열므나 이응호 박사 화갑 기념 논문집」, 한샘 : 461~480, 1987.

_____ , ‘언어 발달 단계와 국어 교육’, 「국어교육 59 · 60」 : 1~16, 1987.

_____ , ‘국어과 교과서 2제’, 「국어교육 63 · 64」 : 153~162, 1988.

_____ , ‘국어교육의 핵과 변연’, 「서울대 사대논총 37」 : 27~41, 1988.

_____ , ‘국어교육의 근본적 개혁에 관한 연구’, 「서울대 사대논총 39」 : 45~63, 1989.

_____ , ‘문자 정책 현안으로서의 한자 폐지’, 「국어생활 20」 : 11~31, 1990.

_____ , ‘담화 단위로서의 (적격)문에 대하여’, 「국어교육 71 · 72」 : 1~12, 1990.

_____ 외, 「국어의미론」, 개문사, 1990.

이은정, ‘오용 사례 검토’, 「국어생활 19」 : 89~116, 1989.

_____ , ‘어문 규정 고시 후의 사전 표제어 검토’, 「국어생활 20」 : 32~57, 1990.

이응백, ‘국어과 학습에 있어서의 단어 지도 문제’, 「국어교육 2」 : 3~11, 1959.

_____ , ‘표준어와 정서법에 대하여’, 「국어국문학 34 · 35」, 1967.

_____ , ‘국민 학교 교과서에서 한자 병기가 필요한 한자어 예’, 「어문연구 13」, 1976.

_____ , ‘사전 속에 잠자는 가용 국어 어휘’, 「국어교육 30」 : 135~172, 1977.

_____ , ‘표준어에 대하여’, 「어문연구 18 · 19」 : 55, 56, 1978.

_____ , ‘국어 사전 어휘의 유별 구성비로 본 한자어의 중요도와 교육 문제’, 「어문연구 25 · 26」, 1980.

_____ , ‘국어 교육의 문제점과 시정 방안’, 「정신문화문고 8」, 1984.

_____ , ‘해방 40년의 국어 교육’, 학술원, 「국어교육의 이상과 방향」, 1984.

_____ , ‘학교에서 한자의 조기교육이 필요한 까닭’, 일조각, 「한글과 한자」, 1985.

_____ , ‘친척의 연보와 호칭’, 「국어생활 19」:44~60, 1989.

이응백 · 이용주 · 박갑수, 「국어과 교육(I)」, 한국방송통신대학 출판부, 1986.

_____, 「국어과 교육(Ⅲ)」, 한국방송통신대학 출판부, 1986.

이의철, ‘연상’, 「서울대 논문집 13」 : 47~184, 1967.

이인섭, ‘아동 언어 발달 연구 서설’, 「한국국어교육연구회 논문집 2」 : 49~71, 1969.

_____, ‘유아어휘’, 「서울여대 논문집 3」 : 13~33, 1976.

_____, ‘기초 어휘 파지력에 관하여 –국민 학교 아동을 대상으로–’, 「서울여대 논문집 8」 : 19~36, 1979.

_____, ‘연상 어휘의 의미 구조(1)’, 「김형규 박사 고희 기념 논총」, 1981.

_____, ‘언어 발달 과업에 관한 연구 Ⅲ’, 「국어교육 46 · 47」 : 329~350.

_____, ‘연상 어휘의 의미 구조(2)’, 「박병채 박사 환력 기념 논총」, 1985.

_____, ‘연상 어휘의 의미 구조(3)’, 「국어학 신연구」, 탑출판사 : 638~652, 1986.

_____, 「아동의 언어발달」, 개문사, 1986.

_____, ‘작문에 나타난 어휘 및 구문 연구 –은유 표현과 명제 결합을 중심으로–’, 「서울여대 인문사회과학논총 4」 : 41~64, 1989.

이정민 · 배영남, 「언어학 사전」, 한신문화사, 1982.

이주호, ‘국어과 교육 서설’, 「한글학회 50돌 기념 논문집」 : 326~340, 1971.

이충우, ‘오용으로 인한 다의어 발생’, 「성공 61」 : 42~50, 1984.

_____, ‘어휘 교육의 기본 과제’, 「국어교육 71 · 72」 : 193~209, 1990.

_____, ‘교육용 어휘의 선정–경험적 방법에 의한 어휘 선정의 기준 설정–’, 「관대 논문집 19」 : 131~146, 1991.

_____, ‘학교 문법 교육의 몇 문제’, 「국어교육학연구 1집」 : 123~136, 1991.

_____, ‘국민 학교 1, 2학년 국어과 교과서 어휘 조사 연구’, 「관동어문학 7(인쇄중)」, 1991.

_____, ‘중학교 국어(1–1) 어휘 조사 연구’, 「관대 논문집 20(게재 예정)」’, 1991(未刊).

이현우, ‘국어 어휘 사용의 몇 모습’, 「국어생활 22」 : 58~73, 1990.

이호성, ‘보통 학교 조선어 독본 어휘 조사’, 한글 16-45, 1934-7

이희승 편, ‘국어 대사전’, 「민중서관」, 1977.

임경순, ‘기초어휘 통계학상으로 본 한 · 일 · 몽어간의 친근성’, 「광주교대 논문집 3」 : 93~116, 1968.

임만영, ‘국민 학교에서의 어휘 교육’, 「국어과교육연구 6」 : 71~99, 1988.

임성규, ‘글말과 입말의 문체 분석’, 「국어국문학 102」 : 313~333, 1989.

장석진, 「화용론 연구」, 탑 출판사, 1987.

_____, ‘한국어 화행 동사의 분석과 분류’, 「어학연구 23-3」 : 307~339, 1987.

장경희, ‘아동의 단어 습득’, 「서울대 대학원 석사 논문」, 1981.

장애자, ‘아동의 사용 어휘에 관한 연구’, 「고려대 교육대학원 석사 논문」, 1979.

장태진, ‘국어사회학 연구’, 삼영사, 1988.

전조영, ‘영어 교수에 있어서 어휘 선정의 문제’, 「영어영문학」, 1975.

정귀생, ‘개화기 차용어의 연구’, 「단국대 대학원 석사 논문」, 1983.

정재윤, ‘우리말 색채어의 낱말밭’, 「국어교육 63 · 64」 : 105~131, 1988.

정찬섭 외, ‘우리말 낱말 빈도 조사 표본의 선정 기준’, 「사전편찬학연구 3」 : 7~69, 1990.

조남호, '국어 어휘의 수집과 정리', 「국어생활 22」: 93~107, 1990.

조명한, 「언어 심리학」, 정음사, 1979.

_____ , 「한국 아동의 언어 획득 연구 : 책략 모형」, 서울대 출판부, 1982.

_____ , 「언어심리학」, 민음사, 1985.

조문제, '개화기 국어과 교육의 연구', 「한양대 대학원 박사 논문」, 1984.

조석주, '바람직한 영어교과서상', 「어학교육 9」: 39-70, 전남대, 1973.

천병식, '국어과 교육과정 및 교과서에 관한 연구', 「국어교육 21」: 43~59, 1973.

천시권 · 김종택, 「국어 의미론」, 형설 출판사, 1979.

최규일, '한국어 어휘 형성에 관한 연구', 「성균관대 대학원 박사 논문」, 1989.

최영집, '한국 외래어의 연구', 「강릉교대 논문집 3」: 1~36, 1971.

최재석, 「한국의 친족 용어」, 민음사, 1988.

하치근, '유추와 어휘 습득', 「동아대 국어국문학 논문집 5」: 115~133, 1983.

_____ , 「파생어 형태론」, 남명 문화사, 1989.

한갑수, '호칭과 칭호', 「국어생활 19」: 74~83, 1989.

한국교육개발원, 「기초 학습 기능 검사 개발에 관한 연구」, 1976.

__________ , 「기초 학습 기능 검사 개발 연구」, 1987.

한국국어교육연구회 편, 「국어 순화의 방안과 실천 자료」, 세운문화사, 1979.

한국정신문화연구원, 「국어의 순화와 교육」, 1979.

함종규, 「교육과정, 개정판」, 형설 출판사, 1981.

허발, 「낱말밭의 이론」, 고려대 출판부, 1979.

홍윤표, '실학 시대의 어휘 자료집 간행 역사', 「국어생활 22」: 74~92, 1990.

홍재성, '한국어 사전에서의 다의어 처리와 동형어 처리의 선택', 「동방학지 54~56」: 949~971, 1987.

황찬호, '외국어식 구문', 「국어생활 14」:46~58, 1988.

KBS 한국어연구회 편, 「방송 언어 변천사」, 한국방송사업단, 1987.

安田吉實 · 손락범, 「民衆 엣센스 韓日 辭典」, 민중 서림, 1983.

田中章夫, 「國語語彙論」(再版), 明治書院, 1978, 1988.

程崇義, '한 · 중 한자어의 변천에 관한 비교 연구', 「서울대 대학원 석사 논문」, 1987.

中村暎枝, '現代 朝鮮語 辭典 見出語 語彙 分布 狀況', 「朝鮮學報 49」: 9~25, 1968.

靑山秀夫, '現代 朝鮮語 形容詞 形成', 「朝鮮學報 49」: 1~24, 1968.

Brooks, N., *Language and Language Learning*, Harcourt, Brace and World, Inc., 1964.

Brown, G. and Yule, G., *Teaching the spokenlanguage*, Cambridge Univ. Press, 1983.

Brown, H.D., *Principles of Language and Teaching*, 연합 출판, 1980.

Calfee, R. & Drum, P., *Research on Teaching Reading*, 804~834, 1986.

Ronald, C. & McCarthy, M., *Vocabulary and Language Teaching*, Longman, 1988,1991.

Clark, H.H. & Clark, E.V., *Psychology and language : An introduction to psycholinguistics*, Harcourt Brace Jovanovich, Inc. New York, 1977.

Dale, E., O' Rourke, J. & Bamman, H.A., Field Educational Publications, Inc., New Jersey,

1971.

Diller, K.C., *Generative Grammer, Structural Linguistics, and Language Teaching*, Newbury House Publishers, Rowley, Massachusetts, 1971.

Funk, W. & Lewis, N., *30days to a More Powerful Vocabulary*, Washington Square Press Inc., N.Y., 1961.

Gleason, H.A. Jr., *Descriptive Linguistics*(Revised edition), Halt, Rinehart and Winston, N.Y., 1961.

G.R.E.(aptitude tests), *Advanced Vocabulary, Word Relationship and Reading skills*, Tower Press, 1990.

Gruber, J.S., *Studies in Lexical Relations*, Indiana Univ. Linguistics Club, Indiana, 1970.

Hafner, L.E. & Jolly, H.B., *Teaching Reading to Children*(2nd ed.), Macmillan Publishing Co., Inc., N.Y.,1982.

Halliday, M.A.K. et al, *The Linguistic Science and Language teaching*, Longman, 1964.

Halliday, M.A.K. and Hasan, R., *Cohesion in English*, Longman, 1976.

Harris, A.J., *How to Increase Readinfg Ability*(3rd ed.), Longmans, Green and Co., New York., 1956.

Harris, L.A. and Smith, C.B., *Reading Instruction*(4th ed.), Macmillan Publishing Co., New York, 1986.

Hart, A., *Twelve ways to build a vocabulary*, E.P. Dutton & Co. Inc., N.Y., 1969.

Hartmann, R.P.K.(ed.), *Lexicography : principles and practice*, Academic Press, London, 1983.

Hayakawa, S.I., *Langusage in Thought and Action*(Second ed.), Harcourt, Brace & World Inc., 1964(김영준 역, 「의미론」, 현암사, 1982,).

Henley, E.F., *Words for Reading Reading for Words*, Prentice Hall Inc. Englewood Cliffs, New Jersey, 1980.

Hill, W.R., *Secondary School Reading Process, Program, Procedure*, Allyn and Bacon, Inc., Boston, 1979.

Hudson, R.A., *Sociolinguistics*, Cambridge Univ. Press, 1980.(최현욱 · 이원국 역, 「사회 언어학」, 한신 문화사, 1986.)

Lado, R., *Language Teaching*, McGraw Hill, Inc., New York, 1964.

Lewis, N., *Word Power Made Easy*, Pocket Books, N.Y., 1971.

Mackey, W.F., *Language Teaching Analysis*, Indiana Univ. Press. Bloomington, 1975.

Petty, Walter T. & Jensen, Julie M., *Developing Children's Language*, Allyn & Bacon Inc., Boston, 1980.

Richard Pring etc., 이귀윤 역, 「교육 과정 연구의 이론과 실제」, 교육과학사, 1984.

Rivers, W.M., *Teaching Foreign Language Skills*(2nd ed.), The University of Chicago Press Ltd., London, 1981.

Sheard, J.A., *The words of English*, W.W.Norton & Company Inc., N.Y., 1966.

Stanford, G., *McGraw-Hill Vocabulary*, McGrew-Hill Inc., Missoury, 1971.

Strevens, P, *Papers in Language and Language Teaching*, Oxford Press, London, 1966.

Sweet, W.E. & Knudsvig, G.M., *A course on words*, Harcourt Brace Jovanovich Inc., N.Y., 1982.

White, R.G., *Words and their uses*, The Hiberside Press, Cambridge(31th Ed. Revised and Corrected, Houghton, Mifflin and Company, Boston.), 1870.

Vygotsky, L.S., *Thought and language*, M.I.T. Press, Cambridge, Mass., 1962.

| 자료 |

5차 국민 학교 · 중학교 · 고등 학교 국어과 교과서

국어연구소, '한자 외래어 사용 실태 조사(80년대)', 「조사 자료집 I」, 1985.

＿＿＿＿＿＿ , 「국민 학교 교육용 어휘(1, 2, 3학년용)」, 1986.

＿＿＿＿＿＿ , 「국민 학교 교육용 어휘(4, 5, 6학년용)」, 1987.

＿＿＿＿＿＿ , 「중학교 교과서 어휘(국어 · 국사)」, 1988.

＿＿＿＿＿＿ , 「국어 오용 사례집」, 1989.

문교부, 「우리말에 쓰인 글자의 잦기 조사」, 1955.

＿＿＿＿ , 「우리말 말수 사용의 잦기 조사」, 1956

＿＿＿＿ , 「국어 순화 자료 −제4집」, 1980.

＿＿＿＿ , 「유치원 교육과정 해설」, 1987.

＿＿＿＿ , 「국민 학교 교육과정 해설」, 1987.

＿＿＿＿ , 「중학교 교육과정 해설」, 1987.

＿＿＿＿ , 「고등 학교 교육과정 해설」, 1988.

＿＿＿＿ , 「고등 학교 외국어과 교육과정 해설 −영어 I, II」, 1988.

신기철 · 신용철, 「새 우리말 큰 사전(7차 수정 증보판)」, 삼성 출판사, 1986.

이상금 · 정세화 · 이은화 · 이정환, '3, 4, 5세 아동의 회화에 나타난 어휘 조사', 「이화여대 한국문화연구원 논총 19」 : 337~427, 1972.

이응백, '국민 학교 국어 교과서 편찬을 위한 학습 기본 어휘 설정에 관한 연구', 「문교부 학술 연구 보고서 어문학계」, 1969.

＿＿＿＿ , '초등 학교 학습용 기본 어휘 연구', 「국어교육 18~20」 : 551~604, 1972.

＿＿＿＿ , '국민 학교 학습용 기본 어휘의 한자 연구', 「어문연구 7 · 8」, 1975.

＿＿＿＿ , '국민 학교 입문기 학습용 기본 어휘 연구', 「국어교육 32」 : 183~246, 1978.

＿＿＿＿ , '신문 표제에 나타난 한자와 교육 한자 검토', 「어문연구 22」, 1979.

＿＿＿＿ , '신문 잡지에 한자로 표기된 한자어 실태 조사 연구', 「국어연구소 연구보고서 1집」, 1987.

＿＿＿＿ , 「자료를 통해 본 한자 · 한자어의 실태와 그 교육」, 아세아 문화사, 1988.

이응백 · 이인섭 · 김승렬, '국민 학교 학생의 어휘력 조사', 「국어교육 42 · 43」 : 235~325, 1982.

정우상, '국민 학교 교과서 어휘 연구', 「국어연구소 보고서 1집」 : 651~872, 1987.

한국 과학 기술 정보 센터, 「우리말 표준화 보고서−2」, 1980.

＿＿＿＿＿＿＿＿＿＿＿＿＿ , 「한글 한자 잦기 조사 일람표」, 1980.

陸師成 主編,「辭彙」, 文化圖書公司, 臺北, 1986.

李㻞編,「民衆 新中國語辭典」(3版), 民衆書林, 1986.

諸橋轍次 外,「新漢和辭典,改訂版」, 大修關, 東京, 1973.

4장 1

| 논저 |

강신항,「현대 국어 어휘 사용의 양상」, 태학사, 1991.

김광해,「국어 어휘론 개설」, 집문당, 1993.

김광해,「어휘 연구의 실제와 응용」, 집문당, 1996.

김광해, '어휘력과 어휘력의 평가',「선청어문 25」, 서울대 국어교육과, 1997.

김종택,「국어 어휘론」, 탑 출판사, 1992.

김희진, '설명문의 문체', 박갑수 편(1994),「국어 문체론」, 대한 교과서, 1994.

문교부,「고등 학교 교육 과정 해설 – 국어과」, 1988.

문영호 외,「조선어 빈도수 사전」, 평양 : 과학 백과 사전 종합 출판사(한국 문화사 영인본),
    1994.

박갑수, '한국어 국제화의 의미', 한국어 국제화 추진 협의회, 한국어 국제화를 위한 학술 대회,
    1995.

박갑수, '통일을 대비한 국어 교육의 현황과 전망', 한국국어교육연구회,「통일을 대비한 국어 교육
    (여름 학술 발표 대회 자료집)」, 1998.

박영목 · 한철우 · 윤희원,「국어 교육학 원론」, 교학사, 1996.

박영순, '제2언어 교육으로서의 문화 교육',「이중언어 학회지 제5호」, 이중언어학회, 1989.

박영순, '한국어 국제화 방안', 한국어국제화추진협의회,「한국어 국제화를 위한 학술 대회 자료
    집」, 1995.

신헌재 외,「초등 학교 1~6학년 아동의 어휘 이해 발달 수준에 관한 연구」, 교원대 부설 교과교육
    공동연구소, 1998.

손영애, '국어 어휘 지도 방법의 비교 연구',「서울대 박사 논문」, 1992.

신난수, '영국의 영어과 교육 과정 해설',「국어 교육학 연구 3」, 국어교육학회, 1993.

심영자, '아동의 어휘력 확장연구',「서울대 대학원 석사 논문」, 1984.

심재기,「국어 어휘론」, 집문당, 1982.

원훈의,「국어과 교육 연구」, 국학 자료원, 1996.

이대규, '낱말 수업의 목표와 방법',「국어교육 71 · 72」, 한국국어교육연구회, 1990.

이대규, '어휘 지도 –낱말 수업', 난대이응백박사 고희기념논문집 간행위원회 편,「광복 후의 국
    어 교육」, 한샘, 1992.

이병호, '국어과 교육 변천사 연구',「성균관대 대학원 박사 논문」, 1986.

이성구 편저,「한맥 개념어 · 난해어 사전」, 용문학원, 1998.

이영숙, '어휘력과 어휘 지도 –어휘력의 개념을 중심으로',「선청어문 25」, 서울대 국어교육과,

1997.

이용주, ‘언어 발달 단계와 국어 교육’, 「국어교육 59·60」, 한국국어교육연구회, 1987.

이응백, 「국민 학교 국어 교과서 편찬을 위한 학습 기본 어휘 설정에 관한 연구」, 문교부 학술 연구 보고서 어문학계, 1969.

이인섭, ‘기초어휘 파지력에 관하여-국민 학교 아동을 대상으로-’, 「논문집 8」, 서울여대, 1979.

이인섭, 「아동의 언어 발달」, 개문사, 1986.

이주행, ‘통일 대비 국어 교육 - 남북한 중·고등 학교 국어 교과서에 쓰인 언어 비교 분석 연구’, 한국국어교육연구회, 「통일을 대비한 국어 교육」, 여름 학술 발표 대회 자료집, 1998.

이충우, 「한국어 교육용 어휘 연구」, 국학 자료원, 1994.

이충우, ‘어휘 교육과 교과서’, 「논문집 59」, 한국국어교육연구회, 1996.

이충우, ‘어휘 교육과 어휘의 특성’, 「국어교육 95」, 한국국어교육연구회, 1997.

임칠성·水野俊平·北山一雄, 「한국어 계량 연구」, 전남대 출판부, 1997.

정우상, ‘국민 학교 교과서 어휘 연구’, 국어연구소 보고서 1집, 1987.

정찬섭 외, ‘우리말 낱말 빈도 조사 표본의 선정 기준’, 「사전 편찬학 연구 9」, 사전편찬학회, 1990.

한국어국제화추진협의회, 「한국어 국제화를 위한 학술 대회 발표 논문집」, 1995.

田中章夫, 「國語語彙論」(再版), 日本 : 明治書院, 1988.

佐藤喜代治 編, 「語彙原論」, 明治書院, 1988.

Allen, V. F., *Techniques in teaching vocabulary*. Oxford University Press, 1983.

Ronald, C. & McCarthy, M., *Vocabulary and Language Teaching*, Longman, 1988, 1991.

Dale, E., O’ Rourke J. & Bamman, H.A., *Techniques of teaching vocabulary*, Field Educational Publications, Inc., New Jersey, 1971.

Diller, K. C., *Generative Grammar, Structural Linguistics, and Language Teaching*, Newbury House Publishers, Rowley, Massachusetts, 1971.

Gleason, H.A. Jr., Descriptive Linguistics(Revised edition), Halt, Rinehart and Winston, N.Y., 1961.

Halliday, M.A.K, Gobbons, J. and Nicholas, H. edited, *Learning, keeping, and using language : selected papers from the Eight World Congress of Applied linguistics*, Sydney, 16~21 August 1987. (II), John, Benjamin B.V. : 231~268, 1987.

Gruber, J.S. *Studies in Lexical Relations*, Indiana Univ. Linguistics Club, Indiana, 1970.

Halliday, M.A.K. et al., *The Linguistic Sciences and Language teaching*, Longmans, 1964.

Hartmann, R.P.K ed., 1983, *Lexicography : principles and practice*, Academic Press, London,1983.

Hatch, E. and Brown C., *Vocabulary, Semantics, and Language Education*, Cambridge University Press, N.Y., 1995.

Lipka, L., *An outline of English lexicology -lexical Structure, Word Semantics, and Word-Formation*(2nd ed), Max Niemeyer Verlag GmbH & Co., Tubingen, 1992.

Miller, George A. *The Science of Words*, Scientific American Library, 1991, 1996, 강범

모 · 김성도 옮김, 「단어의 이해」, 민음사, 1998.

Nation, I.S.P., *Teaching and Learning Vocabulary*, Heinle & Heinle publishers, Boston, 1990.

Wallace, M.J., *Teaching vocabulary*, Heinemann, 1982.

4장 2

| 논저 |

김광해, 「국어 어휘론 개설」, 집문당, 1993.

――――, 「어휘 연구의 실제와 응용」, 집문당, 1996.

김대행, 「국어 교과학의 지평」, 서울대 출판부, 1995, 1998.

김종택, 「국어 어휘론」, 탑 출판사, 1992.

마광호, '어휘 교육의 과제', 「국어 교육 연구 5」, 서울 대학교 국어 교육 연구소, 1998.

문교부, 「고등 학교 교육 과정 해설 −국어과」, 1988.

박갑수, '통일을 대비한 국어 교육의 현황과 전망', 한국국어교육연구회, 「통일을 대비한 국어 교육」(여름 학술 발표 대회 자료집), 1998.

박영목 · 한철우 · 윤희원, 「국어 교육학 원론」, 교학사, 1996.

손영애, '국어 어휘 지도 방법의 비교 연구', 「서울대 박사 논문」, 1992.

신헌재 외, '초등 학교 1〜6학년 아동의 어휘 이해 발달 수준에 관한 연구', 「교원대 부설 교과교육공동연구소」, 1998.

심영자, '아동의 어휘력 확장 연구', 「서울대 대학원 석사 논문」, 1984.

심재기, 「국어 어휘론」, 집문당, 1982.

원훈의, 「국어과 교육 연구」, 국학자료원, 1996.

이대규, '낱말 수업의 목표와 방법', 「국어교육 71 · 72」, 한국 국어 교육 연구회, 1990.

이성구 편저, 「한맥 개념어 · 난해어 사전」, 용문학원, 1998.

이영숙, '어휘력과 어휘 지도 −어휘력의 개념을 중심으로', 「선청어문 25」, 서울대 국어교육과, 1997.

이용주, '언어 발달 단계와 국어 교육', 「국어교육 59 · 60」, 한국국어교육연구회, 1987.

이인섭, 「아동의 언어 발달」, 개문사, 1986.

이주행, '통일 대비 국어 교육 −남북한 중 · 고등 학교 국어 교과서에 쓰인 언어 비교 분석 연구', 한국 국어 교육 연구회, 「통일을 대비한 국어 교육」(여름 학술 발표 대회 자료집), 1998.

이충우, '국어 어휘 교육을 위한 대표 어휘 선정', 「국어교육 85 · 86」, 한국국어교육연구회, 1994.

이충우, 「한국어 교육용 어휘 연구」, 국학자료원, 1994.

이충우, '어휘 교육과 교과서', 「논문집 59」, 한국국어교육연구회, 1996.

이충우, '어휘 교육과 어휘의 특성', 「국어 교육 95」, 한국국어교육연구회, 1997.

이희승, 「국어학 개설」, 민중 서관, 1955.

임칠성 · 水野俊平 · 北山一雄, 「한국어 계량 연구」, 전남대 출판부, 1997.

정찬섭 외, '우리말 낱말 빈도 조사 표본의 선정 기준', 「사전 편찬학 연구 3」 : 7~69, 사전편찬학
회, 1990.

주세형, '의미 자질 분석법을 활용한 어휘 교수법 연구', 「서울대 석사 논문」, 1999.

한국어국제화추진 협의회, 「한국어 국제화를 위한 학술 대회 발표 논문집」, 1995.

田中章夫, 「國語 語彙論」(再版), 日本, 明治書院, 1978, 1988.

佐藤喜代治 編, 「語彙 原論」, 日本, 明治書院, 1982, 1988.

Allen, V. F., *Techniques in teaching vocabulary*. Oxford University Press, 1983.

Carter Ronald & McCarthy, M., *Vocabulary and Language Teaching*, Longman, 1988,
1991.

Dale, E., O' Rourke, J. & Bamman, H.A., *Techniques of teaching vocabulary*, New Jersey,
Field Educational Publications, Inc., 1971.

Diller, K.C., *Generative Grammar, Structural Linguistics, and Language Teaching*, Rowley,
Massachusetts, Newbury House Publishers, 1971.

Gleason, H.A. Jr., *Descriptive Linguistics, Revised edition*, N.Y., Halt, Rinehart and
Winston, 1961.

Goethals, M., Engels, L.K. and Leenders, T., *Automated Analysis of the vocabulary of
English Texts and Generation of Practice materials : From main Frame to PC, the way
to the Teacher' s Electronic Desk.*, Halliday, M.A.K., Gobbons, J. and Nicholas, H.
edited, *Learning, keeping, and using language : selected papers from the Eight World
Congress of Applied linguistics*, Sydney, 16~21 August, 1987(Ⅱ), Benjamin, J. B.V. :
231~268, 1987.

Gruber, J.S., *Studies in Lexical Relations*, Indiana, Indiana Univ. Linguistics Club, 1970.

Halliday, M.A.K, Gobbons, J. and Nicholas, H. edited, *Learning, keeping, and using
language : selected papers from the Eight World Congress of Applied linguistics,
Sydney*, 16~21 August, 1987(Ⅱ), Benjamin, John B.V. : 231~268, 1987.

Halliday, M.A.K. et al, *The Linguistic Sciences and Language teaching*, Longmans, 1964.

Handke, J., *The Structure of the Lexicon - Huamn versus Machine*, N.Y., Mouton de
Gruyter, 1995.

Hartmann, R.P.K ed., *Lexicography : principles and practice*, London, Academic Press,
1983.

Hatch, E. and Brown C., *Vocabulary, Semantics, and Language Education*, N.Y., Cambridge
University Press., 1995.

Lipka, L., *An outline of English lexicology -lexical Structure, Word Semantics, and Word-
Formation*, (2nd ed). Tübingen, Max Niemeyer Verlag GmbH & Co., 1992.

Miller, George A., *The Science of Words, Scientific American Library*, 1991, 1996, 강범
모 · 김성도 옮김, 「단어의 이해」, 민음사, 1998.

Nation, I.S.P., *Teaching and Learning Vocabulary*, Boston, heinle & heinle publishers,

1990.

Wallace, M.J., *Teaching vocabulary*, Heinemann, 1982.

Willemyns, R., *A General Model for the lexicographical Treatment of Peripheral Vocabulary*, 1987, Halliday, M.A.K., Gobbons, J. and Nicholas, H. edited, *Learning, keeping, and using language : selected papers from the Eight World Congress of Applied linguistics, Sydney*, 16~21 August, 1987(Ⅱ), Benjamin, J. B.V. : 25~40.

5장 1

| 논저 |

권순희, ‘언어 문화적 특성을 고려한 한국어 교육의 교재 편성 방안’, 「국어교육연구 3」, 서울대 국어교육연구소, 1996.

김광해, 「한국어의 등급별 총어휘(낱말 v. 2001) 선정」, 서울대 국어교육연구소, 2001.

김광해, ‘국어 교육용 어휘와 한국어 교육용 어휘’, 「2003년 봄 전국 학술 발표 대회 ‘국어 교육과 한국어 교육의 상관성 자료집’」, 국어교육연구학회, 2003.

김인석, 「영어 학습 원리의 이해」, 박문각, 1998.

김정숙, ‘한국어 교육과정과 교과서 연구’. 「고려대학교 국문과 박사 학위 논문」, 1992.

김중섭 · 이관식, ‘외국인을 위한 한국어 교재 개발에 관한 연구’, 「한국어 교육 10-1」, 국제한국어교육학회, 1999.

남기심 · 이상억 · 홍재성 외, 「외국인을 위한 한국어 교육의 방법과 실제」, 한국방송대학 출판부, 1999.

노금숙, 「제2언어 교수 이론」, 한신 문화사, 1997.

노명완, ‘한국어 교육 자료의 체제 분석’, 「이중언어학 제15호」. 이중언어학회, 1998.

민현식, ‘한국어 교재의 실태 및 대안’, 「국어교육연구 7」, 서울대 국어교육연구소, 2000.

박갑수, ‘한국어 교육 개론’, 「서울대 사범대 외국인을 위한 한국어 교육 지도자 과정」, 1997.

박영목 · 한철우 · 윤희원, 「국어 교육학 원론」, 교학사, 1996.

박영순, 「이중 · 다중 언어 교육론 ―세계의 언어 교육과 한국의 언어 정책 과제」, 한신 문화사, 1997.

배주채 · 곽용주, 「외국인 학습자를 위한 초급 한국어 사전 개발」, 문화관광부 연구 보고서, 2000.

백봉자, ‘서양어권 학습자를 위한 한국어 교재 개발 연구’, 「한국어 교육 10-2」, 국제한국어교육학회, 1999.

서상규, 「한국어 교육 기초 어휘 의미 빈도 사전의 개발」, 문화관광부 보고서, 2000.

서상규, ‘외국인을 위한 한국어 학습 사전 개발’, 3차 한국어 세계화 국제 학술 대회, ‘효과적인 한국어 보급과 지원 체제의 활성화 방안 자료집’, 한국어세계화재단, 2002.

손영애, ‘국어 어휘 지도 방법의 비교 연구’, 서울대 박사 논문, 1992.

신현숙, ‘한국어 어휘 교육과 의미 사전’, 「한국어교육 9-2」, 국제 한국어교육학회, 1998.

이기동, ‘사전 뜻 풀이의 재검토’, 「인문과학 57」, 연세 대학교, 1987.

이기동, '낱말 풀이와 관련된 몇 가지 문제', 「사전편찬학연구 5 · 6」, 탑 출판사, 2001.

이상섭 외, '새 한국어 사전 편찬을 위한 사전 편찬학 연구', 「사전편찬학연구 4」, 탑 출판사, 1992.

이용주, 「한국어의 의미와 문법 I」, 삼지원, 1993.

이인섭, 「아동의 언어 발달」, 개문사, 1986.

이충우, 「한국어 교육용 어휘 연구」, 국학 자료원, 1994.

이충우, '어휘 교육과 어휘의 특성', 「국어교육 95」, 한국국어교육연구회, 1997.

진제희, '외국어로서 한국어 학습자들의 의사 소통 전략 연구', 연세 대학교 석사 논문, 2000.

정찬섭 외, '우리말 낱말 빈도 조사 표본의 선정 기준', 「사전편찬학 연구 3 : 7~69」, 사전편찬학
    회, 1990.

주세형, '바람직한 국어 사전을 위하여', 「국어 교육 학회 여름 발표 대회 자료집」, 1999.

田中章夫, 「國語 語彙論」(再版), 日本, 明治書院, 1978, 1988.

佐藤喜代治 編, 「語彙 原論」, 日本, 明治書院, 1982, 1988.

Ronald, C & McCarthy, M., *Vocabulary and Language Teaching*, Longman, 1988, 1991.

Larsen-Freeman, D., *Techniques and Principles in Language Teaching*, Oxford Univ. Press,
    1985.

조명원 · 선규수 역, 「외국어 교육의 기술과 원리」, 한신 문화사, 1992.

Gleason, H. A. Jr., *Descriptive linguistics* (Revised edition, Halt, Rinehart and Winston),
    N.Y., 1961.

Brown, H. Douglas, *Teaching by Principles : An Interactive Approach to Language
    Pedagogy* (2nd ed.), Pearson Company, N.Y., U.S.A., 2001.

Hartmann, R.P.K ed. 83), Lexicography : principles and practice, Academic Press, London,
    1983.

Hartmann, R.P.K.(1999) *Dictionaries in Language Learning, recommendations National
    Reports and Thematic Reports from the TNP Sub-Project 9 : Dictionaries*, Web site
    www.fu-berlin.de/elc/TNPproducts/SP9dossier.doc(2) reports by 22 authors, 1999.

Hartmann, R.P.K., *Teaching and Researching Lexicography*, London, Longman, 2001.

Kim, Jeong-Ryeal, *Linguistic design of bidirectional Korean-English machine translation
    system based on Lexical Functional grammar*, 언어와 정보 3, 1999.

Lipka, L., *An Outline of English lexicology* (2nd ed.), 1992.

McNeil. J. D., *Reading Comprehension : New Directions for Classroom Practice*, Scott,
    Foresman and Company, 1984.

Miller, George A., *The Science of Words, Scientific American Library*, 1991, 1996, 강범
    모 · 김성도 옮김, 「단어의 이해」, 민음사, 1998.

Nation, I.S.P., *Teaching and Learning Vocabulary*, Boston, Heinle & Heinle publishers,
    1990.

Choi, Sung-kwan, *Two level English Computational grammar in English to Korean
    Translation.* 「언어와 정보 4-1」, 2000.

Tomaszczyk, J. *The Case for Bilingual Dictionaries for Foreign Language learners, in*

Hartmann, R.P.K ed., Lexicography : principles and practice,(chap. 4. On bilingual dictionaries), London, Academic Press, London, 1983.

Wallace, M.J., *Teaching vocabulary*, Heinemann, 1982.

Lee, Yae-shek, *Lexical mismatches between English and Korean : with Particular Reference to Polysemous Nouns and Verbs*, 「언어와 정보 4-1」, 2000.

Longman Dictionary of Contemporary English(LDOCE), 1978.

www.dictionary.com

www.yourdictionary.com

www.koredu.org, 한국국어교육학회 홈 페이지

www.kordic.re.kr, 한국언어정보학회 홈 페이지

www.kale.or.kr, 한국영어교육학회 홈 페이지

www.alak.or.kr, 한국응용언어학회 홈 페이지

5장 2

| 문헌 |

강보유, '중국 대학교에서의 한국어 교육과 교수법', 「한국어교육 13-2」 : 1~31, 국제한국어교육학회, 2002.

강현화, '한국어 교육용 기초 한자어에 대한 기초 연구', 「한국어교육 12-2」 : 52~63. 국제한국어교육학회, 2001.

김병운, '중국에서의 한국어 교육 방법 및 지도', 「국어교육연구 6」, 서울 대학교 국어교육연구소, 1999.

김영춘, '한국어와 일본어, 중국어이 한자어 어휘 비교·대조 연구', 日本橫浜國立大學教育學部 大學院日本語教育學科, 1997.

박영순, '학습자 언어와 한국어 교육', 「한국어교육 12-2」 : 1~28, 국제한국어교육학회, 2001.

백봉자, '서양어권 학습자를 위한 한국어 교재 개발 연구'. 「한국어교육 10-2」, 국제한국어교육학회, 1999.

성원경, '한·중 양국에서 현용하는 한자 어휘 비교고', 「성곡논총 8」 : 284~325., 성곡학술재단, 1977.

신현숙, '한국어 어휘 교육과 의미 사전', 「한국어교육 9-2」 : 85~104, 국제한국어교육학회, 1998.

이충우, 「한국어 교육용 어휘 연구」, 국학 자료원, 1994.

程崇義, '한·중 한자어의 변천에 관한 비교 연구', 「서울 대학교 석사 논문」, 1987.

崔金丹, 「현대 중국어와 한국 한자어의 대비 연구」, 한신대학교 출판부, 2001.

Hartmann, R.P.K., *Teaching and Researching Lxicography*, London, Longman, 2001.

Tomaszczyk, J., *The Case for Bilingual Dictionaries for Foreign Language Learners, in Hartmann, R.P.K ed., Lexicography : principles and practice*,(chap. 4. On bilingual dictionaries). London, Academic Press, 1983.

| 자료 |

국어연구소, '한자 외래어 사용 실태 조사(80년대)', 「조사 자료집 I」. 국어 연구소, 1985.

신기철 · 신용철 편, 「새 우리말 큰 사전」(7차 수정 증보판), 삼성 출판사, 1986.

신현숙 · 임동식, 「의미로 분류한 한국어, 중국어 학습 사전」, 한국 문화사, 2000.

吳澤炎, 「辭源」(合訂本), 商務印書館, 1995.

陸師成 編(1991), 辭彙, 臺北市 : 文化圖書公司.

6장 1

| 논저 |

김광해, 「국어 어휘론 개설」, 집문당, 1993.

김광해, 「어휘 연구의 실제와 응용」, 집문당, 1996,

손영애, 「국어 어휘 지도 방법의 비교 연구」, 서울대 박사 논문, 1992.

이인섭, 「아동의 언어 발달」, 개문사, 1986.

신명선, '국어 사고 도구어 교육 연구', 「서울대 박사 논문」, 2004.

이용주, 「국어 교육의 반성과 개혁」, 서울대 출판부, 1995.

이충우, 「한국어 교육용 어휘 연구」, 국학 자료원, 1994.

이충우, '국어 어휘 교육을 위한 대표 어휘 선정', 「국어 교육 85 · 86」. 한국국어교육연구회,
　　　1994.

이충우, '어휘 교육과 교과서', 「논문집 59」, 한국국어교육연구회, 1996.

이충우, '어휘 교육과 어휘의 특성', 「국어교육 95」, 한국국어교육연구회, 1997.

이충우, '국어 어휘 교육론 교재 개발을 위한 기초 연구(I)', 「국어교육 98」, 한국국어교육연구회,
　　　1998.

이충우, '국어 어휘 교육론 교재 개발을 위한 기초 연구(II)', 「국어 교육학 연구 9집」. 국어교육학
　　　회, 1999.

이충우, '국어 어휘 교육의 위상', 「국어 교육학 연구 13」. 국어교육학회, 2001.

이충우, '국어 교육과 한국어 교육의 사용 언어 −교육용 사전을 주로', 「국어 교육 112」, 한국국어교
　　　육연구회, 2003.

이충우, '국어 문법 교육의 개선 방안', 「이중언어학 26」, 이중언어학회, 2004.

이충우, 「국어과 교사의 국어 지식 영역 평가 전문성 신장 기준과 모형」, 「국어교육 117」, 2004.

田中章夫, 「國語 語彙論」(再版), 明治書院, 1978, 1988.

佐藤喜代治 編, 「語彙 原論」, 明治書院, 1982, 1988.

Aitchison, J., *Words in the Mind : An Introduction to the Mental Lexicon*, Oxford, Basil
　　　Blackwell, 1987, 1994(임지룡 · 윤희수 옮김, 「심리 언어학 : 머리속 어휘 사전의 신비를 찾
　　　아서」, 경북대학교 출판부, 1993.)

Allen, V.F., *Techniques in teaching vocabulary*. Oxford University Press, 1983.

Ronald, C. & McCarthy, M., *Vocabulary and Language Teaching*, Longman, 1988, 1991.

Gruber, J. S. *Studies in Lexical Relations*, Indiana, Indiana Univ. Linguistics Club, 1970.

Halliday, M.A.K. et al,, *The Linguistic Sciences and Language teaching*, Longmans, 1964.

Hartmann, R.P.K ed., *Lexicography : principles and practice*, London, Academic Press, 1983.

Hartmann, R.P.K., *Teaching and Researching Lexicography*, London, Longman, 2001.

Hatch, E. and Brown C., *Vocabulary, Semantics, and Language Education*, Cambridge. UK., Cambridge University Press. 1995.

Lipka, Leonard, *An outline of English lexicology -lexical Structure, Word Semantics, and Word-Formation* (2nd ed.), Tübingen, Max Niemeyer Verlag GmbH & Co., 1992.

Miller, George A. *The Science of Words*, Scientific American Library, 1991, 1996, 강범모 · 김성도 옮김, 민음사, 1998.

Nation, I.S.P., *Teaching and Learning Vocabulary*, Boston, Heinle & Heinle publishers, 1990.

Nation, I.S.P., *Learning Vocabulary in Another Language*, Cambridge, Cambridge University Press, 2004.

Wallace, M.J., *Teaching vocabulary*, Heinemann, 1982.

찾 아 보 기

 국어과 교수학습 연구 총서

국어과 교수학습 연구 총서 2

좋은 국어 어휘 교육 어떻게 할 것인가?

초판 발행 · 2006년 9월 1일

초판 인쇄 · 2006년 8월 20일

기획 · 교학사 부설 국어과 교수학습 연구소(http://www.ikle.or.kr)

지은이 · 이충우

펴낸곳 · (주)교학사

주소 · 서울 특별시 마포구 공덕 1동 105-67

전화 · 영업부 (02)7075-154 편집부 (02)313-7654

홈 페이지 · http://www.kyohak.co.kr

등록 · 1962년 6월 26일(18-7)

값 10,000원

ISBN 89-09-12182-3